現代思想のパフォーマンス

難波江和英　内田樹

光文社新書

まえがき

これはマニュアル本ではない。

ベルギーの画家ルネ・マグリットには、「これはパイプではない」という有名な作品がある。パイプの絵を描いて、その下に「これはパイプではない」と書きつけ、観客を混乱させる作品である。私たちは、そこに描かれているものが「パイプ」であると思いこみ、「これはパイプである」と信じて疑わない。しかし私たちが見ているのは、マグリットの描いた「モノ」そのものではなくて、実は私たちの「パイプ」に対する思いこみにすぎない。

メアリー・アン・スタニツェヴスキーという人が「見ることは信じること」(百聞は一見にしかず)という諺を逆さまにして、「信じることは見ること」というタイトルで刺激に満ちた本を書いた。この本もまた、古代から現代までの創造物を例にして、私たちが見ているのは、創造物そのものではなくて、私たちが信じているものにすぎないことを教えてくれる。たとえば、いま私たちがピカソの絵を「芸術」として見ているのは、それが「芸術」だからというより、むしろ私たちが二百年ほど前に現代の意味での「芸術」という用語をつくり、私たち自身のものの見方を変化させたからである。

こうした前例にならって、私は本書のタイトルページに「これはマニュアル本ではない」と書きつけたくなる。この本を手に取り、なかを少しのぞいた読者が、「これはマニュアル本である」と思いこむ前に。

本書は、これまでにない種類の本である。その目的は、現代思想の概説ではなく、現代思想をツールとして使いこなす技法を実演（パフォーマンス）することである。この一冊には現代思想に貢献した六人の思想家について、案内編と解説編と実践編が含まれている。そのすべてを、友人であり、同僚である内田樹さんと書いた（実のところ、解説編のテキストとなる翻訳編も完成していたが、残念なことに版権の問題で断念せざるをえなくなった）。案内編では、それぞれの思想家の経歴や業績について全般的な解説をおこない、解説編では、各自のキーポイントとなる思想の方法をていねいに説明している。実践編では、解説編で取りだされた思想の方法をツールとして利用しながら、文学や映画を実際に読んでみる。

対象とした思想家は、フェルディナン・ド・ソシュール（難波江）、ロラン・バルト（内田）、ミッシェル・フーコー（難波江）、クロード・レヴィ＝ストロース（内田）、ジャック・ラカン（内田）、そしてエドワード・サイード（難波江）である。現代思想には、ジャック・デリダやドゥールーズ＝ガタリやジャン＝フランソワ・リオタールなど、ほかにもリーダー格の思想家が数多くいる。しかしこれらの六人を選んだのは、頁数の問題もあるが、なによりその思想の方法が、ツールとして使い勝手がよかったからである。彼らの思想の方法が、どのようにツールとして取りだされ、利用されているかを読みとりながら、この本を楽しんでいただきたい。

私が本書の構想を思いついたのは、アメリカの大学院に留学していたころだった。留学を終えた翌年に、関西学院大学で「現代思想」について特殊講義をもつ機会に恵まれて、この本の枠組が整い始めた。それから何年かの歳月が流れたのに、いまでも日本では、思想系のアンソロジーさえ目につかない。とかく日本では、海外の思想を紹介する雑誌や本が先行するあまり、思想を読んで、思考を鍛えることは軽視されている。それに加えて、日本の大学や大学院では、思想の一部を読んでもあまり意味がないと考えている人たちもいる。しかしそれでは、思想をアカデミズムの倉庫に眠らせることになる。

それに対してイギリスやアメリカでは、思想系のアンソロジーがいくつも編集されていて、大学や大学院の教材としてよく利用されている。これは、思想を人間の共有財産と見なす姿勢のあらわれである。実際、いま手元にあるだけでも、その種のアンソロジーは二十冊近くにのぼる。たとえば、

Critical Theory Since 1965 (Ed. Hazard Adams and Leroy Searle, 1986), *Feminisms* (Ed. Robyn R. Warhol and Diane Price Herndl, 1991),*The Cultural Studies Reader* (Ed. Simon During, 1993), *Multiculturalism* (Ed. David Theo Goldberg, 1994), *The Post-colonial Studies Reader* (Ed. Bill Ashcroft, Gareth Griffiths, Helen Tiffin, 1995), *The Continental Philosophy Reader* (Ed. Richard Kearney and Mara Rainwater, 1996), *From Modernism to Postmodernism* (Ed.Lawrence E. Cahoone, 1996),*The Postmodern History Reader* (Ed.Keith Jenkins, 1997), *Post-Colonial Theory and English Literature* (Ed. Peter Childs, 1999)

などである。

そのなかで私が特に注目したのは、現代思想のアンソロジーと現代思想によるテクスト読解を兼ねそなえたタイプの本だった。その規範を示してくれたのは、*A Practical Reader in Contemporary Literary Theory* (Ed. Peter Brooker and Peter Widdowson, 1996) と *A Practical Introduction to Literary Theory and Criticism* (M. Keith Booker, 1996) の二冊である。この二冊は、編集方針に多少の違いはあっても、一つの認識を共有していた。それは、思想は実践するものだということである。

私もまた、思想を少数の選ばれた者たちの資産だとは考えない。私が思い描いているのは、よく生きるための思想である。内田さんは、優れたインテリジェンスをもって私の思いに共感し、この本をいっしょに書くことに同意してくれた。私たちはともに、思想を鍛えて、よく生きたいと望んでいる。いまの私たちの願いは、この本を通じて、その望みを大学の三～四年の学生たちを中心にして、できるだけ多くの人たちと共有することである。

難波江和英

一九九九年十一月一日

新書版のためのまえがき

すべては一通の手紙から始まった。

推理モノ好きのわたしは、いつか、どこかで、この文章を使える日が来ることを長らく夢見ていました。そこへ一通の手紙です。

たしかに「念じれば通じる」。もちろん世のなか、願ったことがすべてかなうわけではありません。しかし少なくとも、念じなければ通じない程度には、「念じれば通じる」は正しい。この本は、まさにその証明です。

去年の夏の終わりごろ、Ｊポップの歌詞を使った恋愛論を『恋するＪポップ』（冬弓舎）という本にまとめて、ヘトヘトになって大学へ出むいたところ、メールボックスに手紙が入っているのを発見。光文社の古谷俊勝さんからでした。それも本の宣伝・販売ではなく、新書の依頼です。

それから話はトントン拍子。ところが、その途中で「瓢箪から駒」のようなことが起こって、注文をいただいた新書より先に本書が日の目を見ることになりました。これは念じていたわけではありません。

そもそも「瓢箪から駒」というのは、偶然の意外性にビックリすることですから、それを念じて待ってどうする、というわけです。しかしほんとうは、こころのどこかでひそかに、じっと念じていたのかもしれません。あの『現代思想のパフォーマンス』を新書化したい、と。そうでなければ、古谷さんから「うちで新書にしませんか?」と打てば響くような天の声が聞こえてくるはずもなかったでしょう。

本書のもとになったのは、二〇〇〇年に松柏社から単行本として出版された『現代思想のパフォーマンス』です。わたしが大学の同僚の内田樹さんに頼んで、ふたりで書いた本でしたので、いまでもなにかと思い入れがあります。

あのころ、わたしたちはともに、こんな本が学生時代にあったらどんなに助かっただろう、という本を書きたいと思っていました。目標としたのは、こむずかしい現代思想をわかりやすく説明するだけでなく、そこから得られた思考のノウハウを使って、文学や映画を読みなおしてみる、そういうコンセプトの本です。

できあがってみると、これがなかなかよい本で(!?)、できるだけたくさんの人に読んでもらいたいと思いました。しかし所詮は「哲学書」のあつかいですから、重版になっても、哲学のコーナーに並んでは消えるのが、この種の本の定め。振り返ってみれば、その切なさに、すでに新書化への念はこめられていたのでしょう。

このたび単行本を新書にするにあたって、表現と内容をシェイプアップして、全体を少しコンパクトにしました。廉価で買えて、手軽に持ち歩けて、使い勝手のよい本をより多くの読者に届けたいと願ってのことです。

ただし、新書版になくて単行本にあるものがひとつあります。内田さんを通じて親交を深めることになったアーティスト、山本浩二さんの装幀です。彼が自作を使って生みだした、あの単行本の品格は、新書の利便性を超えたものです。あれは美しい本でした。

難波江和英

二〇〇四年十月二十二日

目次

本書は、松柏社刊『現代思想のパフォーマンス』を新書化にあたって改訂したものです。

Ⅰ　フェルディナン・ド・ソシュール

【案内編】

「現実」の意味を変えた言語学者

現代思想の展開を考えるとき、いったいだれを出発点にするのがよいだろう。ヘーゲル？ ニーチェ？ マルクス？ フロイト？ ほかにも候補はあるかもしれないが、この四人なら、だれからはじめてもかまわない。すぐれた思想家が考えたことには、そもそもどこかに接点や共通点が見つかるものだからである。

ここではあえて、スイスの言語学者フェルディナン・ド・ソシュール (Ferdinand de Saussure) から現代思想にアクセスしてみることにしよう。なぜならソシュールは、十九世紀から二〇世紀にかけて、すべての思想のもとになる言語そのものについて深く考えることによって、言語と人間の関係について現代ならではのヴィジョンを開いたからである。

ソシュールより以前の言語学では、「コトバはモノの名前である」という考え方が一般的だった。しかしこの考え方では、どうしても、コトバは人間が現実を理解するための道具と見なされやすくなる。そこでソシュールは、コトバの見方をコペルニクス的に転回して、この考え方をひっくり返してしまった。つまり、コトバは人間が現実を理解するための道具ではなく、コトバこそが人間の現実をつくっていると考えたのである。

これだけではピンとこないかもしれないので、もう少し説明してみよう。わたしたちは自由にものを見ているようでいて、じつは本人が思っているほど自由にものを見ているわけではない。そのひとつの理由は、わたしたちのものの見え方（現実）が、自分の頭に刷りこまれた日本語（語彙・文法・修辞）によって、かなりコントロールされているからである。

たとえば、なにを見ても「メッチャかわいい」としか表現できない若者には、その表現のかたちが自分の感情のかたちそのものに見えてしまう。そこにあるものが「メッチャかわいい」と感じられたのは、それが「メッチャかわいい」からではなく、それを「メッチャかわいい」と表現したからではないか。その意味で、コトバはその人のものの見え方（現実）に輪郭を与えて、それをコントロールしていると言える。

このようにソシュールは、わたしたちが「現実」と思っているものが、じつはわたしたちの言語のはたらきからつくり出されたものであることをあきらかにして、あらためて人間と世界との関係を問いなおす。たしかに、この考え方はとても斬新である。しかしそれを支える発想は、ソシュール独自のものではなく、たとえば経済学のマルクスや精神分析学のフロイトにも認められる。

たとえばマルクスは、わたしたちが「社会」と呼んでいるものが、わたしたちがものをつくるときの「生産関係」によって規定されていると考えた。他方フロイトは、わたしたちが「意識」と呼んでいるものが、わたしたちには意識できない「無意識」によってコントロールされていると考えた。ソシュールもまた、この二人と同じく、目に見えると思われているもの（現実・社会・意識）が、目に見えないもの（言語体系・生産様式・無意識）によって構造化されていると考えた点で、現代思想（特に構造主義）を代表する思想家と見なされることになった。

新しい言語観

それではここで、ソシュールの略歴をあらためて紹介しておこう。

ソシュールは一八五七年、フランスのユグノー貴族の系統を受けつぐ旧家の長男として、スイスのジュネーヴで生まれた。すでに十五歳で、フランス語、ドイツ語、英語、ギリシャ語、ラテン語に通じ、世界の言語に共通するルールを求めて「言語論」を書きはじめた。その後、ジュネーヴ大学、ライプチッヒ大学、ベルリン大学で学んで、現代の言語学の基礎を築いたばかりでなく、専門分野を越えて、二〇世紀の思想の方法に革新をもたらした。

ソシュールが言語学者として注目されるようになったのは、彼が二十一歳の若さで「インド・ヨーロッパ諸語における母音の原初体系についての覚え書き」（一八七八）を発表してからである。この論文は、インド・ヨーロッパ語族のもとになる祖語の時代に、いまでは表記されなくなった音が含まれていたのではないかと推論して、言語学界に衝撃を与えた（この説は、論文が発表されてから六十年あまり経った一九四一年、H・ヘンドリクセンという言語学者が「喉音《こうおん》」と呼ばれる音を発見して証明されることになる）。

それから二年後の一八八〇年、ソシュールは「サンスクリットにおける絶対属格の用法について」という学位論文でライプチッヒ大学から博士号を取得し、一八八一年から八九年までパリ高等研究院でゲルマン諸語や比較文法を、そして一八九一年から一九一二年までジュネーヴ大学で印欧諸語の比較や歴史言語学を教えた。

この経歴をふまえれば、ソシュールが生前に一冊の本も出版しなかったことは不思議に思われるかもしれない。しかし彼は、一九〇七年から一一年にかけて、それを補うに足る仕事を残した。ジュネーヴ大学での三回にわたる言語学の講義である。これをソシュールの最高の業績に仕立てたのは、シャルル・バイイとアルベール・セシュエという彼の二人の弟子だった。

バイイとセシュエは、各回の講義に出席した学生たちのノートとソシュール自身のメモをもとにして、三回の講義の内容をまとめなおし、それをソシュールが亡くなってから三年後の一九一六年に本のかたちで出版した。これこそ、それ以降の言語学界および思想界に比類のない影響を与えることになった『一般言語学講義』にほかならない（ちなみに「一般言語学」とは、十七世紀のポール・ロワイヤル文法の規範を受けつぎながら、ある特定の言語ではなく、すべての言語、つまり言語「一般」の性質について考える学問のことである）。

それから約四十年の歳月を経て、ソシュールの手稿や書簡を含んだ原資料の発見が続き、一九六七年には『一般言語学講義』のもとになった学生たちのノートがR・エングラーによって発表されて、それまで疑問視されていたテクストの欠陥や矛盾も解明されはじめた。その流れを受けて、日本では、言語学者の丸山圭三郎が『ソシュールの思想』（一九八一）で世界レベルの仕事を残すことになった。

『一般言語学講義』には、言語を取りあつかう方法について、いくつかの特徴がある。ここでは、そのうちの四つを取りあげて、ソシュールの言語観を整理しておきたい。

(1) 「コトバはモノの名前である」という伝統的な言語観（言語名称目録観）を否定したこと

(2) それまでの言語学における歴史的な方法（通時言語学）に対して、同時代の言語現象を対象にする非歴史的な方法（共時言語学）を導入し、それを優先させたこと

(3) 言語とはなにかを考えるにあたって、人間に特有の言語能力（シンボル化能力）を「ランガージュ」、それぞれの共同体で使われている国語体を「ラング」、それぞれの話者が発話するときの音声の連続を「パロール」と呼んで、三つのレベルを区分したこと

(4) 言語を単一の構築物としてではなく、相互に関係した要素から構成されている価値の体系と考えたこと

このなかで特に重要なのは(4)である。ここには、言語をひとつのまとまりをもつ実体としてではなく、いくつもの要素がはたらきかけ合うシステムとしてとらえる視点が認められる。このように、対象となるもの（たとえば言語）をとらえるにあたって、実体の概念から関係の概念へと視点を移し換えること、それはまた現代思想と呼ばれる思考の方法の特徴のひとつでもある。

ソシュールは、この発想の転換を言語学の分野で生かして、新しい言語学の基礎を築いたばかりでなく、それを文化人類学、社会学、哲学、文学、精神分析学といった分野にも波及させて、これまでとは異なる世界観を開くノウハウを提供した。たとえば、ロマーン・ヤーコブソン、クロード・レヴィ＝ストロース、ロラン・バルト、ジャック・デリダ、ジュリア・クリステヴァへと展開する記号学の扉を開いたことは、ソシュールの功績のなかでも特

に注目にあたいする（一般に、記号を対象とする学問のなかで、ソシュール以降のヨーロッパ系統から派生したものを「記号学」（sémiologie）、アメリカの言語学者C・S・パースを代表とするアングロ＝アメリカン系統から派生したものを「記号論」（sémiotique）と呼んで区別している）。

【解説編】『一般言語学講義』

コトバはモノの名前ではない

ソシュールの『一般言語学講義』のなかで、もっとも広く読まれているのは、第一部一章と第二部四章だろう。どちらも、ソシュールを知りたければ、ここを読まなければはじまらないという箇所である。そこでこれから、それぞれの箇所を順番に取りあげて、ソシュールの言語観を説明していくことにする。

まず第一部一章。ポイントになるのは、シーニュ（signe）、シニフィエ（signifié）、シニフィアン（signifiant）という用語である。一般のフランス語の辞書では、「シーニュ」は「記号」、「シニフィエ」は「記号内容」、「シニフィアン」は「記号表現」と訳されている。

ここでは、ソシュールの用語として、「シーニュ」を「記号」、「シニフィエ」を「意味されるもの」、「シニフィアン」を「意味するもの」と訳しておく。
わたしたちは日頃、コトバはモノを名づけるための道具であり、コトバとモノは一対一で対応していると信じている。ソシュールは、その状態をつぎのように図示している（図版1）。

図版1

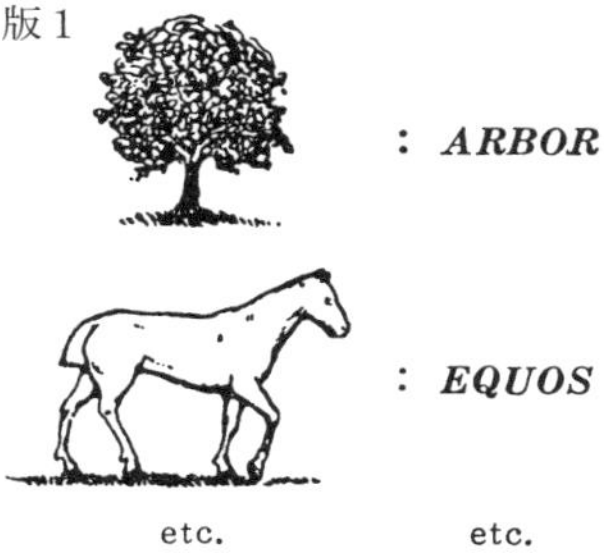

このように、「コトバはモノの名前である」と考える言語観は、一般に「言語名称目録観」と呼ばれている。それに対してソシュールは、「記号が結びつけているのは、モノと名称ではなく、概念と音響イメージである」と主張して、言語名称目録観の発想を否定する。
ソシュールによると、一般の人たちは、コトバをひとかたまりの単位と考えているが、コトバとは本来、「音響イメージ」と「概念」から構成される複合的な単位のことである。そこで彼は、この「音響イメージ」と「概念」をそれぞれ「シニフィアン」（意味するもの）と「シニフィエ」（意味されるもの）と呼び、その二つの要素から構成される複合的な単位を「シーニュ」（記号）と呼んで、一般に考えられている「コトバ」と区

別した。

ただし、ここで注意しておくべき点がある。それは、「シニフィアン」と「シニフィエ」を「意味するもの」と「意味されるもの」と訳したのは便宜上のことであって、それらをなんらかのかたちをもつモノと考えてはならないということである。もしそんなことをすれば、またコトバを実体と取りちがえて、ソシュールの言語観を理解できなくなるばかりでなく、言語名称目録観のワナに舞いもどってしまうことになる。

ソシュールの説明では、「シニフィアン」（音響イメージ）とは、「物質的な音、つまり純粋に物理的なものではなく、音の心的な刻印、つまりわたしたちの感覚に訴えかけてくる音の印象」のことである。さらにソシュールは、それを補足して、「わたしたちは、唇や舌を動かさないでも、自分自身に話しかけたり、ある詩を頭のなかで朗読したりできる」と述べて、「音響イメージ」とはなにかをわかりやすく説明してくれる。

これを「イヌ」を例にして説明してみると、「イ」と「ヌ」の音のつながりを声に出さないで、頭のなかで唱えたときに浮かんでくるのが「音響イメージ」である。そうして「音響イメージ」が連想されると同時に、「イヌ」の概念が、たとえば「イエ」でも「イカ」でも「イス」でもないものとして区分されながら立ちあらわれてくる。

このケースでは、「イヌ」の音響イメージが「シニフィアン」、それによって区分される

「イヌ」の概念が「シニフィエ」、そしてこの二つの要素から構成される複合的な単位が「シーニュ」ということになる。

ここで重要なのは（よく誤解されるのは）、「シニフィアン」と「シニフィエ」の関係である。一般的には、まずモノがあって、つぎに音声がそのモノに向けられて、それに名前を与えると思われている。そのため、声に出された「イヌ」という音声が「イヌ」のシニフィアン（意味するもの）で、それによって名づけられた現実の「イヌ」という動物が「イヌ」のシニフィエ（意味されるもの）であると誤解されやすい。

しかしそれでは、「シニフィアン」を音声と取りちがえ、さらに「シニフィエ」を実在するモノと取りちがえて、二重のあやまりを犯すことになる。ソシュールが「コトバ（音声）＝モノ（実在）」という関係を見なおして、「シニフィアン（意味するもの）＋シニフィエ（意味されるもの）＝シーニュ（記号）」と考えたのは、そうした誤解をふせぐためである。

「身分け」と「言分け」

それにしても、なぜソシュールは、わざわざこんなことを考えたのだろう。おそらくそれには、わたしたちの言語に対する慣れが関係していると思われる。言い換えれば、わたしたちは日頃、自分たちの言語の使用について、それほど無自覚に生活しているわけである。

たとえば、日本では「イヌ」という動物が存在していると信じられているので、それを「イヌ」と呼んでも、だれも違和感をもたないだろう。むしろ状況によって、または人によって、ある動物を「イヌ」と呼んだり「ネコ」と呼んだりしたのでは、とても困ったことになる。そこでわたしたちは、いま目の前にいる動物をまるで当然のように「イヌ」と呼んで、それを「イヌ」であると信じこんでいる。

しかし、あらためて考えてもらいたい。なぜわたしたちは、ある動物を「イヌ」と呼んでいるのだろう？　どうしてその動物を「キツネ」や「タヌキ」や「オオカミ」と呼んではいけないのだろう？　大人になってからはともかく、幼い頃には、こうした疑問をもった人も多かったのではないだろうか。それにもかかわらず、わたしたちは成長するにつれて、そんな体験を幼児期だけに認められる言語の混乱として問題にしなくなる。その結果、コトバのほんとうのはたらきは、まったく解明されないまま残されてしまう。

そこで、モノとコトバの関係そのものから考えなおしてみることにしよう。わたしたちはたいてい、最初にモノが存在していて、それからそのモノをコトバで名づけると考えている。このモノとコトバの発生の順序は、まず疑われることがない。

これをイヌの例で説明すると、「イヌ」と呼ばれることになる動物がまず存在していて、わたしたちはあとからそれに「イヌ」という名称を与えるということになる。しかし、これはほんとうだろうか。なぜなら、ある動物を「イヌ」と呼ぶには、それより前に、その動物が「イヌ」であることを知っていなければならないからである。

それでは、その知識は、どこでどうして身についたのだろう? たいていの人は、「イヌがイヌであることくらい、見ればわかる」と答えて、日常生活を送っているかもしれない。これは、視覚で世界を区分して、その区分されたものをモノ(「イヌ」)として認識する方法である。

たしかに視覚は、聴覚・嗅覚・味覚・触覚にまして、人間が世界をとらえるときの方法を支配している。しかし、はたしてわたしたちは、視覚だけで「イヌ」と呼ばれている動物を他の種類の動物と区分できるのだろうか?

たとえば赤ちゃんを見ればわかるとおり、人間は産まれてまもなく、視覚を利用して世界を区分しはじめる。しかし、これは網膜に映るイメージをもとにして世界を区分しているだけであって、それぞれのイメージをたとえば「イヌ」や「ネコ」として区分しているわけではない。

ある動物の視覚イメージを「イヌ」として他の動物と区分し、それを「イヌ」として認識するためには、どうしても視覚による区分だけでは不充分である。そこで必要になるのが、コトバを記号として利用しながら、世界を区分していく方法である。

赤ちゃんにしても、だれかから、自分がとらえた視覚イメージを「ワンワン」や「ニャンニャン」と教えられなければ、それを「イヌ」や「ネコ」として区分することはできない。オオカミに育てられた少年も、コトバを話せなかったらしいが、厳密に言えば、彼は記号としてのコトバによって世界を区分する方法を身につけられなかったのである。

人間は産まれてまもなく、知覚を含む身体のはたらきによって世界を区分し、やがて言語を学んで、それを記号として利用しながら世界を（再）区分する。たとえば、哲学者の市川浩や言語学者の丸山圭三郎が使っていた用語を借りて、前者の方法を「身分け」、後者の方法を「言分け」と呼ぶこともできるだろう。

「身分け」とは、市川の説明によると、「身が世界と感応し、相互に分節化し合う関係」であり、「身によって世界が分節化されると同時に、世界によって身自身が分節化されるという両義的・共起的な事態」のことである。他方、「言分け」とは、丸山の説明によると、「生（レーベン）のエネルギーが、コトバによって絶えず図と地にゲシュタルト化される」ことであり、『世界』を抽象的にシンボル化する能力」を介した「新しい世界分節の仕方」である。

この説明をなぞって言えば、人間は、たとえ「身分け」のレベルで世界を区分できたとしても、「言分け」のレベルで世界を区分する方法を習得しなければ、「身分け」のレベルで分節した世界を「モノ」として認識できない。ただし「身分け」の区分と「言分け」の区分は、かならずしも一致するとはかぎらない。それどころか、人間は「言分け」の区分を知るにつれて、「身分け」の区分を失っていく可能性さえもつ生物である。

たとえばわたしたちは、味のちがいを舌の部位で区分している。しかし舌の部位による味のちがいをはっきり知りたいと思えば、甘味、苦味、塩味、酸味といった「言分け」に頼るしかない。つまり、わたしたちの舌による味の区分（身分け）は、記号としてのコトバの区分（言分け）によって限界づけられていると言える。

もしかすれば、日本人には、甘味、苦味、塩味、酸味といった区分以外にも（たとえば渋味や旨味を含めて）、ほかにも味覚はあるかもしれない。しかし味覚についての日本語の「言分け」にかぎりがあるので、それ以外の味の区分は、たとえあったとしてもないに等しい。

たしかに人間は、五感のはたらきによって世界を区分し、世界を知覚するだろうが、記号としてのコトバのはたらきがなければ、知覚された世界をモノとして認識することはできない。その意味でも、人間の「現実」のかたちは、世界を区分する記号としてのコトバのはたらきによって規定されているのである。

名づけられて存在するモノ

それでは、記号としてのコトバによる世界の区分とは、どのようなものだろう。それを知るには、丸山圭三郎が『ソシュールの思想』で用いた「箱」の例が便利なので、それをここでも利用することにしよう(図版2)。

この図の四角の部分を、動物という名称をもつ箱だと仮定してもらいたい。その箱のなかには、いくつもの風船が、ふくらんだ状態で入っている。それぞれの風船には、「イヌ」、「オオカミ」、「キツネ」、「タヌキ」という名称がついている。

図版2

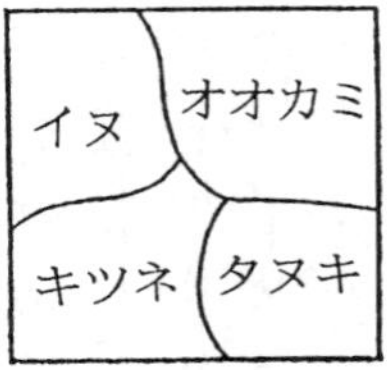

いまここで「オオカミ」の風船を割ってみる。そうすると、この箱全体から「オオカミ」の風船が消えて、それとともに、それ以外の風船が、それまで「オオカミ」の風船があった空間を占めるように拡がる。その結果、かつて「オオカミ」と呼ばれていた動物は、もはや「オオカミ」として存在しなくなり、それ以外の名称によって呼ばれはじめる。

この例からうかがえるとおり、「オオカミ」という動物は、最初から存在していたのではなく、動物を記号で区分する方法に応じて「オオカミ」としてあらわれていたにすぎない。そのため、ある文化圏で「オオカミ」と呼ばれていた動物が、別の文化圏では「イヌ」と呼ばれることが起こる（実際、世界にはそうした事例がある）。

これに対して、「たとえオオカミをイヌと呼んでいる人たちがいるとしても、それは彼らが動物について正しい知識をもっていないからではないか」という反論があがるかもしれない。しかし動物に関する知識もまた、だれかによってつくられたものである以上、それを構成しているルールがあるはずである。

たとえば動物学者たちは、彼らなりの方法で動物を区分して、動物に関する知識をつくりあげている。とかくわたしたちは、専門家の権威に押されて、それを「正しい知識」と思いこみやすい。しかしソシュールなら、それは大きな誤解だと言うだろう。これを別の例で確認しておこう。

オーストラリアの都市部では、ほとんど雪がふらない。雪を見たことのないオーストラリア人もたくさんいる。たとえ雪を見たことのあるオーストラリア人でも、雪は「スノウ」(snow) である。しかし日本では各地で雪がふるし、場所によっては何種類もの雪がふる（と考えられている）。なかでも粉雪や牡丹《ぼたん》雪は、よく知られている。たとえば津軽では、新沼謙治の歌を信じれば、「七つの雪がふる」。しかしイヌイットの人たちの住む地域では、その何倍もの種類の雪がふるらしい。

どうやらわたしたちは、雪との関係に応じて、雪の種類を区分しているらしい。つまり、何種類もの雪が最初からあったというより、わたしたちが雪との親密度に合わせて雪を区分するにつれて、その種類の雪があらわれるわけである。

だから、雪を見たこともなく、雪を記号で細分化する方法も知らない外国人が日本へ来ても、彼らには「雪」は見えても、「粉雪」や「牡丹雪」は見えない理屈である。それと同じく、一般の日本人がイヌイットの人たちの住む地域を訪れても、彼らの雪の区分の方法を学習しなければ、それまでの生活で身につけた雪の種類しか見えないだろう。

これはまた、コメについても言えることである。日本では、田んぼにはえているものを「イネ」、それを脱穀したものを「コメ」、さらにそれを炊いたものを「メシ」と呼んで区分している。しかし、たとえばアメリカのように、コメを主食としない国では、コメと呼ばれる食物は、田んぼにはえていようが、脱穀されようが、炊いて「ほかほか」になろうが、「ライス」(rice) 以外のなにものでもない。

しかし、どのようにコメを区分するにしても、その区分こそが、それぞれの人々にとって、コメに関する「正しい知識」であり、コメに関する文化である。

これまで見てきたとおり、ソシュールの言語観では、動物でも雪でも食物でも、何種類かのモノそのものが最初から存在して、コトバで名づけられるのを待っているわけではない。

動物や雪や食物を記号によって区分するからこそ、それに応じて、それぞれのモノが存在しはじめるのである。それゆえ、ソシュールに言わせれば、一般にコトバと呼ばれているものは、世界を区分する記号としての語のことであり、言語とは、記号としての語の相互関係から構成される体系のことにほかならない。

記号の恣意性

ソシュールはまた、「シニフィアンとシニフィエを結びつける関係は恣意的である」と指摘している。この「恣意的」とは、必然的でないこと、絶対的でないことである。

たとえばわたしたちは、「イヌ」という音響イメージ（シニフィアン）によって、ある種の動物の概念（シニフィエ）を区分している。しかし世界には、（あえてつづれば）「dog」や「chien」という音響イメージで、ある種の動物の概念を区分している人たちもいる。

あるいはまた、いま日本で「イヌ」という音響イメージによって区分されている種類の動物を、たとえば「ネコ」という音響イメージによって区分することもできるだろう（もちろんそのときには、それまで「ネコ」という音響イメージで区分してきた種類の動物を、別の音響イメージで区分しなければならない）。

いずれのケースでも、ある特定の音響イメージ（シニフィアン）によって、ある特定の種類の動物の概念（シニフィエ）を区分しなければならない必然性や絶対性はない。シニフィアンとシニフィエの関係が「恣意的」であるというのは、そういうことである。

それでは、なぜわたしたちは、たとえば「イヌ」という音響イメージによって、「イヌ」と呼ばれる動物の概念を区分し続けているのだろう。ソシュールによれば、それはひとえに、それぞれの社会における「集団の習慣、つまり因習」のせいである。

ただしソシュールが言っているのは、「イヌ」と呼ばれている動物が実在していることを前提として、それを「ネコ」と呼んでもかまわないということではない。そんなことをすれば、また「コトバはモノの名前である」という言語名称目録観の発想に立ち返ってしまう。彼が言っているのは、「イヌ」という音響イメージによって、「イヌ」と呼ばれている動物の概念を区分しなければならない必然の理由は、音響イメージと概念の関係のなかにはないということである。

これに関連して、ソシュールはもうひとつ重要なことを提唱している。それは記号学という新しい学問の誕生である。


記号学が組織されることになれば、パントマイムのような、まったく自然な記号を介した表現様式までそれに含まれるのかどうか、問われることになる。たとえ記号学という新しい学問が、そこまで受け入れたとしても、その主要な対象は、あくまで記号の恣意性に基づいた諸体系になるだろう。(『一般言語学講義』)

ここには注意すべき点が二つ含まれている。第一は、ソシュールがそれまでの言語学を越えて、はるかに広い意味作用にかかわる文化現象を対象とする記号学という学問を思い描いていたことである。それゆえ彼にとって、言語学は「記号学全体の基本型」であり、記号学の「一部分」にすぎない。そして第二は、ソシュールが言語学のレベルで強調した記号の「恣意性」は、記号学の分野でもキーワードとしてはたらくということである。

ソシュールは、これらの点を例証するために、中国人が地面に九回もひれ伏して皇帝にあいさつする様子を紹介している。彼はそのあいさつを「儀礼の記号」と呼んで、人間がそうした記号を使うのは、「ルールのせいであって、それそのものに本来の価値があるからではない」と述べている。つまり、「地面に九回ひれ伏すこと」が、世界のだれにとっても「あいさつ」を意味する必然性や絶対性は、その行為そのもののなかにはないということである。

この考え方は、「言語の記号としての意味は記号そのものにはなく、その記号に慣れ親しんでいる『集団の習慣、つまり因習』に基づいている」というソシュールの発想を「あいさつ」という儀礼にも適用したものである。こうしてソシュールは、言語学を含んだ上位の科学としての、記号学の誕生を告げるパイオニアとしての役割を果たすことになった。それを受けて、記号学を批評の実践をとおして世に広めたのは、フランスの思想家ロラン・バルトである（本書第二章を参照）。

コトバが生まれるとき

わたしたちは、音声を使って、考えていることを相手に伝えることができる。だから一般には、まず頭のなかに考えていることがあって、それから音声がそれにかたちを与えていると思われている。しかしこれは、たとえば十九世紀前半に活躍したドイツの言語学者ヴォン・フンボルトの考え方である。

これに対してソシュールは、『一般言語学講義』の第二部四章で、口から発せられる前の段階にある音声の要素を「音」と呼んで音声そのものと区別し、音声によってかたちを与えられる前の段階にある思考の要素を「思い」と呼んで思考そのものと区別する。その上で彼は、「音」にも「思い」にも、はっきりした輪郭などないことを繰り返し強調している。

たとえば「思い」は、「もともと曖昧模糊としたかたまり」であり、「はっきりした境界をもたない星雲のようなもの」である。他方「音」も、「思いと同じく、固定したものでも堅固なものでもない」。

さらにソシュールによれば、「音」より前に「思い」があるわけでもなければ、「音」があとから「思い」にかたちを与えるわけでもない。彼の説明では、人間の言語活動は、「音」の流れと「思い」の流れがふれ合って、たがいに境界を確定しながら、双方の接面をかたちづくるようにはじまる。

つまり、人間にとっての言語は、つぎの図に見るとおり、まだかたちのない世界を区分して構造化しながら、波動としてあらわれる現象である。ソシュールの表現を借りれば、「言語は、渾然《こんぜん》とした思いの無限な面（A）と、それと同じく不明確な音の面（B）の上に、同時に浮かびあがる一連の隣接した区分として表現できる」（図版3）。

図版3

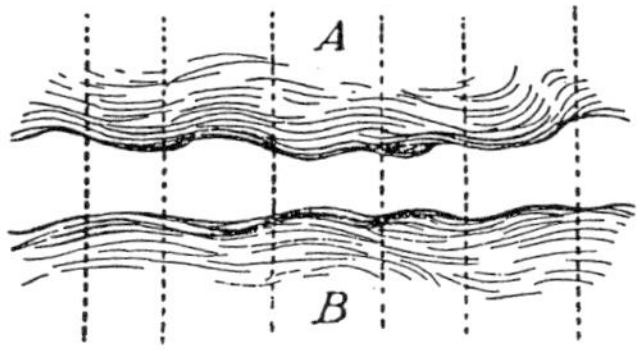

これまで使ってきた用語で言えば、この図に示されている「思い」（A）は「概念」（シニフィエ）、「音」（B）は「音響イメージ」（シニフィアン）、そしてこの両方がつくる波動としての接面は「記号」（シーニュ）に対応している。

ソシュールはさらに、この記号のあり方を一枚の紙にたとえて説明する。つまり記号とは、一枚の紙のようなものであり、表面は「音響イメージ」、裏面は「概念」にあたる（この表裏は、もちろん任意である）。紙の表裏が一体であるように、記号を構成する「音響イメージ」と「概念」も分離できない。もし紙の表面を切れば、それにつれて裏面も切れてしまうからである。このように、「音響イメージ」と「概念」は、どちらか一方だけで存在することはなく、「その分離は頭のなかで想像できるだけである」。

たとえば、頭のなかで「イ・ヌ」と唱えてみよう（これが「音響イメージ」）。するとまさにそのとき、「イヌ」は、「イエ」でも「イカ」でも「イス」でもないものとして立ちあらわれてくる（これが「概念」）。しかしこの二つの要素（音響イメージと概念）は、浮かびあがった瞬間に合わさって「記号」となる。

ここでのポイントを整理しておけば、(1)記号を構成している「音響イメージ」と「概念」は同時に発生すること、(2)双方は分離できないこと、(3)その不可分の全体を「記号」と呼ぶことである。

コトバの「意味」と「価値」

わたしたちは、語を使ってなにかを意味することができる。だから、語には意味を伝える媒体としての価値がある。おそらくこれが、語の意味と価値についての一般的な考え方だろう。ソシュールも、語の意味作用について、「その特性は、たしかに言語の価値の一面である」と認めている。

ただしそれだけでは、語の意味と価値を混同することになる。しかし、そもそもなぜその混同を避ける必要があるのだろう。それについてソシュールは、「この問題を明確にしておかなければ、ラングを単なる命名法におとしめるおそれがある」と述べている。

つまり、語の意味と価値を区別しておかなければ、わたしたちはまた、コトバはモノを名づけるための道具にすぎないと考えて、言語名称目録観の発想に逆もどりする可能性があるというのである。ソシュールが語の意味と価値を区別することにこだわる理由は、まさにそこにある。

それでは、どうすれば語の意味と価値を区別できるだろう。そこでソシュールは、「シーニュ」（記号）に特有の二種類の関係に注目する。第一は、「シーニュ」を構成している二つの要素、つまり「シニフィアン」（意味するもの）と「シニフィエ」（意味されるもの）の関係、そして第二は、ある「シーニュ」とそれ以外の「シーニュ」の関係、つまりシーニュ同士の関係である。

まず第一の関係。つぎの図では、それがタテの矢印で示されている（図版４）。ソシュールが考える語の「意味」は、このタテの矢印の関係、つまり「シーニュ」を構成している「シニフィアン」と「シニフィエ」が相互にはたらきかけ合って発生する。この語の「意味」が、しばしば語の「価値」と混同される。

そこでソシュールは、語の「意味」と区分して語の「価値」を説明するために、「シーニュ」に特有の第二の関係、つまり複数のシーニュ間の関係に注意をうながす。つぎの図では、それがヨコの矢印で示されている（図版5）。

ソシュールが考える語の「価値」は、このヨコの矢印の関係から発生する。なぜなら、それぞれのシーニュは、それ以外のシーニュではないことによって、それ独自の存在の根拠をもつからである。ソシュールは、こうした相互のズレのことを「差異」と呼んでいる。

たとえば「イヌ」というシーニュは、その周辺に拡がる他のシーニュ（「イエ」・「イカ」・「イス」……）のどれでもないことによって、それ独自の「価値」を獲得している。つまり語の「価値」は、シーニュ間の「差異」の関係から生まれるわけである。

図版4

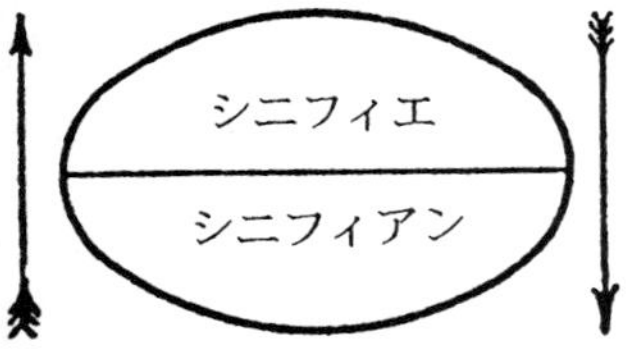

ここまでのポイントを整理しておくと、ソシュールは、「シーニュ」（記号）を構成している「シニフィアン」と「シニフィエ」の関係（図のタテの矢印）から語の「意味」を考え、ある「シーニュ」とそれ以外の「シーニュ」の関係（図のヨコの矢印）から語の「価値」を考えて、双方のレベルを区別している。

図版5

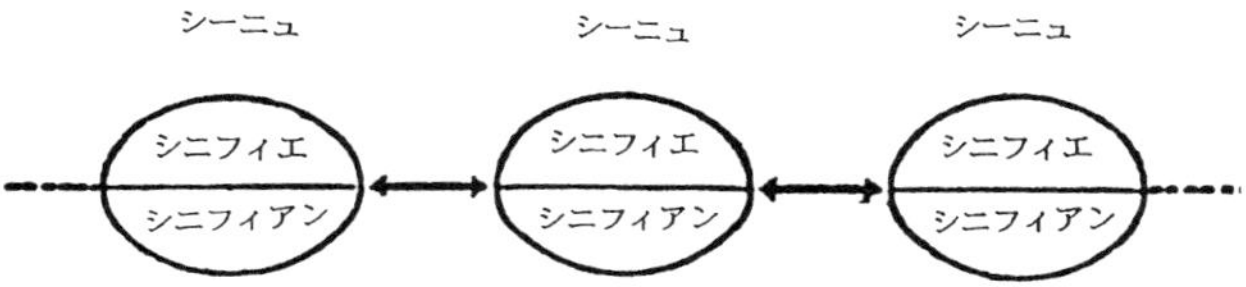

ここには重要なことが二つある。ひとつは、いま確認したとおり、語の「意味」と語の「価値」は異なることである。もうひとつは、もっと重要なことだが、語の「意味」も語の「価値」も、その語の内部には存在せず、語同士の記号としての関係性から発生することである。

ソシュールは、語の「価値」とはなにかを説明する過程で、そもそも「価値」とはなにかを考えて、その原理を二点に集約している。

(1)　あるものが異なるものと交換されて、その価値が決まる場合

(2)　あるものが類似したものと比較されて、その価値が決まる場合

第一のケースでは、「価値」は種類のちがう二つのものが交換されることで生まれる。たとえば一万円の紙幣は、そもそも一枚の紙切れであって、そのなかに一万円の価値があるわけではない（もしそうなら、造幣局はとうに赤字で火の車である）。貨幣の価値がそ

れに内在していると考えるのは、貨幣の価値を実体として考えることである。ただの紙切れにすぎない一万円の紙幣が「価値」をもつには、それがなんらかの品物（たとえばバッグやネクタイ）と交換されなければならない。つまり、一万円の貨幣としての「価値」は、その交換によってはじめてあらわれるのである。

このように「価値」は、ある種のものと別種のものの交換（ここでは貨幣と品物）を介して形成される。これが、「あるものが異なるものと交換されて、その価値が決まる場合」である。マルクスは、これを「使用価値」と区別して「交換価値」と呼んだ。

第二のケースでは、「価値」は同じ種類の二つのものが比較されることで生まれる。たとえば、一万円の貨幣としての「価値」は、五千円、千円、五百円、百円、五十円、十円、五円、一円といった円制度のなかで、一万円という貨幣が額面の異なる他の貨幣と比較されることであきらかになる。つまり、一万円という貨幣の「価値」は、それがそれ以外のどの貨幣でもないことによって、つまりその「差異」によって獲得されることになる。

あるいはまた、一万円の「価値」は、アメリカのドルやフランスのフランといった外貨との比較によってもあきらかになる。たとえば、百円を一ドルと仮定すれば、一万円は百ドルにあたる。つまり貨幣の「価値」は、円の場合でも外貨の場合でも、ある貨幣を別の貨幣と比較することで生まれる。

このように「価値」は、同種のものの比較（ここでは貨幣）を介してもあらわれる。これが、「あるものが類似したものと比較されて、その価値が決まる場合」である。

ソシュールはまた、語の「価値」を説明するために、チェスを比喩として使っているので、それも併せて見ておこう。

チェスのゲームの状態は、ラングの状態とうまく対応している。それぞれの駒の価値は、それがチェス盤において占めている相互の位置に依存しているが、それと同じくラングにおいても、それぞれの語は、それ以外のすべての語と対比されることで価値を獲得している。（同書）

ソシュールの論点をまとめてみると、それぞれのチェスの駒は、(1)他の駒との相互関係、および(2)チェス盤全体におけるその位置関係から「価値」を得ている。それと同じように、それぞれの語も、(1)他の語との相互関係、および(2)言語体系全体におけるその位置関係から「価値」を得ている。

つまり、語の「価値」は、その語と他の語の関係（同種のものの比較）ばかりでなく、その語と言語体系の関係（部分と全体の対照）によっても規定されるわけである。

ソシュールは、英語の「sheep」とフランス語の「mouton」を照らし合わせて、これを例証している。彼の説明では、「sheep と mouton の価値がちがうのは、前者にはその近くに第二項があるのに対して、後者では、そうなっていないからである」。

つまり、英語では「sheep」（羊）という語のそばに「mutton」（羊肉）という別の語があるのに、フランス語ではそれにあたる語がなく、「羊」も「羊肉」も「mouton」という同じ語で表現される。だから英語の「sheep」とフランス語の「mouton」は、それぞれの言語体系のなかで異なる「価値」をもっているというわけである。

差異から浮かびあがる「価値」

ソシュールはまた、言語における「価値」の問題について、語のレベルばかりでなく、文法のレベルでも考えている。

たとえば、フランス語とサンスクリット語の複数形は「価値」が異なる。なぜなら、「サンスクリットでは、文法数が二つではなく三つあるから」であり、「フランス語なら複数形を使うケースでも、かならずしも複数形を使えないから」である。語の「価値」が、同じ言語体系における他の語との関係、および他の言語体系における他の語との関係から決まったように、「複数形の価値もまた、その複数形の周囲と外にあるものに依存している」。

要するに、言語における「価値」は、そのなかにあるのではなく、語のレベルでも文法のレベルでも、言語体系における「差異」に基づく種々の関係から発生している。これをもっと一般化してわかりやすく言えば、あるものの価値は、それ自体によって決まるのではなく、それがそれ以外のものとどのような関係にあるかによって決まる。

たとえば、AとBという二つのグループが反目しているときに、ある人がAのグループに所属していれば、その人はAのメンバーからは「味方」と思われ、Bのメンバーからは「敵」と思われる。しかし、その人はその人であって、まったく同じ人物である。あるいはまた、それと同じように、まったく同じ人物でも、見る人によっては、「やさしい人」にもなるし「ウザイ奴」にもなる。しかしそれによって、その人物の評価（価値）は決まるのだから、現実とはおそろしいものである。

こうした例からわかるとおり、その人の「価値」は、本人のなかにあるのでもなければ、本人によって決定されるのでもなく、他の人たちとの関係をとおして、そこに発生する「ズレ」（差異）のなかから浮かびあがってくる（そう考えれば、最近の日本で流行語のようになっている「自分らしさ」もまた、モノとして発見されるのではなく、異質なものにふれることによってのみ感知されるなにかであると言えるだろう）。

価値とは純粋に差異から生まれるものである。つまり価値は、その内容から積極的に規定されるのではなく、体系内の他の諸項との関係から消極的に規定されるのである。それぞれの価値は、それ以外のどれでもないことによってこそ、もっとも顕著な特徴をもつのである。(同書)

差異が構成する言語のネットワーク

ソシュールは『一般言語学講義』の第二部四章四節で、自分の言語観を要約しているので、そのポイントを整理して「解説編」のまとめにしたい。

(1) 語とは世界を区分する記号である
(2) 言語とは差異の体系である

これに加えてソシュールは、語の「意味」と「価値」についても独自の考え方をしていた。

(1) 語は「シニフィアン」(音響イメージ)と「シニフィエ」(概念)から構成される「シーニュ」(記号)であり、語の「意味」は「シニフィアン」と「シニフィエ」の関係か

ら発生する
(2)　ある語は、他の語との「差異」によって、それ以外のどれでもないものとしての「価値」を形成する（この差異の関係から構成されるネットワークこそ、ソシュールが「システム＝体系」と呼ぶものである）

このようにソシュールは、実体や実在という概念より、関係や体系という概念を重視した。その結果、彼の言語観は、人間の知性や事物の存在を重視した十九世紀までの主知主義や物質主義はもとより、人間の主体を尊重した二十世紀の実存主義に対してもアンチテーゼとしてはたらくことになった。

それゆえ、ソシュールの発想からは、言語の使い手としての「人間」も、その「人間」が実践している日常の言語活動も見えてこないという批判がある。あるいはまた、そうしたソシュールの言語観から派生した「テクスト論」と呼ばれる批評理論についても、人間が書いたテクストを記号のたわむれと見て、人間の主体を消し去っているという批判もある（最近の例では、加藤典洋の『テクストから遠く離れて』にその傾向がはっきり認められる）。

しかしこれらはやはり、ないものねだりの批判と言うべきだろう。なぜなら、ソシュールが求めていたのは、すべての言語に認められる共通のルール、つまり言語現象「一般」についての原理だったからである。『一般言語学講義』のタイトルの意味も、そこにあったことを思い起こそう。

【実践編】『不思議の国のアリス』を読む

ソシュールの実践編では、ルイス・キャロル（一八三二～一八九八）の『不思議の国のアリス』（一八六五）を取りあげる。キャロルは、人間にとって言語とはなにかを考えさせてくれる点で、ソシュールに勝るとも劣らない才人である。わたしたちは、彼のユーモアやパロディやナンセンスの才能のおかげで、こむずかしいソシュールの「講義」とちがって、おもしろおかしく言語のからくりを体得できる。

特にキャロルの言語遊戯は、回文あり謎解きありと多彩なので、これまでにも多くの読者を魅了してきた。ここでは、ソシュールが『一般言語学講義』で教えてくれたことを知の道具として、キャロルが『不思議の国のアリス』（以下『アリス』）で開いてくれた夢の世界を歩いてみよう。ますます言語の魔力にひきつけられること、請け合いである。

不思議の国のコトバ遊び

『アリス』の物語は、ほとんどがアリスの夢だから、日常の世界ではありえないような「不思議」に満ちている。

たとえば登場する動物たち。白ウサギやネズミやイヌといった見慣れた動物たちばかりでなく、カエルの顔やサカナの顔をした従者がいたり、笑うネコがあらわれたり消えたりする。さらには、すでに死滅したはずのドドや神話の怪物グリフォンまですがたを見せる。しかもそれらの動物たちは、たいていコトバを話す。アリス自身も、身長が伸びたり縮んだり、自分が流した涙の海におぼれたり、トランプの王と女王の裁判にかけられたりと、思いがけないことをつぎつぎと経験する。

それでは、この物語がまったくデタラメかと言えば、そんなこともないらしいから、ますます「不思議」である。たとえば『アリス』には、小説の伝統にならって、第三者の語り手がいて、物語の流れをコントロールしたり、主人公のアリスの内面を説明したりする。さらに、アリス自身が他のどの登場者よりイギリス社会の常識をしっかり身につけていて、それによって、この物語の「不思議」を逆に際立たせている。

その点で、アリスの夢の世界は、ヒステリーや統合失調症と呼ばれる病的な症状とあきらかにちがっている。精神病理学者の宮本忠雄も指摘しているとおり、アリスは「たとえ夢の国に遊んでいるにせよ、最後まで現実感を失うことがなく、つまり夢の論理でなく現実界の論理をもちつづけている」。

これはまた、『アリス』の物語で繰り広げられるコトバ遊びについても言えるだろう。アリスは幼いなりに「正しい英語」をかなり身につけているので、それが言語の規範としてはたらいて、夢のなかでの彼女自身のコトバ遣いや、他の登場者たちのコトバ遣いを「奇妙」なものに見せているわけである。

もしそうした言語レベルのちがいがなかったら、不思議の国のコトバ遊びは、ユーモアやパロディやナンセンスを含めて、もっと貧弱なものになっていただろう。ソシュールになら って言えば、不思議の国のコトバ遊びは、アリスの「正しい英語」と彼女自身の「正しくない英語」、そしてアリスの「正しい英語」と他の登場者たちの「正しくない英語」の関係のズレ（差異）から生まれた産物である。

アリスのコトバの混乱

キャロルの『アリス』が出版されたのは、ソシュールの『一般言語学講義』が出版される五十年ほど前である。しかしキャロルのコトバ遊びには、すでにソシュールの言語観を先取りしたものが数多く認められる。アリスの言語の混乱を語や文法のレベルから調べていくと、アリスの歩いた道が、およそ半世紀を経て、ソシュールの『一般言語学講義』によって開かれた道へ通じていることがわかる。

最初の例として取りあげるのは、アリスがまだ幼くて、ちゃんと「正しい英語」を身につけていないことから生じた言語の混乱である。

アリスは夢のなかで白いウサギを追って穴に飛びこみ、どんどん底へ落ちていく。その途中、彼女は自分がどこまで落ちていくのか不安になって、「いったいどんな緯度や経度にたどり着くのかしら」と考える。このときアリスは、「緯度」(latitude)と「経度」(longitude)を「とてもすごいコトバ」と思ったので、わけもわからないのに頭のなかで使ってみたのである。

しかしアリスは、これらのコトバをまったく知らなかったわけではない。彼女にとって、「経度」と「緯度」は、少なくとも「音響イメージ」(シニフィアン)としてはたらいている。いや、それどころか彼女は、この二つのコトバが、地球における位置を区分する「記号」(シーニュ)であることを漠然とながら感じている。

さらにアリスには、この二つのコトバが別のものでありながら、隣接した関係にあって、よくいっしょに使われることまでわかっている。しかし彼女には、「正しい英語」の使い方を身につけたイギリス人のように、これらのコトバの「音響イメージ」で世界を区分することによって、それぞれの「概念」を社会のルールどおりに呼び寄せることができない。

しかし、ソシュールに言わせれば、これは当然である。なぜなら、「シーニュ」（記号）を構成している「シニフィアン」（音響イメージ）と「シニフィエ」（概念）の関係は、あくまで「恣意的」だからである。つまり「経度」を「緯度」に、そして「緯度」を「経度」に置き換えても、その差異さえ残っていれば、理論上はまったく差しつかえない。大切なのは、「経度」と「緯度」が、（いまの英語の体系で言えば）地球における位置を区分する「シーニュ」として、相互の差異からそれぞれの「価値」を獲得していることである。

しかしアリスにとっては、「経度」も「緯度」も、なにか似たようなことを「意味するもの」（シニフィアン）にすぎない。もしそれらの「シニフィアン」をなんらかの「シニフィエ」に結びつけているものがあるとすれば、それはソシュールによれば、その言語を使っている「集団の習慣」である。もしアリスが「経度」と「緯度」に対応する「意味されるもの」（シニフィエ）を知りたければ、彼女はそれらを区分するイギリス人の言語習慣を学ばなければならない。

見方を変えれば、アリスは「シニフィアン」と「シニフィエ」を一対一で結びつける学習を積むことによって、子どもから大人へ、そして動物的な存在から社会的な存在へと成長していく。しかし逆に言えば、彼女はまだ世のなかの「集団の習慣」に染まっていないので（つまりその意味でまだ「子ども」なので）、「シニフィアン」と「シニフィエ」がじつは一対一で結びついていないことを無邪気に証明してしまう。

他方、大人は教育をとおして、「シニフィアン」と「シニフィエ」の関係がもともと「恣意的」なものであったことを忘れるほど、その関係を「必然的」なものとして受け容れて、それを「自然」な状態として生きている。大人の読者がアリスの言語の混乱を笑えるのも、彼らが社会の教育を受けて、たとえば「経度」と「緯度」には固有の意味があると信じこむほど「集団の習慣」に染まっているからである。

そう考えれば、大人の読者がアリスの言語の混乱を笑えるほど「成長」しているのは、かえって「不自然」なことである。しかしわたしたちはだれでも、この「不自然」と引き換えに「大人」になり、「人間」になっていくのである。

言いまちがいの不安

このことを別の角度から検証してみよう。やはりアリスが穴の底へ落ちていくシーンである。ここで彼女は、このまま穴を落ち続けていくと、地球の反対側まで届いてしまうのではないかとおそれはじめる。

このときアリスは、「地球の反対側に住む人たち」(antipodes) にあたる語を求めて、その音をなぞるように「反感」(antipathies) という語を口にしてしまう。このときばかりは、さすがにアリスも、言いまちがったかもしれないと不安になる。

たしかに「地球の反対側に住む人たち」と「反感」では、意味があまりにもちがっている。しかしソシュールの観点に立って、双方のつづりを比べてみれば、これらの二つの語が、それぞれの「音響イメージ」を介して、英語の体系のなかで非常に近いところに位置しながら、その微妙なズレ（差異）によって個別の「価値」を獲得していることがわかる。

そうすると、アリスの言いまちがいは、まったく馬鹿げているように見えて、じつはソシュールが考えていた、語の「価値」のルールを例証していたことになる。つまり、語の「価値」は、語と語の関係（同種のものの比較）ばかりでなく、語と言語体系の関係（部分と全体の対照）によっても規定される。

しかしアリスはそれでもなお、言いまちがいに不安を感じている。それは、彼女がすでに教育をとおして、母語に関する「集団の習慣」を身につけはじめていたからである。彼女が言いまちがいに感じた不安は、人間にとって生まれながらのものではなく、語にはそれぞれ「正しい意味」があると教えられた人間のものだったのである。

ところがソシュールの説明では、語の意味は、語を「記号」（シーニュ）として構成している「音響イメージ」（シニフィアン）と「概念」（シニフィエ）の関係から生まれ、しかもその関係は「恣意的」である。『アリス』の物語で、これをもっとも簡潔に教えてくれるのは、アリスではなく、おそらくチェシャー・キャットだろう。

そのことがはっきりわかるのは、チェシャー・キャットが「ブタ」と「イチジク」の関係を問題にするシーンである。このネコ（?）は頭の回転がとても速く、アリスが「ブタ」と言ったときにもそれを覚えていて、「おまえは『ブタ』と言ったのかい、それとも『イチジク』と言ったのかい?」と彼女に問いかける。

日本語の翻訳ではポイントが見えにくいだろうが、ここで問題になっているのは、ソシュールの用語を借りれば、「ブタ」(pig) と「イチジク」(fig) の記号としての差異である。アリスにとって、「ブタ」が意味しているのは、動物の種類であって、木の実の種類ではない。しかしソシュールの観点からチェシャー・キャットの発言を読み取れば、「pig」という「音響イメージ」が動物の種類を「概念」として呼び寄せる必然もなければ、「fig」という「音響イメージ」が木の実の種類を「概念」として呼び寄せる必然もない。

ただしそのとき注意しなければならないのは、「pig」が「fig」をはじめとして、たとえば「big」・「dig」・「jig」・「rig」・「wig」……などと混同されないようにすることである。言い換えれば、「pig」と「fig」を区別するのは、それぞれに内在する固有の「意味」ではなく、それぞれの「音響イメージ」であり、その差異があるかぎり、(理論上は) 現在の「pig」と「fig」を交換しても差しつかえない。

もちろん実生活では、「音響イメージ」と「概念」を結びつける方法を学習しておかなければ、たいへんなことになる。ある人が「pig」のpをfと区別することもできず、さらにpとiとgを「pig」の順番に並べることもできなければ、はたしてどうなるだろう。その人は「pig」と言うべきところを、たとえば「gif」と言ったりする。それではコミュニケーションが成り立たなくなる。言語学者のヤーコブソンなら、これを「失語症」の症例と見なすかもしれない。

同音異義語——話すしっぽ

人間が日常生活でコミュニケーションを円滑におこなっていくためには、「音響イメージ」と「概念」を結びつける社会の約束に従って、それを「記号」として使っていく方法をどうしても身につけなければならない。しかしその学習も、たとえば「イヌ」と「イス」、「ブタ」と「フタ」、「ネコ」と「コネ」といったケースでは、それぞれ「音響イメージ」が異なるので、それほどむずかしくはないだろう。

それに対して、同音異義語のケースでは、もっと事が複雑になる。なぜなら、同音異義語は別の「記号」であるにもかかわらず、「音響イメージ」に差異がないので、世界を同じ方法で区分して、別の「概念」を呼び寄せることができないと考えられるからである。

アリスはネズミとの対話でこの問題にぶつかって、同音異義語の意味の形成について考える機会をわたしたちにも与えてくれる。ここで例になっているのは、「話」(tale)と「しっぽ」(tail)の二語である。

アリスがネズミに「身の上話」(history)を聞かせてほしいと頼んだところ、ネズミは「おいらの話(tale)は長くて悲しい！」と応える。そのときアリスは、ネズミのしっぽを見つめて、「たしかにしっぽ(tail)は長いけれど……でもどうして悲しいの？」と疑問に思う。

アリスの頭のなかでは、「話」と「しっぽ」、それに「長い」と「悲しい」が交錯し、それにつれて、ネズミの「身の上話」は「長くて悲しい『話／しっぽ』」としてイメージ化されながら、一種の図形詩のかたちを取る(図版6)。

図版6

'Fury said to
a mouse, That
he met in the
house, "Let
us both go
to law: *I*
will prose-
cute *you.*—
Come, I'll
take no de-
nial: We
must have
the trial;
For really
this morn-
ing I've
nothing
to do."
Said the
mouse to
the cur,
"Such a
trial, dear
sir, With
no jury
or judge,
would
be wast-
ing our
breath."
"I'll be
judge,
I'll be
jury,"
said
cun-
ning
old
Fury:
"I'll
try
the
whole
cause,
and
con-
demn
you to
death"'

この「話」と「しっぽ」のケースのように、語のなかには、同音異義語と呼ばれて、「音響イメージ」が同じでも「概念」が異なるものがある。それでは、同音異義語の「概念」は、どうすれば区別できるだろう。

もっとも簡単な方法は、文字でつづってみること、つまり聴覚のイメージではなく、視覚のイメージで両者を区別して、そこに差異を求めることである。この差異さえあれば、同音異義語でも、それぞれの「価値」を獲得できる。

しかしアリスの場合のように、同音異義語がおしゃべり（音声）のレベルでしか使われなければ、その差異を判別することはできない。残された方法は、語が使われる状況、つまり文脈を点検してみることである。

ネズミがアリスに「おいらの『テイル』は長くて悲しい」と語ったとき、アリスはそれを「おいらの『しっぽ』は長くて悲しい」と解釈した。この解釈は、たしかに不自然に聞こえるが、まったくの誤解とも言い切れない。

たとえば、おなかをすかせて、しっぽをだらりとたらしているイヌを見て、「悲しいしっぽ」と表現することは、一種の擬人法として可能だからである。実際、十九世紀のイギリスの作家ジョン・ラスキンは『近代画家論』（一八四三―一八六〇）のなかで、この例のように、感情をもたないものに感情を託すレトリックの技法を「感傷的誤謬」と呼んでいる。

もしアリスの解釈が誤解と呼べるとすれば、それは彼女が「テイル」という発音を聞いた途端、ネズミに「身の上話」をしてほしいと頼んだことを忘れて、ネズミのしっぽを見てしまい、それに意識を移してしまったからである。

これをチェスのゲームにたとえて説明すると、「おいらの『テイル』は長くて悲しい」という文が駒（部分）にあたり、ネズミの「身の上話」を聞くという状況がチェス盤（全体）にあたる。それゆえ「テイル」の「意味」は、この部分と全体の関係からつくられる文脈によって発生し、規定されるはずである。

ところがアリスは、「テイル」という発音を聞いて、うっかり目をそらし、その発音と目に入った「しっぽ」をリンクさせたために、「テイル＝お話」の意味を発生させる文脈をずらしてしまった。その結果、アリスの頭のなかには、先ほど見たように、「テイル＝お話＝しっぽ」の連鎖が一種の図形詩となって浮かびあがったのである。

こうした一連の出来事は、すべてアリスの夢のなかで起こっている。しかしだからこそ、わたしたちはこの夢物語をとおして、もし言語を意識的にコントロールしなければ、どんなことになるのかを教えられる。言い換えれば、わたしたちは日常生活で、知らず知らずのうちに、かなりの苦労を強いられながら、言語（活動）に関する社会のルールを守っているわけである。

「ネコ」と「コウモリ」の差異

これまでは、もっぱら語のレベルにかぎって『アリス』の言語遊戯を見てきた。ここからは、それを文法のレベルでも考えてみたい。たとえば、アリスが穴の底へ落ちながら、家で飼っていたネコのダイナのことを思い浮かべるシーンである。

アリスはダイナの食べものについて考えながら、「ネコはコウモリを食べるのかしら?」と自問する。ところがそのとき、彼女は夢のなかでねむたくなって、意識がぼんやりしてきたので、「コウモリはネコを食べるのかしら?」と思わぬことを口走りはじめる。

これは、学校で習う文法用語を借りれば、主語と目的語がひっくり返った言語の混乱として説明できる。しかしソシュールなら、なぜアリスは主語と目的語をひっくり返すことができたのか、そしてさらには、彼女が主語と目的語をひっくり返したのに、なぜそれが文章として成立し続けたのか、といったことまで問題にするだろう。

ただし「ネコ」と「コウモリ」の関係は、すでに見た「ブタ」と「イチジク」の関係と同じく、日本語の訳だとわかりにくい。そこで「ネコ」と「コウモリ」の音響イメージをあえてつづってみると、それぞれ「cat」と「bat」になる。

この「b」と「c」のズレだけで、「cat」と「bat」は、英語の体系のなかで非常に近いところにありながら、どうにか相互の差異をつくって、それを根拠にして異なる記号として存在している。「cat」は「bat」でないものとして、そして「bat」は「cat」でないものとして。つまり、ここでもっとも大切なのは、あくまで両者の記号としての差異であって、「cat＝ネコ」や「bat＝コウモリ」といった両者の意味のちがいではない。

しかも、すでに説明したとおり、ソシュールの考え方では、「cat」の音響イメージが「ネコ」という概念とリンクする必然もなければ、「bat」の音響イメージが「コウモリ」という概念とリンクする必然もない。この二つの記号は、音響イメージの差異さえあれば、（少なくとも理論上）交換してもかまわない。ソシュールの観点に立てば、だからこそアリスは、「ネコはコウモリを食べるのかしら?」とも、「コウモリはネコを食べるのかしら?」とも言えたのである。

単に文法レベルの言語の混乱にしか見えなかったアリスのひとりごとも、こうして考えてみると、主語と目的語の逆転としてではなく、二つの記号（「cat」と「bat」）の差異の関係から説明できる。これもまた、ソシュールの発想を借りたアリスの夢分析から得られた知見である。

夢は、わたしたちが知らなかったことを教えてくれるのではなく、わたしたちが知っていたにもかかわらず、知らないと思いこんでいたものを思い起こさせてくれる。『アリス』の不思議の国のコトバ遊びもまた、わたしたちにとって未知の言語の世界を開くのではなく、わたしたちが日常生活で無意識になぞっている言語のルールを意識させてくれる。その点で、アリスの夢は、ナンセンスに満ちあふれていながら、わたしたちを言語の「意味」（センス）に向けて覚醒させる力をもっている。

コトバをひっくり返す

前のセクションで見た「ネコ」と「コウモリ」の主述関係の逆転は、いまなら統辞と範例という二種類のルールによって説明できるだろう。ソシュールの講義を受けたA・リードランジェがノートに記しているとおり、ソシュール自身もこの関係を認識していた（ただしソシュールの用語では、統辞は「連辞」、範例は「連合」と呼ばれている）。

統辞とは、たとえば「This is a pen.」のように、文を構成する要素（語）を前後に組み合わせるときに発生する関係のことである。この関係を変えて、たとえば「Pen is a this.」とすると、誤りとされる文ができるし、「Is this a pen?」とすると、疑問文と呼ばれる文ができる。これが統辞関係である。

他方、範例とは、文を構成する要素（語）を別の要素に置き換えるときに発生する関係のことである。たとえば「This is a pen.」の「This」を「They」に、「is」を「are」に、そして「a pen」を「books」に置き換えると、「They are books.」という新しい文が構成され

図版7

統辞関係

This	is	a	pen.
Pen	a	this	is.
A	is	pen	this.
・	・	・	・
・	・	・	・
・	・	・	・

範例関係

This	is	a pen.
They	are	books.
We	are	writers.
・	・	・
・	・	・
・	・	・

る。これが範例関係である（図版7）。

「ネコ」と「コウモリ」の主述関係の逆転は、この二つのルールのどちらからでも説明がつく。統辞のレベルで「ネコ」と「コウモリ」を前後に並べ替えても、範例のレベルで「ネコ」の位置に「コウモリ」を、そして「コウモリ」の位置に「ネコ」を置いても、文法的には正しいとされる文ができあがる。つまり、たとえ「コウモリはネコを食べない」ことが現実の世界では事実だとしても、「コウモリはネコを食べるのかしら？」というアリスの発言は、英語の疑問文として成立する。

『アリス』の世界では、「ネコ」と「コウモリ」のように、名詞ばかりでなく、動詞も逆転する。たとえば第七章の「マッド・ティーパーティ」で、アリス、三月ウサギ、帽子屋、ヤマネの四人が、「言う」(say)と「意味する」(mean)の逆転について議論するシーンである。

問題となる二つの文は、(直訳すれば)「わたしは『意味する』ことを『言う』」と「わたしは『言う』ことを『意味する』」である。これでは日本語として不自然なので、それぞれの文を英語のニュアンスが残る程度に意訳してみると、前者は「わたしは本気のことを言う」、そして後者は「わたしが言うことは本気である」になる。

この二つの文について、アリスは「同じ」であると主張し、帽子屋は「まったくちがう」と反論する。ここでのアリスは、どうやら「言う」と「意味する」を同義語のように考えているらしい。しかしこれらの文は、統辞のレベルで「『同じ』ように正しい」というだけであって、英語の規範文法のレベルでは、やはりちがっている(ただし、不思議の国では、「言う」を「mean」という音であらわし、「意味する」を「say」という音であらわすという可能性も残されてはいる)。

論理の面から考えれば、「わたしは本気のことを言う」のケースでは、話し手の「本気」がほんとうかどうか、聞き手にはわからない。それゆえ聞き手は、話し手のコトバを「本気」として鵜呑みにできない。他方、「わたしの言うことは本気である」のケースでは、話し手がなにを言っても、聞き手はすべて額面どおりに「本気」と受け取ってもよいことになる。

これを別の角度から検証してみよう。もしどちらの文も「同じ」なら、論理学者の内井惣七が『推理と論理』で指摘しているように、両方を否定文にしても、その意味は変わらないはずである。しかし「わたしは本気のことを言わない」では、話し手が黙っていることもありうる。それに対して、「わたしが言うことは本気ではない」のケースでは、話し手がなにかを話さないかぎり、それが「本気」かどうかもわからない。前者はなにかを「言わない」、後者はなにかを「言う」。ここからも、二つの文のちがいが「同じ」であるとは言えないことがわかる。

不思議の国では、アリス以外にも、「言う」と「意味する」のように二つの動詞を逆転させる登場者がつぎつぎにあらわれる。たとえば帽子屋は、「わたしは『食べる』ものを『見る』を「わたしは『見る』ものを『食べる』」に逆転させ、三月ウサギは、「わたしは『手に入れる』ものを『好む』」を「わたしは『好む』ものを『手に入れる』」に逆転させ、ヤマネは、「わたしは『眠る』ときに『息をする』」を「わたしは『息をする』ときに『眠る』」に逆転させる。

これらのケースで問題になっているのは、「食べる」(eat)と「見る」(see)、「手に入れる」(get)と「好む」(like)、「眠る」(sleep)と「息をする」(breathe)の逆転である。もちろん現実の世界では、こんなふうに動詞を逆転させると、とんでもないことになる。

たとえば、帽子屋は『見る』ものを『食べる』のだから、目に入るものを片っぱしから食べはじめるだろうし、三月ウサギは『好む』ものを『手に入れる』のだから、好きなものをどんどん盗みにかかるかもしれない。ヤマネにいたっては、『息をする』ときに『眠る』のだから、ずっと眠り続けていなければならない。もしヤマネが起きていようと思えば、息を止めるしかなくなるので、これまた命がけである。

こうしたことが現実の世界で起こらないのは、わたしたちが言語を使うときの共通のルールを学んで、それを「集団の習慣」として守っているからである。いま問題にしているケースで言えば、たとえば「食べる」という意味を「eat」という音であらわし、「見る」という意味を「see」という音であらわすといったように、語の意味と音を強引にリンクさせることが、その共通のルールになっている。

ソシュールも、語の意味と音の関係が、このように「社会性」をもっていることを理解していた。しかしそれは同時に、語の意味と音の関係が、日常生活を離れてしまえば、それまでの拘束を解かれて、そのもともとの（社会化される以前の）あり方へ逆もどりしていくことをほのめかしている。

もしそうなれば、語の意味と音が一対一で対応しなくなるばかりでなく、それぞれの語の意味と音が交換されることも起こりうる。夢のなかなら、そんなことは日常茶飯事だろう。

いやそれどころか、『アリス』の世界では、まさにそれこそが「現実」として繰り広げられている。

狂気の条件

アリスが経験する言語の逆転は、これまで見たとおり、語のレベルで頻発している。しかしそうした逆転現象が含んでいた論理の問題は、語のレベルを越えて、文のレベルにまで拡がっている。

たとえばチェシャー・キャットがアリスに対して、自分の狂気を証明するシーンである。チェシャー・キャットによれば、「イヌはおこるとうなり、よろこぶとしっぽをふる」ので「イヌは狂っていない」が、「わたしはよろこぶとうなり、おこるとしっぽをふる」ので「わたしは狂っている」。

まず、このチェシャー・キャットの言い分を公式のように整理してみると、こうなる。

(1)「よろこぶ＝しっぽをふる」＋「おこる＝うなる」＝「イヌ＝正気」

(2)「よろこぶ＝うなる」＋「おこる＝しっぽをふる」＝「チェシャー・キャット＝狂気」

チェシャー・キャットは、⑴を前提として⑵を結論している。ここでのポイントは、述語（よろこぶ―おこる）が逆転すると、それにつれて主語の属性（正気―狂気）も逆転することである。つまり、ここではたらいている論理は、述語が同じかどうかを前提として、主語が同じかどうかを結論するパターンを取っている。

宮本忠雄は、この論理について、「これはドイツのフォン・ドマールスが、夢や自閉的思考や未開人の思考や、とりわけ精神分裂病のなかで見いだした述語的同一視の命題、いわゆるフォン・ドマールスの原理の一つの変形」と指摘している。

もしわたしたちが「イヌもネコもうなるので、イヌはネコである」と言えば、そのときわたしたちは、述語の一致（うなる）を前提として主語の一致（イヌ＝ネコ）を結論しているので、この論理（ドマールスの用語では「擬論理」）を実践していることになる。しかし日常生活では、イヌとネコは別の動物として区分されているので、この論理でものを考える人は、すぐに「変人」あつかいされるだろう。

逆に言えば、もし日常生活で「変人」あつかいされたくなければ、わたしたちは、述語が同じかどうかを前提とするのではなく、主語が同じかどうかを前提としてのみ、主語の一致を結論しなければならない。これは当り前のことに見えて、じつはアリストテレス伝来の論理である。しかしチェシャー・キャットのように、不思議の国で生きている者にとっては、この論理にとりつかれたわたしたちこそ「変人」に見えるかもしれない。

驚くべきは、チェシャー・キャットが、こうしたものの見え方のからくりを知っているらしいことである。だからこそ、このネコ（?）は、自分の「狂気」を語っているように見えて、アリスが無自覚に信じている「正気」の定義をひっくり返すこともできたのである。

その結果、わたしたちはアリスの動揺を共有しながら、「正気」が無条件に「正気」としてあるのではなく、「狂気」と対立してはじめて存在することを知るようになる。ソシュールの用語を借りれば、「正気」は「狂気」との差異によって、「正気」としての価値を獲得しているにすぎない。しかしわたしたちは、「正気」がそれだけで存在していると信じこんでいるので、その価値を絶対視して、それに根拠を与えているのが「狂気」であるとは思いもしない。

チェシャー・キャットがアリスに何気なく伝えていたのは、この「正気」と「狂気」の相関関係である。たとえて言えば、チェシャー・キャットは、アリスの前ですがたを見せたり消したりしながら、「正気」と「狂気」を点滅させて、この二つの相関関係をアリスに発信していたことになる。

そのときのチェシャー・キャットの教訓を整理してみると、つぎの三点に要約されるだろう。

(1)「正気」はそれだけで存在しているものではないこと
(2)不思議の国で「狂気」と呼ばれているものは、アリスの日常の世界で「正気」と呼ばれているものとペアになっていること
(3)「正気」と「狂気」には、そもそも優劣はなく、その差異によって発生した異なる価値があるにすぎないこと

ドイツの哲学者ニーチェは、『不思議の国のアリス』が出版されてから二十年後、『善悪の彼岸』(一八八五―一八八六)のなかで、このチェシャー・キャットの教訓をなぞるように、こう書いている。「形而上学者たちの根本信仰は諸価値の反対物を信仰することである」。

ある哲学者が「善」を信じているとすれば、その哲学者は「善」を信じているというより、「善」の価値を正当化するために、その「反対物」にあたる「悪」をひそかに(おそれながら?)信じている、というわけである。しかしそれにしても、チェシャー・キャットのおしゃべりの気楽さに比べて、このニーチェの文章の難解さはなんだろう。

女王さまはトランプだった!

『アリス』の世界で、価値の問題を文字通り体現していたのは、トランプのすがたをした登場者たちだった。なぜなら彼らの存在は、トランプの序列における差異を基準にして、その「価値」を決められていたからである。

不思議の国では、絵のついた、数字の大きい、ハートのカードが、もっとも高い地位を与えられている。たとえば第八章では、ハートのキングとクイーンのカードが「王」と「女王」の役を演じている。それに対して、絵もなく数字も小さいカードは序列が低く、さらにマークによっても、ハートは「王家の子供たち」、ダイヤは「廷臣」、クラブは「兵隊」、スペードは「庭師」といったように、序列にちがいが見られる。

ここには、ソシュールが言語について考えていたことに通じる大切なポイントが含まれている。それは、カードの「価値」とは役割であること、言い換えれば、カードの「価値」は、それぞれのカードの差異の関係と、トランプ全体の体系内における各カードの位置関係から生まれてくるということである。

つまり「王」や「女王」も、他のカードがなければ、そしてトランプと呼ばれるカードの体系がなければ、「王」や「女王」として君臨できなかった。それゆえ「王」や「女王」の権力は、たとえどれほど周囲の者たちに脅威を与えたとしても、彼らのなかに存在しているものではなく、トランプのゲームを構成している多くの要素の関係から生まれた幻想としての効果にすぎない。

しかし夢の世界にいるアリスには、ハートの王や女王を筆頭とするトランプの登場者たちは、まるで生身の人間が動いているように見える。つまり彼女にとっては、「ハートのキング＝実在の王」、そして「ハートのクイーン＝実在の女王」といった論理が、まるで現実の世界そのもののように機能している。

それゆえアリスが夢のなかに深く入れば入るほど、彼らの存在感はますます強まって、おそろしいほどのリアリティをそなえてくる。特にハートの女王は、すぐに「首を切っておしまい！」と叫ぶので、アリスはぞっとするほどの恐怖を身体レベルで感じてしまう。

ところが物語の途中で、思わぬことが起こる。なんとアリスは、ハートの女王にあいさつしながら、ふと「みんなトランプ？」という思いにとらわれる。もしかすれば、このときアリスは、ほんの束の間、夢からさめかけていたのかもしれない。

しかしそのめざめへのきっかけも、すぐに夢の流れのなかで忘れ去られてしまう。アリスがハートの女王のごうまんさに腹を立てて、「あなたたち、ただのトランプじゃないの！」と叫んだのは、すでに物語も終盤にさしかかったころである。

それまで実在の王や女王に見えていた人物たちが、ほんとうは「ただのトランプ」にすぎなかったという発見は、アリスの夢の世界に思いもかけない変化をもたらす。たとえば「ハートのクイーン」は、もはや「実在の女王」ではなくなって、「一枚のトランプ」にすがたを変える。

そのとき「ハートのクイーン」は、アリスの社会が認めている「音響のイメージ」と「概念」の関係（「ハートのクイーン＝女王の絵のついたトランプの一枚」という関係）を取りもどしはじめる。もちろん、このプロセスは、アリスが夢からさめるプロセスと重なり合って同時進行している。このことは、記号の形成（音響イメージ＋概念＝記号）が、人間にとって、現実世界の日常性の形成にどれほど大きくかかわっているかを示している。

その意味で、アリスが発した「あなたたち、ただのトランプじゃないの！」という叫びは、夢の呪縛から現実への覚醒をうながすための呪文としてはたらいている。実際、その呪文が発せられたかと思うと、すべてのトランプは、まるで正体を見破られた亡霊のように空高く舞いあがり、やがてゆっくりと落下しはじめる。まさにその瞬間、アリスは夢からさめて、目をさますことになる。

『アリス』の不思議の国は、こうして、わたしたちが慣れ親しんでいる言語のあり方を混乱させながら、わたしたちに不安や恐怖ばかりでなく、安心と秩序をも経験させてくれる。おそらくその原因は、わたしたちが「現実」と呼んでいるものが、「音響のイメージ」と「概念」の安定した結びつきから構成される記号のシステムによって保障されていることにあるのだろう。

しかし同時に、ひるがえって言えば、わたしたち人間は、記号のルールにコントロールされた「現実」に安らぎを覚えながらも、その安らぎを打ち破って、どうにかして「現実」のこわばりを解き放つことを無意識に望んでいるのかもしれない。

たしかに『アリス』は単なる夢物語にすぎないだろう。しかしそれゆえにこそ、不思議の国でのアリスの経験は、そんなわたしたちの無意識の欲求を満たしてくれる。その意味で、ルイス・キャロルのコトバ遊びは、およそ半世紀の歳月を越えて、フェルディナン・ド・ソシュールの言語理論と合わせ鏡になっている。

参考文献

市川浩『〈身〉の構造』(青土社　一九八四)
今村仁司・三島憲一・鷲田清一・野家啓一・矢代梓『現代思想の冒険者たち　第00巻』(講談社　一九九六)
内井惣七『推理と論理　シャーロック・ホームズとルイス・キャロル』(ミネルヴァ書房　二〇〇四)
加藤典洋『テクストから遠く離れて』(講談社　二〇〇四)
小林敏明『精神病理からみる現代思想』(講談社　一九九一)

立川健二・山田広昭『現代言語論』（新曜社　一九九〇）
日本総合研究所編『生命論パラダイムの時代』（ダイヤモンド社　一九九三）
町田健『コトバの謎解き　ソシュール入門』（光文社　二〇〇三）
――『ソシュールのすべて』（研究社　二〇〇四）
丸山圭三郎『ソシュールの思想』（岩波書店　一九八一）
――『ソシュールを読む』（岩波書店　一九八三）
――『文化＝記号のブラックホール』（大修館　一九八七）
――『生命と過剰』（河出書房新社　一九八七）
――『文化記号学の可能性』（夏目書房　一九九三）
宮本忠雄『言語と妄想』（平凡社　一九七八）
E・ミンコフスキー『精神分裂病』村上仁訳（みすず書房　一九五四）
Lewis Carroll, *Alice's Adventures in Wonderland*, Oxford: Oxford UP, 1998
Jean-Jacques Lecercle, *Philosophy of Nonsense*, London: Routledge, 1994
Ferdinand de Saussure, *Cours de linguistique générale*, Paris: Payot, 1985
―― *Course in General Linguistics*, Trans. Wade Baskin, New York: McGraw-Hill Book Company, 1966

Ⅱ　ロラン・バルト

【案内編】

コトバの主人はだれか

ソシュールは言語学を含む包括的な記号の科学（それは彼の時代にはまだ存在していなかった）を「記号学」（sémiologie）と命名し、それがどのような学問であるべきかについてつぎのような予言的定義を下した。

社会的活動のなかでの記号の働きについて研究する学問というものを私たちは構想することができる。（……）私たちはそれを（ギリシャ語の「セメイオン（記号）」にちなんで）記号学と名づけようと思う。この学問は、記号の本質とは何か、いかなる法則性が記号を統御しているのかを問うものとなるであろう。記号学はまだ存在していない。だから、それがどのようなものであるのかを言うことはできない。しかし、記号学は存在する権利を有しており、その地位はあらかじめ決定されている。言語学はこの包括的な学問の一部分にすぎない。（『一般言語学講義』）

ソシュールの予言から半世紀後、「記号学がどのようなものであるか」をありありと示してくれたのがロラン・バルトである。

バルトはソシュールに新たな原理的知見をつけ加えたわけではない。しかし、記号学の豊かな可能性について、バルトはみごとに語ってくれた。彼はわたしたちの社会的活動のほぼ全域を記号の活動として解釈したのである。文学、儀礼、外交、音楽、モード、料理、スポーツ……およそわたしたちの日常の営みのうちで、「その字義通りの意味のレベルとは別のレベルで何かを意味してしまうような」すべての事象をバルトは「記号」として解釈した。

バルトの記号学から、わたしたちがさしあたり学ぶべきことは次の二つである。

(1)　記号を操作するとき、わたしたちは「見えない」コードに規制されている

(2)　記号を操作するとき、わたしたちは「他者」になっている

思い切って単純化すれば、バルトの思想と方法は、この二つのテーゼに集約されるだろう。この二つのテーゼは、じつは同じひとつの事態を表裏二面から眺めてみたものである。(1)は「構造主義者」バルトのテーゼ、(2)は「ポスト構造主義者」バルトのテーゼであるというふうに言い換えてもよい。一九五〇―六〇年代の「構造主義者」バルトは、どちらかと言えば

「わたしたちは自由に記号をあやつることができない」という「記号運用の被制約性」に重点を置いて記号論を練りあげた（これは構造主義者全員に共通する傾向である）。一方、七〇年代以降の「ポスト構造主義者」バルトは、「私は私のテクストを統御している『主人』ではない」という主体性の脆弱性《ぜいじやくせい》のうちに、「コギトの神話」からの解放の契機を見いだした。一貫しているのは、「主体」（sujet）という西欧において不可疑とされてきた概念を攻略しようとするバルトの攻撃的な意志である。

「私は私がいま語っている言葉の主人ではない」。そのことを主体の全権性の翳《かげ》りとして否定的にとらえるにせよ、「私以外のもの」との交通による自己解放の機会として肯定的にとらえるにせよ、彼の記号学的思考はつねにこの根本的確信に基礎づけられている。

バルトの思想攻撃

ロラン・バルト（Roland Barthes）は一九一五年に生まれた。一歳になる前に父親を失い、濃密な母子関係のなかで育つ。三四年にリセを終えてエコール・ノルマルを目指すが、結核の初期症状のため断念、パリ大学に進み、一時リセの教師をするが、病状が悪化し、二十代後半の五年間（それはまさに「外の世界」が占領とレジスタンスと〈アンガージュマン〉によって激動していた時代に相当する）をサナトリウムで書物を友として過ごすことを余儀なくされる。戦後、ルーマニアやエジプトでフランス語教師を務めた後、雑誌に寄稿した切れ味のよい文明評論によって、次第に世間の耳目を集めるようになる。この批評的なコラムをまとめたのが『神話作用』（一九五七）である。このエッセイで、バルトはわたしたちが日常生活のなかで「自然」と思いこんでいるものが、じつは仮構された「制度」であることを冴えた筆致で摘出してみせた。

同じ批評的原理によって文学の問題に接近したバルトは、『零度のエクリチュール』（一九五三）によって、「作品」とは、単なる書き手の「表現」ではなく、むしろ書き手自身が無意識のうちにそこに絡め取られている社会集団に「固有の語法」がその語りを支配していることをあきらかにした。

「ある社会集団に固有の語法」、別の言い方をすれば、ある時代、ある集団のメンバーが「ごく自然に文章を書く」ときに固有の「書き方」、それをバルトは「エクリチュール」(écriture) と術語化した。アラン・ロブ＝グリエの提唱した「ヌーヴォー・ロマン」の力強い理論的支援者の役を演じたのもこのころのことである。

しかし、バルトは、「ヌーヴェル・クリティック（新批評）」と名づけられたその批評的方法が標準化することを嫌い、言語学、文化人類学、精神分析など、同時代の構造主義的知見を貪欲に取りこむことによって、その批評的方法を絶えず刷新していった。

疾駆するようなその思想的パフォーマンスの成果は、『モードの大系』(一九六七)、『S/Z』(一九七〇)、『表徴の帝国』(一九七〇)など、世界を記号システムとして解読しようとする一連の著作に結実する。

バルトはこれらの仕事を通じて、フーコー、ラカン、レヴィ=ストロース、アルチュセールとともに構造主義を代表する思想家と見なされ、その声望は国際的なものとなり、やがてコレージュ・ド・フランスが彼のために新たに設けた文学記号学の講座に三顧の礼をもって迎えられることになる。

バルトのスタンスは、健康上の障害によってアカデミックな正系から逸脱したことや、あるいはホモ・セクシュアルとして「正常な」性的関係から排除されてきたこととまったく無関係ではないだろう。「プチブル的常識」、「プチブル的健常」、「多数派の同意」、「制度による身元保証」、そういうものにどっぷり首まで浸かり、その恩恵に浴している者たちの「安心しきった無神経さ」に対する嫌悪、それがバルトの(一見すると穏やかで洗練された)知性の思いがけない攻撃性をドライブしている。

言いたいことはなぜ伝えられないのか

わたしたちが文章を書くとき、しばしば「言いたいこと」は言葉にならず、逆にそんな考えを自分が持っていると思いもしなかった言葉が頁を埋めていくことがある。「言いたいこと」と「書かれたこと」が過不足なくきちんと対応するということは原理的に起こらない。わたしたちはつねに「言い足りない」か「言いすぎる」かどちらかなのである。

こういうことが起きるのは、おそらく「書く」という行為が、あらかじめ頭のなかにできあがっている抽象的な「言いたいこと」を「言葉に変換する」という単純な行程なのではなく、「言いたいこと」がせき止められ、「言う気のなかったこと」が紛れこんでくる不随意なシステムだからである。ロラン・バルトの思索はこの「書く」という「複雑なシステム」の構造を解明するところからはじまる。

バルトの筆名を高めた記念碑的な著作である『零度のエクリチュール』において、バルトはわたしたちが言語を運用するとき、どこまで自由であり、どこから制約のうちにあるのかを見きわめようと試みた。その論考の筋道をたどってみよう。

わたしたちの思考や経験の様式は、わたしたちが用いる言語に多く依存している。言語が異なれば、それに応じて思考や経験の様式も大きく異なってくる。わたしたちが自由に語り、好きに書いていると信じているときでも、わたしたちはそれと気づかぬうちに「見えない規則」に従って言語を運用している。

たとえば、わたしたちは日本語という「ラング」(langue)を母国語としている。日本語には、文法があり、かぎられた語彙があり、聞き分けるべき音韻も決まっている。文法を無視し、だれも知らない単語を並べ、日本語にない音を使って話しても、たぶんわたしたちはうまく意思を伝えることができない。なにかを伝えようと思えば、(たとえ心のなかでひとりごとを言う場合でさえ)わたしたちは文法に則《のっと》って、限定された語彙の範囲内で文章を組み立ててゆかなければならない。これが「ラング」つまり「ある時代の書き手全員に共有されている規則と習慣の集合体」である。

ラングが外側からの規制だとすると、別にもうひとつ、わたしたちの言語運用を「内側から」規制するものがある。わたしたちに固有の「言語感覚」がそれである。

わたしたちはひとりひとりことばについての固有のこだわりをもっている。速度、リズム感、音響、韻律、文字のグラフィックな印象、隠喩、文の長さ……どれについても、わたしたちはみな個人的な好みがある。切れのいいリズミカルな語り口が好きな人もいれば、ゆっくり流れるように書くのが好きな人もいる。白々とした頁が好きな人もいれば、漢字や英語や特殊記号がぎっしり詰まった頁に固着を示す人もいる。これは音楽や食物に対する好悪と同じく、「こだわり」と言う以外に言いようがない。

この「こだわり」はわたしたちの身体深く根をおろしていて、わたしたちの書くあらゆるものについてまわる。だから、わたしたちの書いたものには、指紋のように、それがわたしたちの書きものであることを証言する痕跡がかならず残る。この生来的で、わたしたちの主体的努力ではどうにもできない言語感覚を、バルトは「スティル」(style) と呼ぶ。

イメージ、口調、語彙、それらは書き手の身体と過去から生まれ、いつのまにか書き手は仕事をしているときに、無意識にそれらを操るようになる。これが「スティル」である。それはいわば「自分専用の」言葉の使い方である。(……) それは突き上げる衝動の産物であって、意図的なものではない。(……) スティルは書き手にとっての「モノ」であり、彼の栄光であり、彼の牢獄であり、彼の孤独である。(『零度のエクリチュール』)

ラングは「使うことができる」言語資源として、スティルは「使わずにはいられない」言語感覚として (バルトの表現を借りれば、ラングは「水平性」として、スティルは「垂直性」として)、二種類の制約、二つの先行的与件として、わたしたちの言語運用に深く関与している。

書き手の唯一の自由

しかし、書き手を制約しているのは、その二つだけではない。

ラングとスティルの切り結ぶ結節点に、バルトは第三のレベルである「エクリチュール」を想定する。この「第三のレベル」を着想したところにバルトの創見はある（のちに出てくる「第三の項」、「第三の意味」という概念にも見られるように、単純な二項対立的な図式に「そのどちらでもないもの」を導き入れて世界の見え方を壊乱させることがバルトの思考のおそらくは無意識的な「文体」なのである）。

ラングにせよ、スティルにせよ、わたしたちはそれを主体的に「選ぶ」ことができない。わたしたちが生まれる国や、おのれの気質を選ぶことができないように、ラングとスティルは「盲目的な力」としてわたしたちにあらかじめ刻印されている。

しかし、ある国語の内部に生まれ、ある生得的条件を負わされていても、それでも書き手は、そのような制限を受けつつ、なお書くときにひとつの「語調」（ton）あるいは「モード」あるいは「エートス」（ethos）」を選択することが許される。書き手の自由は、この選択のうちにのみ存在する。

注意しなければいけないのは、「エクリチュール」と「スティル」は別ものだということである。わたしが「スティル」に「文体」という定訳を与えないのは、この混乱を回避するためである。

「スティル」は個人の生物学的与件に規定されており、自分の意思で好きに選んだり換えたりすることができない。それに対して「エクリチュール」は、ある社会的集団が「正しいことばの使い方」として集団的に承認したものである。わたしたちは眼前に広げられたいくつかのオプションのうちから、自分の好みで「エクリチュール」を選び取ることが可能である。

たとえば、十四歳の少年が、ある日思い立って、一人称を「ぼく」から「おれ」に変更し、母親を「ママ」と呼ぶのを止めて「おふくろ」と呼ぶように決意したとする。この選択は（たとえ同級生やテレビドラマに影響されたとしても）「主体的に」なされたものと言ってよい。ただし、主体的になされたものではあるけれども、少年が新たに選んだ語法は、彼が発明したものではなく、ある社会集団がすでに集合的に採用しているものである。

さて、この人称の変化は単に語詞レベルのみで生じるのではなく、彼の社会的なふるまいの全域に影響を及ぼすようになる。語彙、統辞、リズム、イントネーション、発声、身ぶり、字体などは一気に変化する。昨日ならば「はい、わかったよ、ママ」と言っていた場面で、彼は「うっせんだよ、ばばあ」と言うようになる。このような語法の全面的な切り替えはきわめて短時間のうちに、格段の努力も要さず実行される。そして、その語法の変換は社会的態度や価値観の変換に直結している。

「反抗的な中学生のエクリチュール」があるように、「営業マンのエクリチュール」や「官僚のエクリチュール」や「やくざのエクリチュール」や「おばさんのエクリチュール」がある。わたしたちは自分が帰属しようと望んでいる社会集団に固有の語法を選び出すことができる。

しかし、わたしたちが自由でいられるのは、どのエクリチュールを選ぶかの決断においてだけであり、ひとたびあるエクリチュールを選んだ後、わたしたちはもうそれほど自由ではない。ママを「おふくろ」と書き換えた中学生は、ただちに「パパ」を「おやじ」、「先生」を「センコー」、「おまわりさん」を「マッポ」と呼ぶというふうに一連の語詞のシステマティックな変換を強いられる。発声、表情、服装、髪型、生活習慣、身体運用にいたるまで、彼の社会的な態度の全般について、彼の選んだエクリチュールそのものが、ある固有の社会的なふるまい方に従うことを彼に要求する。

エクリチュールが自由であるのは、ただ選択の行為においてのみであり、ひとたび持続したときには、エクリチュールはもはや自由ではなくなっている。たとえば私はいま自分のためにあるエクリチュールを選ぶことができる。そしてその選択の行為を通じて、『私は自由である』と宣言し、自分はオリジナルであり、いまや一つの伝統を創造しつつあるのだ、と言明することもできる。だが、そのエクリチュールをずっと使ってゆくうちに、私はしだいに他人の言葉と自分自身の言葉の虜囚となってしまう。私に先立つすべてのエクリチュールと、私自身のエクリチュールの過去から立ち上る執拗な残存臭気が、私がいまこの瞬間に発している言葉を覆い尽くしてしまうのだ。（同書）

「おれ」を選んだ中学生は、選択の瞬間、「ぼくとママ」の語法が紡ぎ出していた濃密な二項的な世界から抜け出すことにとりあえずは成功する。だが、その解放感は一瞬のことにすぎない。彼はいま選んだばかりの新たなエクリチュールの「虜囚」となるほかないからだ。彼はそのエクリチュールによってしか語ることができず、そのエクリチュールが許容する語彙やイントネーション以外の使用を禁じられる。彼は口を開くたびに、ある社会集団への信仰告白を日々新たにし、それと同時にある種の不能をも受け入れてゆかねばならない。というのも、彼がいかに切望しようとも、このエクリチュールをもっては語ることができないことが存在するからだ。エクリチュールを選ぶということは、ある地方神を奉じるローカルな宗教に帰依することに似ている。この地方神は嫉妬深く、彼以外の神が分節する世界を許容しない。

バルトはこのようにして形成される「一度は選択されるが、ただちに惰性化する」エクリチュールを「ソシオレクト」(sociolecte) と術語化することもある。ソシオレクトはさまざまな社会集団に分有され、ローカルな奇習や迷信がそうであるように、きびしく排他的である。

私たちは誰しもが、自分の使っている語法の真理のうちにからめとられている。私の語法と隣の人の語法のあいだには激烈な競合関係があり、そこに私たちは引きずり込まれている。というのも、すべての語法（すべてのフィクション）は覇権をめぐる闘争だからである。(『テクストの快楽』)

ローカルな語法であるソシオレクトのうちのあるものは（ちょうど明治初期に江戸山の手の「方言」が「標準日本語」となったように）「標準的な語法」になることがある。それは社会全域に拡がり、やがて人々はあらゆるところで聞かれ話されるその語法に慣れ、ついには、それこそが無徴候的、中立的な語法だと信じこむようになる。「政治家や官僚が語る非政治的なパロール、新聞やテレビやラジオがしゃべるパロール、日常のおしゃべりのパロール」、それが「覇権を握った語法」である。

「標準的」で、「無徴候的」で、「価値中立的」だと信じられている語法、それが「覇権を握ったソシオレクト」である。その「方言」を語ることが、じつはひとつの党派的な世界観への同意の表明であるにもかかわらず、その「方言」を用いている者たち全員がその事実を組織的に忘却しているようなエクリチュール、それが「覇権を握った語法」である。

白いエクリチュール

エクリチュールは本質的に排他的でローカルな語法である。だから、エクリチュールのうちで思考し、表現しているかぎり、世界のある側面は組織的に見落とされ、ある種の主題は決して意識化されない。

この言語の不能に果敢な抵抗を試みてきたのが、詩人や作家たちである。エクリチュールがわたしたちを閉じこめている幽閉状態に挑戦すること。文学の野心はひさしく「いかなる制約からも解放された絶対に自由なパロールの行使」にあった。

だが、バルトはこの野心のはらんでいる本質的な矛盾を鮮やかに、冷たく抉《えぐ》り取ってみせる。完全に自由なエクリチュールというようなものがありうるのだろうか？　いかなる常套句にも汚されず、いかなる定型性をも免れているようなエクリチュールがありうるのだろうか？

作家たちの中にはエクリチュールを解体することによってエクリチュールを浄化できると考えたものがいた。彼らは文学的語法を叩き壊し、決まり文句や習慣や書き手の過去の形式を温床として繰り返し蘇生する惰性的なものをそのつど打ち砕いた。形式のカオス、語の砂漠を通れば「歴史」から絶対的に隔絶された「モノそれ自体」に到達し、生まれたばかりの語法の新鮮さに出会うことができると彼らは信じたのだ。(『零度のエクリチュール』)

残念ながら文学のこの野心的な企てはかならずや不成功に終わらずにいない。革命的であり続けられるようなエクリチュールは存在しないからである。あらゆる革命的企図がそうであるように、最初の革命的行動が「範例」として称賛されたとたんに、それに続くすべての革命的行動はそれを模倣することを強制される。どのような荒々しく破格のフレーズも、称賛を浴びたとたんに「美文」の鑑《かがみ》となる。反‐文学の身ぶりが文学の規範となり、無秩序はそのつど秩序に回収される。

もし無秩序が整序されることをかたくなに忌避しようと望むならば、語法の解体の行き着く先はエクリチュールの沈黙以外にない。ランボーや何人かのシュールレアリストたちは最終的に文字が書けなくなった（シュールレアリストたちはそのせいで忘れ去られた）。「文学」を転覆させようとしたこの自沈工作の教訓は（……）革命的であり続けられるようなエクリチュールは存在しないということ、あらゆる形式の沈黙は完全な無言による以外には欺瞞をまぬかれることができないということであった。（同書）

かりにまったく天衣無縫に、無作為に、直接的に、最初の一行が書き出されたとしても、続く二行目を書く詩人は、変奏するにせよ、転調するにせよ、最初の一行への絶えざる参照を強いられる。だから二行目は最初の一行ほどに自由に書くことはできない。いくら自由に書こうと力んでも、書き手は彼自身が一行目で採択した「自由である仕方」からは自由になれない。それが文学的エクリチュールの逆説である。

真に革命的なエクリチュールがありうるとしたら、めまぐるしく変化し、リズムも韻律も持たない乱数的なノイズか、完全な沈黙しかない。しかし、そのようなものをおそらく人間は作品として享受することができないだろう。

それゆえ、バルトはノイズと沈黙以外に、エクリチュールが欺瞞を逃れる可能性があるかどうかを探究することになった。バルトが夢を託したのは、「秩序へのいかなる隷従からも解放された白いエクリチュール」である。

文学的語法から抜けだそうとする企てにはもう一つの解決策もある。語法の刻印を押された秩序へのいかなる隷従からも解放された白いエクリチュール(écriture blanche)を創出することである。(同書)

言語学には対立する二項(単数/複数、過去形/現在形など)のあいだに「第三の項、中立項あるいはゼロ項」を措定する考え方がある。それによると、たとえば、「接続法と命令法のあいだにある直説法は、無‐法的な形式とされる」。接続法と命令法はいずれも話者の頭のなかで構想された行為・動作をあらわす法である(前者は「願望、禁止、疑惑」などを、後者は「命令」を含意する)。それに対して直説法に置かれた動詞はどのような価値判断や情念もともなわない、純粋に指示的な法である。

水準の違いを無視して言えば、エクリチュールの零度(le degré zéro de l'écriture)とは本質的には直説法的なエクリチュール、あるいはこう言ってよければ無‐法的なエクリチュールである。(……)新しい中立的なエクリチュールは、さまざまな主張や判断のなかにあって、そのいずれにも与しない。このエクリチュールはまさに主張や判断の欠如そのものから成り立っている。（……）だからといって、これは無味乾燥なエクリチュールというわけではない。むしろ無垢なエクリチュール（écriture innocente）というべきだろう。（同書）

『異邦人』の透明なパロール

願望や禁止や命令や価値判断といった話者の主観の介入を排した、純粋に指示的なエクリチュール。幼児がなにかを指さして、いかなる底意もなしにただ「これ」と言うときのような無垢で透明で中立的なエクリチュール。バルトはそのひとつの達成をカミュの『異邦人』のうちに見いだした。

この透明なパロールはカミュの『異邦人』によって創始されたものである。これは不在の文体であり、文体の理想的な不在である。（同書）

心理学もイデオロギーも道徳的主張も、なにも持たない（ように見える）『異邦人』の乾いた文体は、たしかにある種の「中立性」の理想を実現していると言ってよい。しかし、ことはそれほど単純ではない。もし、人々が争ってカミュのエクリチュールを範例と崇《あが》め、それを模倣しはじめたら、あるいはカミュ自身が彼のつぎの小説で『異邦人』のエクリチュールを反復したら、そのときエクリチュールの「白さ」はたちまち汚されてしまうからだ。

不幸にして白いエクリチュールほど不実なものはない。最初に自由があったその場所に機械的な反応ができあがる。硬直化した網の目が言説の最初のしなやかさをしだいに握り潰してゆく。終わりなき語法に代わって一つのエクリチュールが復活する。書き手は古典派となり、彼自身が彼の最初の創造の模倣者となるのだ。（同書）

事実、バルトが懸念したとおり、『異邦人』は新しい古典的美文の鑑となった。自分自身のエクリチュールの「虜囚」となったカミュは、それと気づかぬままに「同じ物語」を繰り返し語るようになる。のちにサルトルによってそのエクリチュールの定型性を痛烈に批判されたとき、カミュはまさに「書字不能」に陥ることになるのであるが、これはまた別の長い物語である。

バルトが「白いエクリチュール」の可能性を見いだしたのは『異邦人』ばかりではない。アラン・ロブ＝グリエの唱道した「ヌーヴォー・ロマン」にもバルトは「白いエクリチュール」の可能性を託した。しかし、その運動も定型化の宿命からは逃れられなかった。

そのような幻滅の果てに、バルトが最後にその「無垢性」に熱い期待を寄せた文学形式は俳句である。芭蕉の句を論じた一文のなかで、バルトはこう書いている。

語法が停止する瞬間がある（それは非常な努力の末に獲得される瞬間である）。この残響なき断絶が、禅の真理と俳句という簡素で空疎な形式を同時に成立させるのである。（……）俳句は私たちが経験したことのないことを私たちに思い出させる。俳句のうちに私たちが見いだすのは、起源をもたないものの再来、原因のない出来事、誰も思い出す人のいない記憶、浮遊するパロールである。（『表徴の帝国』）

バルトは俳句を「語法の突然の中断、私たちのうちで『コード』の統制をかき消す白さ」と呼ぶ。俳句にこれほどの特権性を賦与したことの当否についてはここで論じる余地はない。しかしバルトが日本文化のある相（「間」とか「無」とかいう語で示される「積極的なシニフィアンを欠いた純粋な指示作用」）に強く魅せられていたことは、いずれわたしたち自身の文化を省察するためのてがかりとして記憶に止めておきたい。

図版8

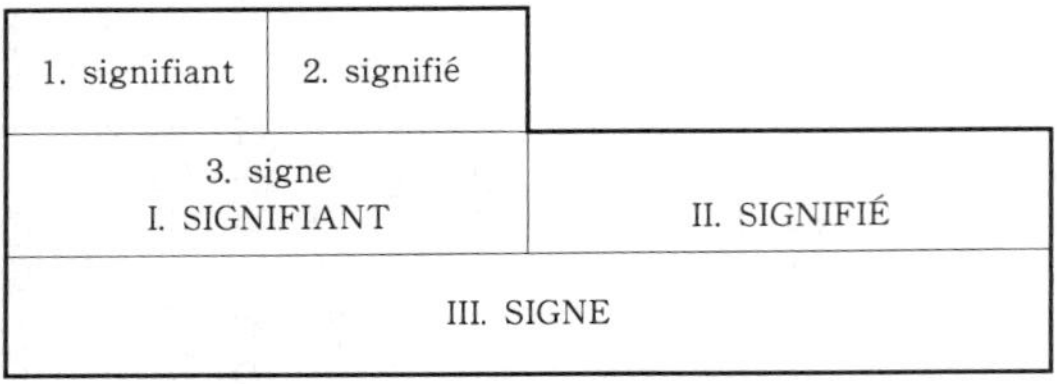

神話的イデオロギーの構造

「無垢のエクリチュール、白いエクリチュール」の対極にあるものをバルトは「神話」あるいは「ドクサ（臆断）」(doxa) と名づける。それは「世論、多数派の考え方、プチブルの全員合意、自然らしさの声、先入観の暴力」というふうに言い換えられる。

形式的な言い方をすると、神話は「二次的な記号学的システム」である。「二次的」というのは、それが「一次的な」つまりもともとのシステムに基づいて、それに「外接する」かたちで構成されているからである。

もっとも単純な神話は二つの層からできている。まずバルトが描いた図を掲げておこう（図版8）。

上の図に即して説明すると、まずシニフィアン「1」とシニフィエ「2」がシーニュ「3」を形成する。これはごくありふれた記号システムである。「1」は指示的なシニフィアンであり、「2」は語義通りのシニフィエである。この第一層をバルトは「ランガージュ・オブジェ」（素材としての言語）と呼ぶ。

この「素材」層に第二次的な記号システムが重なる。シーニュ「3」はこの二次レベルに繰りこまれてシニフィアン「Ⅰ」となる。このとき、もともとのシニフィエ「2」とは意味のちがうシニフィエ「Ⅱ」が出現する。これが「メタ・ランガージュ」（メタ言語、上位言語）と呼ばれるものである。「ランガージュ・オブジェ」と「メタ・ランガージュ」の重層構造、それが「神話」である。

具体的な事例を挙げよう。

たとえば「ユダヤ人はユダヤ人だ」という文章がある。一文のうちに二回「ユダヤ人」という語が繰り返されるが、この二つの「ユダヤ人」は記号としての機能を異にしている。最初の「ユダヤ人」は語義どおりの記号である。つまり、「ユダヤ教を信仰する民」という「客観的な事実」がそのシニフィエである。しかし二度目の「ユダヤ人」はそうではない。同じ語も二度繰り返されると、レベルの変換がおこなわれ、別の意義が発生することをわたしたちは経験的に知っている。二度目の「ユダヤ人」は「キリスト殺し、高利貸し、儀式殺人、偽メシア、シオンの賢者、ゲットー、アウシュヴィッツ……」という一連の物語的な含意をびっしりとこびりつかせた「神話的」な記号である。これは単にある民族集団について の価値中立的・事実認知的な指示ではない。だから「ユダヤ人はユダヤ人だ」という一文は無意味な同語反復ではなく、「ユダヤ人を憎め、蔑《さげす》め、排除せよ」という遂行的なメッセージを発信している。二度繰り返されることによって記号は「素材」としての中立的な指示作用から、「神話」的イデオロギーへの転相を果たすのである。

ラテン語を話すライオン

ラテン語の教科書に quia ego nominor leo.（「なぜなら、わたしはライオンという名だからである」）という一文がある。この文には二つのレベルでの解読可能性がある。「素材」のレベルで言えば、それは「わたしはライオンという名である」と名乗っているライオンがいることを示している。一方、これがラテン語文法書の例文である以上、「その文が告げているのは、『わたしは属詞の一致規則を示すために挙げられている文法の例文である』ということである」。

この文の発信するメッセージは、第一のレベルでは「わたしの名前はライオンである」であり、第二のレベルでは「わたしは文法の例文である」である。そして、リセの生徒たちがラテン語の教科書を読んでいるとき、彼らは後者だけを選択的に読んでいる。記号はそのように読まれなければならないと教えこまれているからである。だからもし、レベルの選択をまちがえて「ラテン語で自己紹介するライオン」という具体的な情景を思い描いてしまい、ジャングルの仲間たちとの（ラテン語での）会話へと想像の翼を広げてしまった子供は、たぶん「集中力のない生徒」として教師からは見捨てられてゆくことになるだろう。

この例は彼の神話に対するスタンスをよくあらわしている。バルトは、「白いエクリチュール」や俳句へのこだわりからもわかるように、神話的レベルを介在させることのない「純粋に指示的な記号」、「オブジェとしての語」の持つ厚みや物質性に惹きつけられている。言い換えれば、教科書の例文を見たときに、「ラテン語をしゃべるライオン」を想像し、そのライオンがどんな生活を送っていて、どんなことを考えているのかに果てしなく想像が逸脱してしまうような生徒にバルトはむしろ共感を寄せるのである。

バルトはもうひとつ神話の例を挙げている。

私は理髪店にいて、「パリ・マッチ」の一冊を手に取った。表紙の写真は、フランスの軍服を着て敬礼している一人の若い黒人兵の姿である。彼は目を上げて、三色旗のひだを見つめている。これがこの図像の意味である。しかし、どれほどぼんやりしていようと、私にはその図像が何を意味しているかはよくわかる。それはフランスは偉大な帝国であり、その息子たちは、肌の色の違いを超えて、その国旗に忠誠を誓っているということ、この黒人兵が彼にとっての「いわゆる」抑圧者に対して示す熱誠以上に「いわゆる」植民地主義の告発者に対して雄弁な回答はないということ、これである。(『零度のエクリチュール』)

一葉の写真は、そこに写っているものとはちがうレベルでかならずある種のメッセージを発信する。バルトが挙げた「三色旗に敬礼をする黒人兵」の例は、その図像の「定義通りの意味」を超えて、フランスの植民地経営の成功を誇示している。これが神話の作用である。それは、わたしたちを具体的な世界との親しい交わりのうちにある「オブジェ」から切り離し、抽象的で理念的な「物語」のうちに取りこむ装置である。わたしたちは学校教育やメディアを通じて「記号の読み方」を学ぶわけだが、それは要するに「オブジェ」の持つ多義性、カオス性を切り捨てて、標準的で一義的な読み方に一元化しようとする解釈の貧困化のプロセスでもあるわけなのだ。「覇権を握ったソシオレクト」はこうして神話を通じてわたしたちの思考と経験を定型化してゆくのである。

シグナルを読み解く

先の図式におけるシニフィエ「2」は言語学の用語では「デノタシオン(明示的意味)」(dénotation)と呼ばれ、一方、シニフィエ「Ⅱ」は「コノタシオン(暗示的意味)」

(connotation)と呼ばれる。つまり、デノタシオンとコノタシオンという重層構造を持つ記号システムが「神話」だということになる。

わたしたちがふだん操作している記号は、ほとんどすべて多重的な含意の層をひきずっているという意味で「神話」的である。学校教育の場でわたしたちが教えられるのは「コノタシオン」の読み取り方である。「デノタシオン」に固着しがちなタイプの子どもはしばしば学校に適応することに失敗する。というのは、社会的なコミュニケーション能力のかなりがコノタシオンの読み取りの適否にかかっているからである。

かりにあなたが風邪で仕事を早退した翌日、同僚に「どうして帰ったの?」と聞かれて「電車で」と答えた場合、あなたは問いかけの「正しいコノタシオン」を読み落としている。情報理論の術語を借りて、「デノタシオン」は「メッセージ」(message)に、「コノタシオン」は「メタ・メッセージ(上位メッセージ)」(meta-message)に言い換えることもできる。バルトの思考を理解しやすくするために、少し情報理論のほうに寄り道をしてみよう。

グレゴリー・ベイトソンによると、メタ・メッセージとは、それより階層(クラス)が下のメッセージについて、その「解読の仕方」を指示するメッセージのことである。

たとえば二匹の子犬同士がじゃれて噛み合っている場合、「これは遊びだ」ということについては両者のあいだで了解が成立している。それは鳴き声のわずかなトーンの差、牙の動きのわずかな緩み、逃げる子犬のわずかに誘うような脚の遅さなどの微妙な記号によって伝達されている。「これは遊びだ」というのは子犬たちがたがいに与えている爪や歯による攻撃というメッセージの意味を解読するためのメタ・メッセージである。もし、一方の子犬がこの「メタ・メッセージ」を誤読したら、遊びはたちまち血なまぐさい闘争に変換されてしまうだろう（事実、しばしばそのような「誤読」は発生する）。

わたしたちはメッセージを発信する場合、かならずそのメッセージの解釈の仕方に関するメタ・メッセージを同時に発信している。「これは冗談です」、「これはたとえ話です」といったクラス分けの指示は「モード特定シグナル」(mode identifying signals) と呼ばれる。いま発信されているメッセージをどう解読するべきかを指示するこのシグナルはふつう非言語的な仕方でなされている（表情、イントネーション、身ぶり、文脈など）。この「シグナル」を適切に読みあてることができず、メッセージを別のモードで解釈してしまう人のことを、わたしたちはたとえば「洒落のわからない奴」と呼んだりする。

わたしたちは相手の表情や口調のわずかな変化に「モード特定シグナル」を感知して、相手のメッセージがどのレベルにあるのかを判断する。相手の話していることは「遊び」か「本気」か、「たとえ話」か「実話」か、「単なる事実認知」か「わたしに対する遂行命令」か、瞬時に判断しつつモード変換しながらわたしたちはコミュニケーションを進めてゆく。

このとき、わずかな「モード特定シグナル」でもすぐに反応してモード変換ができる相手と、「シグナル」を読み落として、お門ちがいな反応をしてくる相手では、コミュニケーションの効率がひどくちがう。というのは、わたしたちの「言いたいこと」のかなりの部分は口を開いた最初の数語の発音や抑揚やトーンのうちにすでに表現されているからである。それをすぐに察知して、その先へとわたしを促す相手は「シグナルが読めている」人である。反対に、ひとの言葉尻をとらえて、どうでもいいような細部についてあれこれ質問したり反論したりする相手は「シグナルが読めていない」。だから、最少の「モード特定シグナル」で話が進む人とのコミュニケーションは効率的かつ快適である。

だが、その一方で、快適なコミュニケーションばかりを選択的に追求してゆくと、「モード特定シグナル」はどんどん微弱になる。これは快適だが危険な徴候だ。というのは「ツーと言えばカー」という快適なコミュニケーションに浸っているうちに、わたしたちは複数の読解可能性のうちのただひとつの読みだけを自動的に選択し続けているという事実を忘れてしまうからだ。

特定の読みだけを繰り返し選択していると、その解釈は強化される。そして、いつの間にかわたしたちは、自分たちの集団固有の方言にすぎない語法が、世界の解釈と経験の表現に最適な、価値中立的で自然な語法だと錯覚するようになる。ソシオレクトはまさにそのようにして誕生するのである。

営業マン同士が話している場合も、女子高校生同士が話している場合も、コミュニケーションがナチュラルであればあるほど、そこで用いられるエクリチュールは定型化する。バルトが警告を発しているのは、この「コミュニケーションのナチュラル感」がもたらす世界解釈の独善性に対してである。わたしたちは「あるがままの事実を見ている」のではなく、「解釈された意味を読んでいる」。そのことを絶えず自分に言い聞かせておかなければならない。「ソシオレクト」と「神話」の檻の幸福な囚人でありたくないなら、わたしたちは自分たちとはちがう解釈の仕方でも世界は「読める」という事実を絶えず思い起こさなくてはならない。

作者の死

ひとつの記号について、それが潜在的に含む複数の読みのうちのただひとつの読みを反復的に選択し続けるという仕方でわたしたちは神話の虜囚となる。言い換えれば、神話的記号解釈とは、「オブジェとしての記号」のもつ豊かなカオス性を貧困化・一義化するプロセスだということである。とすれば、「神話の檻」から脱出したいと望むならば、ひとつの記号からいかに多くの「読み筋」を掘り起こせるか、その記号が可能性として含んでいるカオス性・多義性をいかにして賦活《ふかつ》するかということがさしあたりの課題として立てられることになる。これがバルトのテクスト論の基本的な構想である。

　この立場から、バルトが批判するのは、古典的な、いわゆる「文芸批評」の言説である。というのは、「文学作品は究極的、一義的な意味を蔵しており、批評の仕事はそれを探りあてることである」というのが古典的批評の原理だからである。書物から「いかに多くの意味を掘り出すか」というバルトの志向と、書物の意味を「いかに限定するか」という古典批評の志向は、ここで真っ向からぶつかり合うことになる。

　古典批評は「作品には起源がある」という前提に立つ。支配的なイデオロギー、民族的エートス、宗教、先行する作品群、価値観、美意識、器質疾患、セクシュアリティ、トラウマ……など作者の思考と経験を規制しているはずのもろもろのファクターが作品の「起源」あるいは「初期条件」を構成する。作者がこの初期条件を「文学」という装置に入力する。すると、この装置はごとごとと作動し、「作品」がぽこりと出力されてくる。これが古典的な(そして現代においてもなお支配的な)文学観である。

　このような文学観において、文学は一種の「閉鎖系」として理解されている。作品の「入力」データが決定されると、それに定められた乗数が掛けられて「出力」が決定する。文学は要するに、作者と読者のあいだに介在する「変換システム」という「ブラックボックス」

にすぎない。

このような文学＝閉鎖系論は批評にとってはたいへん効率的である。というのは、そう考えると、テクストの生成はきれいにクロノロジックに整列するからである。すなわち「入力データ＝作者」、「入力出力変換装置＝文学」、「出力＝作品」、「出力の消費者＝読者」、「このプロセス全体を見下ろす超越的視線＝批評家」というふうに。

だから批評家が作品を批評的に読むということは、このプロセスを遡行《そこう》して、「最初になにが入力されたか」を解明することに集約される。「作者」という名のもとに統括される「入力データ群」。それこそが作品の起源であり、作品の秘密のすべてを蔵する場なのだ、そう古典的な批評家は信じている。


現代文化における文学のイメージは専一的に作者、作者の人格、作者の履歴、作者の趣味、作者の情熱に集中している。たいていの批評家はいまだにボードレールの作品とは人間ボードレールの破綻のことであり、ヴァン＝ゴッホの作品はヴァン＝ゴッホの狂気のことであり、チャイコフスキーの作品はチャイコフスキーの倒錯であると言って済ませている。作品の説明はつねにそれを製作した人間の側に探し求められているのである。どうやら、フィクションという程度の差はあれ透過的な寓意を通じて、つねに最終的にはただ一人の同一の人物、作者の声がおのれの「秘密」を告白しているというのが現代の文学観のようである。(『作者の死』)

これが古典批評の原理である。だが、バルトは「作者」がテクスト生成のプロセスの初期条件を形成するとみなす古典批評の文学観そのものを否定する。

作者 (auteur) とは近代になってから、西欧社会が作り出したものである。中世が終わり、イギリス経験論とフランス合理主義と(信仰は個人のものであるという)宗教改革の教えとともに、西欧社会は個人の、もっと立派な表現を使えば、「人格」の尊厳を発見した。だから、こと文学に限って言えば、資本主義イデオロギーの集約であり達成である実証主義が、作者の「人格」に最大の重要性を認めたのは怪しむに足りないのである。作者はいまだに文学史の教科書や、書き手の伝記や、雑誌のインタビューを大きく占領しているし、自分たちの日記を通じて、自分たちの人格と自分たちの作品が表裏一体のものであると思い込もうとしている文学者自身の意識のうちに根を下ろしている。(同書)

バルトに言わせれば、文学テクストに作者はいない。文学テクストに起源はない。「単一の入力源」というものがそもそも存在しないのだ。

バルトがあえて「作品」(œuvre)という語を嫌って「テクスト」(texte)という表現にこだわるのはその点を強調したいからである。「作品」という語は、製作の主体があらかじめ用意された設計図に基づいて、「無から創造した」という印象を与える。しかし「テクスト」はちがう。「テクスト」はその語義のとおり、「織りあげられたもの」である。ちょうどだれが編んだわけでもないのに、カーペットの上の糸くずや髪の毛や紙屑が絡まり合って「ごみのオブジェ」をつくりあげてしまうように、「製作者」が不在のままに、多様な出自と材質を持つ素材や、異なる方向に走る繊維が絡まり合って、いつの間にか、一枚のテクスタイルが織りあがる。この織りものを構成する複数の要素は、それぞれが独自のモチーフ、固有のモードに従って、めいめい勝手なふるまいをしている。その「意図」はなにか、なにを「表現している」のか、その「ねらい」はなんなのか。そういった問い自体がここでは無意味になる。

テクストとは「織物」(tissu)という意味だ。これまで人々はこの織物を製造されたもの、その背後に何か隠された意味(真理)を潜ませているでき合いの遮断幕のようなものだと思い込んできた。今後、私たちはこの織物は生成的なものであるという考え方を強調しようと思う。すなわちテクストは終わることのない絡み合いを通じて、自らを生成し、自らを織り上げてゆくという考え方である。この織物——このテクスチュア（texture）——のうちに呑み込まれて、主体は解体する。おのれの巣をつくる分泌物のなかに溶解してしまう蜘蛛のように。（『テクストの快楽』）

かりにわたしが一冊の本を書こうとするなら（現にいまこうしているように）、わたしはまず出版社を見つけなければならない。出版社は営利企業だから、本が売れるかどうかの市場原理に基づいて企画を選別し、必要があれば書かれるべき内容についての指示を出す。次にわたしは共著者と文体やフォーマットについて取り決めをおこなう。話し合いの上で採択された文体は、厳密に言えば、もはやわたしのものでも共著者のものでもない。執筆をはじめるに際して、まずわたしはさまざまな「現代思想入門」と題する類書に目をとおして、「それらと同じように書く」部分と「それらとはちがうように書く」部分を決定する。類書にある程度似ていなければ、すでに類書が開拓してくれたマーケットに参入できないし、似すぎていれば、そもそも新たに本を書く意味がない。「似せる」という仕方で、あるいは「似せない」という仕方で、この書物は先行する類書に規定されている。そう見ると、この本には「オリジナルな」と言える部分はもうほとんど残されていないことがわかる。

テクストは（いわば神学的な）唯一の意味を発する語の連鎖から成るものではない（そうだとすれば、その意味は「作者＝神」からのメッセージであることになる）。そうではなく、テクストは多次元的な空間であり、そこでは多様なエクリチュールが睦み合い、またいがみ合っている。それらのエクリチュールはいずれも起源的ではない。テクストは文化の無数の発信地から送り届けられる引用の織物である。（……）書き手はつねに先行する身ぶりを模倣することしかできないのである。書き手がなしうるのは、もろもろのエクリチュールを混ぜ合わせ、たがいの違いを際立たせ、そうすることによって、どのエクリチュールにも依拠しないことだけである。たとえ書き手が自己表現したいと望んだとしても、彼が「表現する」と称している内的な「何か」は、いわばできあいの辞典のようなものにすぎない。彼がその辞典の中の単語を一つ説明しようとすれば、彼はその辞典の中の他の単語を使わざるを得ず、その単語はまた他の単語を用いてしか説明できない。それが無限に続くのだ。（『作者の死』）

現に、いまバルトの解説を書きつつあるわたしにオリジナリティを発揮するチャンスがあるとしたら、それはバルト自身の著作群とこれまでに書かれた膨大なバルト論から、どれを選び、どれを選ばないかという取捨選択にしかない。糊とはさみを手にしてコラージュに余念のないこのような書き手にはもう「造物主」の全能性をイメージさせる「作者」という名称はふさわしくないだろう。それゆえ、バルトはテクストを書きつつある人間を指称するために、「集合的なテクスト生成への参加者のひとり」という含意を持つ「書き込む人」(scripteur) という術語を提案するのである。

「書き込む人」

作者に代わるのは「書き込む人」である。彼は自分の内面に情念や気分や感情や印象などというものをもう所有してはいない。彼の中にあるのは巨大な辞典であり、彼はそこから終わることのないエクリチュールを汲み上げるのである。人生とは書物を模倣することに他ならない。そして、この書物もまた記号の織物、すなわち失われ無限に延期された模倣に過ぎないのである。(同書)

この「書き込む人」という概念はバルトのこの文章が書かれた一九七〇年代にはイメージしにくいものだったろうと思う。だが二十一世紀のいまでは、わたしたちはインターネットのサイトに「書き込む人」を連想することでその概念を容易に理解することができる。

インターネット・テクストはここでバルトが書いたテクスト概念をほとんどそのまま具現化している。それは無数のウェブ・サイトとリンクし、ほとんど無限の書き手に開かれ、先行する膨大なデータからの引用と選択と接合を果たしている。ここでは「テクストの起源」を探し求めることはほとんど不可能だし、そもそものような望みを持つ人はここにはやってこない。あるデータの起源をたどろうと望むものは、一歩「外へ」踏み出しただけで、無秩序に拡散してゆくハイパーテクストの「蜘蛛の糸（ウェブ）」に絡め取られて挫折を余儀なくされる。まさしく「主体は解体する。おのれの巣をつくる分泌物のなかに溶解してしまう蜘蛛のように」。わたしたちにできるのは、リンクをたどって見知らぬサイトからサイトへ横滑り的に逸脱してゆくことだけである。わたしたちは果てしなく拡がるウェブのなかを「さまよい歩きまわる」だけで、決してテクストの向こう側に「突き抜ける」ことができない。

多様なエクリチュールにおいては、すべては解きほぐされるのであって、読み解かれるのではない。可能なのはエクリチュールの構造をたどり（ストッキングのほつれについて言うときのように）、「伝線する」ことである。そこにはいくつもの反復があり、いくつもの層が重なっている。けれども「底」（fond）というものは存在しない。エクリチュールの空間はさまよい歩き回るためのものであって、その向こう側に突き抜けることはできないのである。（同書）

インターネットにおいても、「作者」を探しあて、「作者」が「最終的に言わんとしていること」、その「究極のシニフィエ」を読みあてるという古典的批評に似た態度が見られないことはない。それは掲示板で論争が過熱すると、「伝家の宝刀」のようにおこなわれる論争相手の「実名暴露」である。ハンドルネームで展開していた論争は、「実名暴露」によってほとんどの場合、瞬間的に停止する。まさに、「作者はだれか」をあばくことが「エクリチュールのそれ以上の拡散に歯止めをかけ」、ことばの生成を停止させる暴力として機能しているのである。

一つのテクストに一人の「作者」をあてがえばそのテクストの増殖は停止する。それが究極のシニフィエがふるう権力であり、それがエクリチュールを閉じるということである。（……）「作者」が発見され、テクストが「説明」されると批評家は勝利を収めたことになる。（同書）

読者にかならず標準的で一義的な読みを強要するという点について言えば、マルクス主義批評やフェミニズム批評やポストコロニアル批評も古典的批評のうちに数え入れられる。というのは、それらはすべて「作者」に照準するからである。「作者」がブルジョワジーかプロレタリアートか、男性か女性か、宗主国民かサバルタンか、それはテクストの読みを決定する最重要のファクターであり、しばしば作者が「発見」されただけで、テクストの「説明」は完了し、「テクストの増殖」は停止する。

「読む必要のない本」のリストを長くすることで読者たちの知的負荷を軽減するという点で、これらの批評理論は経済合理性にかなっている。けれども、読者がテクストから引き出しうる知見をできるだけ縮減することを目指す批評は、読者にどのような快楽をもたらすことができるのだろう?

古典的批評は、「批評家の勝利」を目指し、バルトの批評は「読者の快楽の増大」を目指す。「作者はだれか?」、「このテクストを成立せしめた初期条件はなにか?」という問いは、それが読みを豊穣にするものであるかぎり有用であるけれど、それがテクストを「説明」し、テクストを閉じ、読者の快楽を減殺するものであるなら、その有用性には留保がつけられねばならないだろう。テクストは謎を分泌し、開かれ、快楽を提供するものでなければならない。バルトはそう主張する。

テクストはさまざまな文化的出自をもつ多様なエクリチュールによって構成されている。そのエクリチュールたちは対話を交わし、模倣し合い、いがみ合う。しかし、この多様性が収斂《しゅうれん》する場がある。その場とは、これまで信じられてきたように、作者ではない。読者である。（……）テクストの統一性はその起源のうちにはなく、その宛先のうちにある。（……）古典批評は一度として読者を考慮したことがなかった。古典批評によれば、文学のうちには書き手しかいないのだ。（……）エクリチュールに未来を返すためには、この神話を転覆しなければならない。読者の誕生は「作者」の死をもって贖《あがな》われなければならない。（同書）

「カオスの縁」を歩む

十七世紀以後の近代的な宇宙観は「宇宙の運行をコントロールしている究極的な法則が存在すること」への集団的な同意の上に成立していた。近代科学は宇宙を一個の巨大な時計のような「閉鎖系」として観念した。時計というのは、現在の状態がわかっていれば未来がどうなるかを確実に予測しうるような装置である。それゆえ「ラプラスの魔」は、正確な初期条件さえ教えてもらえば、宇宙のすべての出来事を未来永劫にわたって予測してみせようとうそぶくことができたのである。

しかし、現代の科学は、わたしたちの世界では閉鎖系はごくかぎられた事例だけにしか見られず、多くの事例においてシステムは不安定で、未来は予測不能であるという新しい知見をもたらした。たとえば市場における投資家のふるまいや細胞中の酵素のふるまいや大気の状態などは、複雑すぎて方程式で表現することができない。

四日以上先の気象は、いくらデータを入力しても予測できない。大気の状態の決定にかかわる変数はあまりに多く、わずかな入力の差が連鎖反応を引き起こして巨大な出力差を帰結するからである。これが「バタフライ効果」と呼ばれる現象である。北京で蝶々がはばたいただけで、その微細な空気の振動によってもたらされた大気状態への入力数値の変化が、カリフォルニアに暴風雨を結果することもありうるというスケールの大きな想像がこの語の由来である。

未来の予測がきわめて困難なシステムのことを「複雑系」と呼ぶ。そこでは、各構成要素の自発的なふるまいの相互作用によって全体の方向が決定されるのだが、それらの自発的なふるまいは、いかなる先行的な計画によっても、またいかなる単一の統制者によってもコントロールされていない。

この説明はそのままバルトのテクスト論にあてはまる。見たとおり、古典批評は作者が作品生成プロセスを一元的に統制しており、作品は作者の「自己表現」の成果であるということを自明の前提としていた。この文学観は、ニュートン的な決定論的世界観をそのまま映し出している。つまり「世界は単純であり、時間的に可逆的な基本法則によって支配されている」という確信が共有されているのである。バルトの戦略はいわばこの近代的な「閉鎖系としての文学観」をしりぞけ、「複雑系としての文学」を提唱することにあった。

作者は「造物主」ではもはやなく、テクストを構成する多くの要素のひとつにすぎない。テクストの生成はあらかじめ準備されたプログラムに則って進行しているわけではない。テクストは無数の構成要素の「自発的なふるまいの相互作用」が「自己組織化」する「複雑なシステム」である。事実、そこではわずかな入力のちがいが予見不能のドラスティックな出力の変化を産み出す。しばしば物語作家たちは「登場人物が勝手に動き出して、わたしはただその言動を書き写しただけです……」という自作解説をおこなう。これは修辞ではなく、おそらく真実なのだ。けれども、作者が物語の流れを統御できないということは、物語がカオスのうちに崩落することを意味しない。むしろ、しばしば作者の統御を離れたテクストのうちにわたしたちは作者の想像力や構成力の限界を超えた「秩序」をかいま見ることになる。「複雑なシステム」はカオスに触発されつつ、絶えず新しく自己組織化してゆく。テクストは完全なカオスのうちでも完全な秩序のうちでも生成することができない。言語の営みが生産的でありうるためには、定型を破壊する程度にはカオティックで、意味を持つ程度には秩序的であるという「秩序と変化の均衡点」を（地雷原のなかのひとすじの安全通路をたどるように）神経をとがらせて歩み進まなければならない。秩序と変化のこの均衡点をシステム論では「カオスの縁」（the edge of chaos）と呼ぶ。それは「生きているシステムが活力を維持できる程度には革新性を宿しつつ、まとまりを失って無秩序に陥らない程度には安定性を維持している場所だ。それは闘争と変革の場所であり、そこでは新旧双方がたえず戦いを繰り広げている。（……）多すぎる変化は少なすぎる変化と同じくらいに有害である。ただカオスの縁においてのみ、複雑なシステムは繁栄することができる」（マイクル・クライトン、『ロスト・ワールド』）。

文学が「複雑なシステム」であるならば、その住むべきところは「カオスの縁」のほかにない。バルト自身「縁」（bord）という同じことばを使ってテクストのすみかを指示している。

言語の営みには二つの縁がある。ひとつは従順で、画一的で、模倣的な縁だ。（学校や例文集や文学や教養によって固定化された規範的ラングをコピーする場合がそれに当たる。）もう一つの縁は動いていて、空虚で、（……）おのれ自身の効果の場でしかなく、そこには言語の死が覗いている。この二つの縁、両者が演じてみせる妥協、それが必要なのだ。文化も、文化の破壊もエロティックではない。エロティックなのは両者のあいだの断層である。（『テクストの快楽』）

このことばは彼の目指した文学的＝思想的なパフォーマンスの狙いをかなりはっきりと語っている。「二つの縁のあいだ」でのみ、文学は生きてゆくことができる。あるいは、そのような境界線上でしか生きてゆくことができない。

安定を得ようとしすぎると硬直化し、逆に自由を求めすぎると解体してしまう。定型化したエクリチュールを反復するものはなにも新しいものを産み出さないが、永遠に革命的であり続けられるようなエクリチュールは存在しない。秩序と変化の両方に配慮しながら均衡を保つこと、カオスとコスモスの二つの極に同時に触れていること、それがエクリチュールの、そして人間の存在論的構造なのである。

新しく古いバルト

先に少し触れたように、バルトは「白いエクリチュール」、「無垢のエクリチュール」を達成する可能性を最終的には俳句のうちに見いだした。「小さな子どもがなにかを指さして、ただ『これ！』とだけ言う」ときの「なにも描写せず、なにも明示しない純粋な指示作用」、それが俳句だとバルトは考えた。しかし、言うまでもなく、俳句は音韻数や季語や切れ字についての規則を持つ定型詩である。つまり、バルトがたどり着いた言語パフォーマンスについての結論は、定型的語法を通じてのみ言語の定型性は超克されうる、束縛と自由の「二つの縁のあいだ」に文学の正統的な地位はあるという、ある意味ではほとんど平凡な知見だったのである。

このように要約してしまうと、ポストモダニズムの先駆となったバルトの理説は決して目新しいものではないことがわかる。というより、どのような術語をもって語られようと、それが「人間とはなにか？」という根源的な問いにかかわる洞見であるかぎり、その結論は似たものにならざるを得ないのだ。

わたしたちはバルトについての解説を別の哲学者のことばで結ぶことにするが、このことばはそのままバルトのものとしても読むことができるだろう。

「偉大さは一つの極限にいたることによって示されるのではない。二つの極限に同時に触れることによって示されるのだ」（パスカル）。

【実践編】『エイリアン』を読む

単純化をおそれず言い切ってしまうと、バルトが教えてくれたのは、メッセージではなく、システムを研究する方法である。メッセージを研究する人は、「作品」を通じて、「作者はなにを言おうとしているか」を探りあてようとする。システムを研究する人は、「表現されたもの」のうちに「言おうとしたこととは別のこと」が紛れこむメカニズムを解明しようとする。

「わたしが書いたテクスト」のなかには、不可避的に、「わたしが言おうとしたこととは別のこと」が紛れ込む。ラカンによれば、それはわたしたちが「自分が思っているよりはるかに多くの記号を駆使している」からである。たしかに、わたしたちは、「お前のためを思って叱るんだ」と言いながら子供を殴り倒したり、氷のように冷たい声で「愛してるよ」と言ったり、「前向きに検討させていただきます」と笑いながら拒絶の意思を伝えたりすることができる。

それにしても、わたしたちはなぜ表現するときに、「思っているよりも多くの記号」を駆使してしまうのだろう。なぜ、自分自身がいま語りつつあることから逸脱してゆくことば、いま言明したことをただちに否認するような記号を発してしまうのだろう。どういうメカニズムが、同時に矛盾するメッセージを発信することを可能にするのであろうか。

映画に「作者」はいない

文学テクストと映画テクストのあいだには決定的なちがいがある。それは映画には「作者」がいないということである。

一本の映画の製作には、プロデューサー、監督、シナリオライター、カメラマン、音楽監督、美術監督、音響効果、特殊撮影、メイク、コスチューム……数え切れないスタッフが参加している。彼らは（原則的には）自分たちがいまつくっている映画に、どんなわずかな痕跡であれ、「創造の斧のあと」を刻みつけようと望んでいる。自分たちが表現したもののうちに「オリジナリティの証」を残そうと望んでいる。これが映画と（基本的には孤独な作業である）文学との決定的なちがいである。

文学作品には（理論的には否定されても）経験的な「作者」というものが厳として存在する。出版社の編集者が電話をかけて原稿を依頼する相手であり、締め切りが迫ればホテルに「缶詰」にされ、著作権を専有し、印税を受け取る人がかならず存在する。わたしたちは、その人のことを慣習的に「作者」と呼んで怪しまない。バルトによる死亡宣告にもかかわらず、文学に関するかぎり、「作者」は死んでいない。依然として、わたしたちの時代は、

「作者」を焦点とするテクスト読解方法が圧倒的に優勢である。文芸時評があいもかわらず「主題」や「方法」や「無意識」を論じていられるのは、文学テクスト生成の「創造の営み」の中心には依然として「作者」がいると信じられているからである。

映画についても（ごく一部の例外を除くと）ほとんどの批評家たちは、文学の場合と同じように、「作家」に焦点化した映画解読を試みている。彼らは映画について語るときにかならず「……の映画」というふうに個人の所有物であるかのように語る。「ジョン・フォードの西部劇」「ロジャー・コーマンのB級作品」、「マイク・マイヤーズのバカ映画」、「クエンティン・タランティーノの野心作」などなど。そこで映画の「作者」に擬せられている個人は、ときに監督であり、ときにプロデューサーであり、ときにシナリオライターであり、ときに主演俳優である。映画はいったい「だれの」ものなのだろう？　プロデューサーのものなのか？　監督のものなのか？　脚本家のものなのか？　主演俳優のものなのか？

おそらく、このような問いの立て方そのものがナンセンスなのだ。映画を専一的につくり出し、所有し、支配している個人はどこにも存在しない。映画には「作者」はいない。考えればすぐにわかることだ。

数十人の人々が集まって一本の小説を書くという（ありえない）仮定を想像してみよう。この集団にはいろいろな特殊技能の持ち主たちが集まってくる。原案を考える人、対話を書く人、心理描写をする人、風景描写をする人、衣装をデザインする人、メカを書きこむ人、格闘シーンを書く人、それらを編集する人、スタジオを確保し、メンバーのスケジュールを調整し、給料と税金を払い、編集者と販売戦略を相談する人……さて、こうやって完成した「小説」があるとする（ほんとうはないが）。この小説の「作者」はだれだろう？　このなかに「わたしが主導的にこの作品をつくり出したので、この作品の著作権はわたしに属する」と言い切れる人がはたして存在するだろうか？

「映画に作者はいない」というのはそういうことである。だから、監督であれシナリオライターであれ俳優であれ、だれかが「表現しようとしたもの」を映画テクスト生成の中心であると見なす批評のあり方は、すでにひとつの選択的な態度決定なのである。

にもかかわらず、映画批評は、依然として「……の映画」ということばを用い続けている。そして「作者はなにを言いたいのか？」という古典批評の設問形式を倦むことなく繰り返している（『マルホランド・ドライブ』について、デヴィッド・リンチに向かって「あなたはこの映画を通じて、なにを言いたかったのですか？」と質問した日本人のインタビュアーをデヴィッド・リンチは不思議な動物でも見るように黙って眺めていた）。

おそらくこの種の批評家たちはこう考えているのだ。映画「以前」には「これから表現されるべき意味」がまず存在する。主題、象徴、イデオロギー、教訓、風刺、欲望なんでもよい。映画作者はそれを映画を通じて「表現」する。だから、批評家は「表現されたもの」から遡行して、「映画以前にあったもの」、つまり映画の初期条件、映画の「起源」を発見すれば、仕事が終わる。映画記号の「シニフィアン」から出発して、「シニフィエ」へ到達すること、「意味の確定」、それが批評の仕事の本質なのだ、と。

映画に入りこむ「異物」

しかし、忘れてならないのは、映画テクストのなかには、その意味を確定しがたい記号も無数に映りこんでしまっているということである。画面のざらつき、音声の肌理《きめ》、俳優のまばたきの頻度、登場人物の名前に含まれる破裂音の多さ、部屋の奥にかけてあった肖像画の歪み、だれも聴いていないBGM、主人公の後ろをとおりすぎる自動車のかたち……そういった「細部」は映画のプロットや主題や「作者の意図」と直接的には何の関係もない。しかし、ときにそれらの「細部」は無意味ゆえに、独特なリアリティを帯びることがある。そして喉に突き刺さった魚の小骨のように、映画を見終わった後も消化されず、いつまでもわたしたちの記憶のうちにとどまり、重い存在感を残すことがある。

映画のなかのすべてが、ただひとりの作者の完全なコントロールに従属しているのであれば、その「細部」の「隠された意味」を探りあてることは理論的には可能である。だが、映画テクストの生産にかかわる膨大な数のスタッフや俳優たちの、数え切れない欲望と数え切れない無意識の、集合的で偶然的な効果として、そのような映画記号がフィルムに定着してしまったのだとしたら、それらの映画記号が「なにを意味するのか」という問いに一義的な答えを出すことはきわめて困難となるだろう。

もし、それらの不可解な「細部」が咀嚼《そしやく》され、消化されることに「抵抗」するとすれば、それは、それらの記号がわたしたちに解読されることを求めているからではあるまいか。それらの記号がわたしたちの解釈への欲望に火を点じるからではあるまいか。

「鈍い意味」

バルトは映画を論じたエッセイのなかで、映画記号のもたらす意味を二つのカテゴリーに分類するという興味深い仮説を提示した。

ひとつは、le sens obvie と呼ばれる。これは本来神学用語で、「ある語が複数の意味を持つ場合、そのうちでもっとも自然に意識に浮かんでくる意味」のことである。映画の場合、映画「作者」が観客に向けて意図的に発信し、観客が労せずして把握できるような意味がこれにあたる。「迎えに来る意味」は自明であり、輪郭がくっきりしている。しかし、それは、それ以外の解釈を許さない「閉じられた自明性」である。観客は解釈する手間を省いてもらう代償に、誤解したり、曲解したり、深読みしたりする権利を放棄しなければならない。

いまひとつは le sens obtus と呼ばれるものである。obtus は「鈍い、無感覚な、麻痺した、弱い」を意味する。バルトは、『イワン雷帝』のなかで皇帝に黄金の洗礼をしている二人の廷臣の「化粧の濃さ」と『戦艦ポチョムキン』で泣く老婆の「顔」を「鈍い意味」の例に挙げている。

「鈍い意味」の映画記号は表層にこれ見よがしに露出しているが、プロットには特にかかわりを持たない。それはなにかのシンボルやメタファーでもない。観客は「作者」からの明白なメッセージも隠されたメッセージもそこに読み取ることができない。しかし、それにもかかわらず、その映画記号は観客の意識にガラス片のように突き刺さったまま残る。観客はそれを解釈できず、また無視することもできない。それは「私の理解がどうしてもうまく吸収することのできない追加分として、『余分』に生ずる、頑固であると同時にとらえどころのない、すべすべしていながら逃げてしまう意味である」(『第三の意味』)。

「鈍い意味」はわたしたちを解釈に誘うだけで、答えを与えない。というのも「鈍い意味」とは「シニフィエのないシニフィアンだからである」。

「鈍い意味」はなにかの代理表象ではない。なにかの代替的な再現ではない。「鈍い意味」はいかにも場ちがいに、いかにもわざとらしく、ただそこにあり、すべての映画記号を「主題」や「意図」へ一義的に整序しようとする求心的な解釈に無言で抵抗する。まるで「必要とされていない場所に、何も言わずそのまま執拗に居残っている客のように」。

バルトはこの「鈍い意味」のうちに一種の解放性と生産性を見ようとする。それはエンドマークへと収斂してゆく中央集権的、予定調和的、中枢的な映画の物語のなかに混ざりこみ、それを挫折させようとする「反 - 物語（contre-récit）」の力、脱 - 中心的、非中枢的な力である。映画のうちにあって、「物語をくつがえすことなく、別の仕方で、映画を構造化する」この力をバルトはあえて「映画的なもの（le filmique）」と名づけている。それは映画の豊かさを語り尽くそうと試みるいかなる言説も届かない、分節言語の臨界に出現する「輝き」の別名である。

映画は身銭を切って観ろ

映画テクストのうちには、「あちらから迎えに来てくれる意味」と「こちらから探しにゆかないといけない（ただし見つかるとはかぎらない）意味」があるというバルトの意見にわたしは同意する。「作者」から発信された記号はたしかに「迎えに来て」くれるだろう。しかし、「鈍い意味」を持つ記号については観客が「身銭を切って」解釈の冒険に踏み出さなければならない。この日本語の表現はなかなか含蓄がある。というのは、映画というメディアの際立った特性は、それがマーケットに直接リンクしていること、つまり、観客に「身銭を切らせる」点にあるからである。

文学は本質的に孤独な営為であるとわたしたちは先に書いた。それは単に文学が個人的な作業だという意味においてだけではない。文学はマーケットにリンクせずにも成立しうるということでもある。発表を意図せずに書かれ、人知れず筺底《きょうてい》に眠っていた原稿が、死後発見されたら文学史に残る傑作であったということはありえない話ではない。しかし、映画の場合、そういうことはありえない。「非公開を前提とした文学作品」を書く作家はいても、「非公開を前提とした映画」を製作しようとするフィルムメーカーはいないからだ。それは映画製作が（原稿用紙と鉛筆の代金に比べると）破格な額の資金を要する以上、自明のことである。

映画製作は巨額の先行投資を要する。わたしたちの生きている世界では、巨額の先行投資を要する営みはかならずやそれに見合う収益を期待されるだろう。投資と利益回収のサイクルは映画誕生の瞬間（リュミエール兄弟がシネマトグラフを有料公開したとき）に起動し、以後、停止することなく回転している。

映画は有料公開を前提につくられる。それは「観客にどうやって身銭を切らせるか？」という問いがつねに決定的なファクターとして映画生成に関与してきたということである。現に映画史が教えてくれるとおり、リュミエール兄弟のシネマトグラフは、グラン・カフェでのはなばなしい公開の一年半後には大衆の熱狂的支持を失い、地方の祭りの見世物小屋にまでおちぶれていた。観客は「工場の出口」と「列車の到着」と「水のかけ合い」にたちまち飽きてしまったのである。リュミエール兄弟は「観客が見たがっているもの」をどこかで見落とした。そして、映画の再生は、ジョルジュ・メリエスがあやまたず観客の欲望を探りあて、映画を「物語」として再構築することによってはじめて果たされたのである。

リュミエール兄弟とメリエスの分岐点はどこにあったのか。それは通俗的な映画史が説明しているように、メリエスが「観客に迎合した」からではない。その逆である。メリエスは「観客を挑発した」のである。

『月世界旅行』でメリエスがしたことはフィルムの上に「なんだかわけのわからないもの」「プロットと全然関係ないもの」「過剰なもの」「不自然なもの」を気前よくぶちまけることであった。それがメリエスのサーヴィス精神のかたちなのである。観客に違和感を与え、「抜けない棘《とげ》」を仕掛け、観客の「解釈への欲望」に点火する。そうすれば観客は映画テクストの運動にいやおうなしに巻きこまれてゆく。そのことをメリエスは年期の入ったエンターテイナーとして熟知していた。

観客を映画館へ招き寄せるのは、だれにでも享受できる「できあいの意味」ではなく、解釈に抵抗し、解釈を逃れ、解釈への欲望を起動する怪しげな「鈍い意味」である。観客は「だれにでもわかる意味」にではなく、「身銭を切って解釈しなければいけない意味」に金を払うのである。

女性の不安「体内の蛇」

わたしたちが以下で「身銭を切って解釈」してみせるのは、ＳＦホラー映画『エイリアン』(*Alien*) である (監督：リドリー・スコット、脚本：ダン・オバノン、デザイン：Ｈ・Ｒ・ギーガー、一九七九年製作)。この物語の基礎部分をなしているのは、『禁じられた惑星』以来の「定石」を忠実になぞった、正統派の宇宙怪物譚である。

宇宙船ノストロモ号は地球への帰途、正体不明の信号を受信して、発信地の星に着陸する。探検に出かけた乗組員たちはそこに朽ち果てた宇宙船のなかで化石化したエイリアンの死骸と無数の卵を発見する。乗組員のひとりケインが卵を調べようと顔を近づけると、卵が割れて、なかからカブトガニのようなすがたをしたエイリアンの幼体が飛び出し、顔に貼りつく。ケインは意識を失い、顔にエイリアンを貼りつけたまま宇宙船にもどってくる。やがて、エイリアンは顔から剝離し、ケインは意識を取りもどす。回復を祝って食事がはじまり、彼は猛然たる食欲を示すが、不意に腹部に激しい痛みを感じて痙攣を起こす。そして、全員に押さえつけられたケインの腹を食い破って、第二段階に形態変化した蛇状のエイリアンが出現し、奇声を発して船内に消える。消えたエイリアンを捜索してゆく過程で、七人いた乗組員はひとりずつ殺され、最後に女性の航海士リプリーがエイリアンと生き残りをかけた死闘を演じることになる……

「定石」どおりとは言え、この映画のなかにはこれまでのハリウッド映画には見られないファクターが紛れこんでおり、それがこの映画を特異なものとしている。そのファクターのひとつは民間伝承であり、ひとつはフェミニズムである。

社会学者のハロルド・シェクターは『エイリアン』がある古い民間伝承から霊感を受けていることを指摘している。それは「体内の蛇」と呼ばれる、ヨーロッパで古くから言い伝えられた怪奇譚である。

若い娘が不用意な行動（蛇の精液のついたクレソンを食べる、湖で泳いでいるときに蛙の卵を呑みこむ、など）のせいで体内に異類の卵を取りこんでしまう。この異物は胃のなかで孵化し、成長を遂げ、宿主は異物感を感じるようになる。ある日、食事のときに食べものの匂いにつられてこの「異物」が食道を昇ってきて、その醜悪なすがたを白日のもとにさらし、宿主はその苦しみで絶命する、というものである。この話は「本当にあった怖い話」として現代にいたるまで欧米各地で繰り返し語られている。

この物語元型の意味するところは容易に察知できる。「蛇」の「卵」が女性の体内に入りこみ、そこで成長し、腹を膨らませて女性を苦しめ、死にいたらしめる。これは「妊娠・出産」という性的宿命に対する恐怖と嫌悪をあらわしている。

女性が母親になることに対して抱く恐怖と不安を慰撫《いぶ》するために、わたしたちの社会は母性にまつわるさまざまな神話を編みあげてきた。豊饒で、柔和で、すべてを受け入れ、すべてを赦《ゆる》す愛情にあふれた母。しかし母のイメージが完全であればあるほど、女性たちは、自分のなかにあって、母の理念型と整合しない欲望や情動を押し潰し、排除することを強いられる。男性の自己複製のための「道具」としてだけ利用される屈辱、自分の胎内にある「異物」に対する違和感、生み出された「それ」への憎しみ。神話的な「母」のイメージから組織的に排除されたこれらの「母のルサンチマン」を素材に造形されたのが「体内の蛇」である。

『エイリアン』のエピソードはこの「体内の蛇」の話型を忠実になぞっている。ケインは「不注意な行動」（卵に顔を近づける）によって、「蛇」の卵を体内に取りこむ。それは成長を遂げ、「食事の匂いにつられて」動き出し、腹を食い破って、宿主を殺す。

映画では死ぬのが男性クルーであるために、このエピソードの持つ性的含意は前景化しない。しかし、「蛇」の攻撃的な欲望と、それを拒否し、「孕《はら》むこと」を拒む「女」の死闘という映画のプロット全体の枠組みのうちに置きなおしてみるとき、エイリアンの「腹食い破り」が「体内の蛇」の変奏であることが次第にあきらかになってくる。

戦うフェミニスト

『エイリアン』のオリジナリティは、この古典的な怪奇譚をフェミニズムとリンクさせたことにある。「体内の蛇」は母性にかかわる抑圧を物語的に解消するための装置である。とすれば、女性の因習的な社会的役割を批判するフェミニズムが、「体内の蛇」の話型に親和することはごく自然なことだ。

主人公エレン・リプリーは男性クルーの支援を待たず、ただひとりでエイリアンと戦い、勝ち残る。巨大な体軀と野性的な顎をもった主演女優（シガニー・ウィーヴァー）は「白馬に乗った王子の到来を待たず、自力でドラゴンを退治するお姫様」という、フェミニズム志向のキャラクターをみずみずしく演じ、一九七〇年代のアメリカ女性観客の圧倒的な支持を獲得した。

『エイリアン』における「作者」の「意図」、すなわち「迎えに来る意味」がフェミニズムに寄り添う「ポリティカリーにコレクト」なものであったことはあきらかだ。主人公リプリーは、宇宙船のなかで、男性クルーに伍して黙々と労働し、命令を発し、危険な任務を遂行する。彼女は身を飾らず、媚びを売らず、だれにも性的関心を示さないし、だれからも示されない。彼女は女性であることからいかなる利益も不利益も受けない。その意味で、リプリーは伝統的な意味での「女らしさ」とまったく無縁の存在である。彼女は「男の欲望を受け入れ、その子どもを産み、育てる」という女性ジェンダーの宿命から考えられるかぎりもっとも遠いところにいる。そのような女性こそ最終的に「蛇の怪物」に勝利するにふさわしい。

しかし、映画はテクストである。それを「ポリティカリー・コレクトネス」のような単一原理で統御することは不可能である。ストーリーラインとは別に、スクリーンの周縁には非－中枢的な映像記号が乱舞している。そしてわたしたちを映画に惹きつけ、解釈の欲望に点火するのは「必要とされていない場所に、なにも言わずそのまま執拗に居残っている客のように」場ちがいで、プロットとも主題とも無関係なこれらの映像記号のもたらす「鈍い意味」のリアリティなのである。

七〇―八〇年代の女性観客は『エイリアン』のうちにフェミニズムの勝利のドラマを読み取って深い満足を感じた。このことは多くの映画研究者が指摘しているとおりである。しかし、不思議なことに、それらの研究者たちは、伝統的な女性ジェンダーを否定して意気軒昂《いきけんこう》なフェミニズムに強い反感と不安を感じていたはずのアメリカの保守的な男性観客もまた、この映画に熱い支持を送ったという背理的な事実を指摘し忘れている。『エイリアン』はフェミニストの観客とアンチ・フェミニストの観客を同時に満足させたのである。

象徴としてのレイプ

「女性ジェンダーを拒絶する女性」と「蛇の怪物」とのあいだの戦い、それは言い換えれば、戦闘的フェミニストと、彼女を「凌辱」し、「妊娠」させ、古典的な「母性」の圏域に回収しようとするセクシスト男性の攻撃的欲望のあいだの戦いである。映画文法は、主人公の「最終的勝利」が劇的であるためには、そこにいたるまで主人公が屈辱と敗北を重ねることを要求する。だから、フェミニスト・ヒロイン、リプリーの最終的勝利を劇的ならしめるためには、彼女が「蛇の怪物」によって暴力的に傷つけられる場面を幾重にも積み重ねてゆくことが必要だ。つまり物語は「ヒロインが蛇の怪物に勝利する」ラストシーン以外の全部の場面を「蛇の怪物によるヒロインの迫害」の映像で満たすことを要求するのである。

わたしたちの見るところ、『エイリアン』はその映画文法の黄金律に忠実である。ただし、「ヒロインの性的迫害」は、決して主題的には語られない。それは「ポリティカリーにコレクト」ではないからだ。それは、いかにも場ちがいで不自然な「なんだかよくわからないもの」、「解釈に抵抗し、解釈を挑発するもの」によって、迂回的にのみ語られるのである。ここでは代表的な例を二つ取りあげておこう。

リプリーは映画のなかで、「男性」の直接的な暴力の前に一度屈服する。エイリアンの標本を持ち帰れという「会社」の指示に従って、サイエンス・オフィサーのアッシュがリプリーを殺そうとする場面がそれである。リプリーが殴り倒されるのは『プレイボーイ』風のヌードピンナップが貼りめぐらされた娯楽室の一隅である。そこでアッシュは押し倒したリプリーの口に、手近の雑誌（おそらく『プレイボーイ』に類する男性誌）を突っこんで窒息させようとする。

丸めた雑誌を口のなかに入れるというのは、殺害の手段としてはきわめて非効率的である。その直前の暴行シーンでアッシュは超人的な腕力を示している。扼殺《やくさつ》であれ、撲殺であれ、彼にはいくらでも選択肢があった。にもかかわらず、彼はそれらのより有効な方法をとらない。非効率的な殺人方法を採択した結果、アッシュは別の乗組員の介入を許し、リプリー殺害を果たせずに終わる。

ピンナップや男性誌は、リプリーが蹴散らしてきた時代遅れの性文化そのものを象徴している。そのセクシスト的圏域で、セクシスト的出版物が「擬似的男性器」のかたちをとって、女性の「口」に挿入される。このことの意味はすぐにわかる。アッシュが「失敗」するのは、彼が「殺害」よりも「挿入」を優先させたためである。彼の目的はヒロインを「殺す」ことではなく、「レイプする」ことにあったからである（それこそエイリアンの行動原理そのものである）。

アッシュは、その直後に頭を叩き割られ、「無性」のアンドロイドであることが暴露され、その異常行動は人工知能回路の故障によって説明される。だから、彼がリプリーにふるった暴力の性的な含意はその場で抹消される。しかし彼の不可解な行動に対する違和感だけは残る。

ジェンダーを呼びさます猫

もうひとつの事例も、これに劣らずに興味深い。リプリーはエイリアンとの闘争において、つねに冷静さを失わないが、最後に母船を棄てて、救命艇に乗り移るときに、重大な判断ミスを犯す。他の乗組員二人が酸素ボンベの荷積みをしているあいだに、ペットの猫を探しに行ってしまうのである。宇宙船の暗闇でようやく発見した猫に頬ずりしながら、リプリーはこの映画のなかでただ一度だけの甘い柔和な表情を見せる。このロスタイムのあいだに二人の乗組員は殺され、救命艇にはエイリアンが侵入する。「猫探し」は、この映画のなかでリプリーがただ一回だけ犯した致命的なミスである。

リプリーが溺愛するこの猫は、エイリアン探知機を誤作動させて捜索を妨害し、クルーをエイリアンのもとに誘導する。猫は（主観的意図は知らず）結果的にはつねにエイリアンを側面から支援する「意図せざる内通者」なのである。

「猫なんてほっておけ」と観客は思う（少なくともわたしは思った）。宇宙船脱出の緊急時に猫に固執して船内を探しまわるリプリーの行動は、わたしの「意識に突き刺さった小骨」である。そして、わたしはそれを説明したい欲望に駆り立てられる。

おのれの自己複製の増殖にしか関心がない「蛇の怪物」エイリアンは、言うまでもなく男性の性的欲望の象徴である。その頭部のファルス的な形態も、攻撃の直前にぬらぬらと「勃起」する顎も、そこから滴《したた》り落ちる半透明の液体も、すべてが男性器を暗示している。一方、「猫」（pussy）という語が女性器を意味することは英語圏の観客のおそらく全員が知っている。エイリアンが男性器を、猫が女性器を表象するならば、エイリアンと猫の「意図せざる共犯関係」がリプリーを繰り返し危機に追いこむという話型がなにを意味するかはもうあきらかだ。

ヒロインはたしかに意識的な水準では伝統的なジェンダー構造から解放されている。しかし、彼女の無意識的な性的欲望は、ひそかに男性の欲望に内通し、彼女のジェンダーフリーへ向けての意識的努力のすべてを無化し、彼女の身を性的な供物として捧げようとするのである。ジェンダーを解体しようとするものは、おのれ自身のセックスによって裏切られる。猫はおそらくそのメッセージをすべてのアンチ・フェミニストの観客たちにひそやかに伝えている。

リプリーが割れものをあつかうようにそっと猫を冬眠装置に納めるラストシーンを見ながら、「じつはこの猫にはエイリアンがすでに産卵していて、猫の腹を破って次代のエイリアンが飛び出し、リプリーを噛み殺すのではないか」という大どんでん返しのクライマックスを予想して、封切当時、映画館でどきどきしていた記憶がわたしにはある。同じ「誤読」をした観客はおそらく少なくなかっただろう。誤読はときに正解である。猫とエイリアンは同族である。猫はエイリアンを招き寄せる内通者である。リプリーが猫とともにあるかぎり（つまり女性器をもつ存在であるかぎり）エイリアンは繰り返し彼女を襲い続けるだろう。『エイリアン』はこうしてハリウッド史上に残るヒット・シリーズの「オープン・エンドの構造」を完成したのである。

参考文献

小松弘『起源の映画』（青土社　一九九一）
前田英樹『映画=イマージュの秘蹟』（青土社　一九九六）

松下正己『映画機械学序説』（青弓社　一九九一）
ハロルド・シェクター『体内の蛇』鈴木晶他訳（リブロポート　一九九二）
マイクル・クライトン『ロスト・ワールド』酒井昭伸訳（早川書房、一九九五）
トゥリオ・デ・マウロ『「ソシュール一般言語学講義」校注』山内貴美夫訳（而立書房　一九七六）
ロラン・バルト『神話作用』篠沢秀夫訳（現代思潮社　一九七五）
――『零度のエクリチュール』渡辺淳訳（みすず書房　一九七六）
――『物語の構造分析』花輪光訳（みすず書房　一九七九）
――『テクストの快楽』沢崎浩平訳（みすず書房　一九七七）
――『第三の意味』沢崎浩平訳（みすず書房　一九九八）
――『表徴の帝国』宗左近訳（筑摩書房　一九九六）
――『エッセ・クリティック』篠田浩一郎他訳（晶文社　一九八四）
M・ミッチェル・ワールドロップ『複雑系』田中三彦他訳（新潮社　一九九六）
Roland Barthes, *Œuvres complètes. I-III*, Seuil, 1993-95
Gregory Bateson, *Mind and nature*, Bantam Books, 1979
Guy Sorman, *Les vrais penseurs de notre temps*, Fayard, 1989
Ferdinand de Saussure, *Cours de linguistique générale*, Payot, 1972

Ⅲ　ミッシェル・フーコー

【案内編】

「現実」をつくる過去

ミッシェル・フーコー（Michel Foucault）は、一九二六年にフランスのポワティエで、外科医の家の長男として生まれた。四五年、高等師範学校の受験準備のため、パリのアンリ四世校に通う。翌年、高等師範学校に入学。四八年、ヘーゲル論でソルボンヌ大学から哲学学士号を取得、その後、五〇年から二年間ほどフランス共産党員になる。それと並行して、五〇年代には精神病院ではたらく機会も得ている。

一九五一年、大学教員の資格試験に合格して、高等師範学校で心理学を教え、翌年、リール大学の文学部助手となって心理学の講義を担当する。五四年、『精神疾患と人格』を出版。六一年には、「狂気と非理性」を主論文とし、「カント『人間学』序」を副論文としてソルボンヌ大学から博士号を取得するとともに、『狂気と非理性―古典主義時代における狂気の歴史』を出版している。

それ以降、フーコーは数年ごとに、西欧の思想界にインパクトを与える著作を残した。たとえば『臨床医学の誕生』（一九六三）、『言葉と物』（一九六六）、『知の考古学』（一九六九）、

『言語表現の秩序』（一九七一）、『監視と処罰―監獄の誕生』（一九七五）、『知への意志』（一九七六）、『快楽の活用』（一九八四）、『自己への配慮』（一九八四）などである。

この期間中、一九七〇年に初来日、同年から八二年までコレージュ・ド・フランスの教授（思想体系史）を務め、八四年、エイズによる敗血症のため五十七歳で死去。

「現実」への疑いのまなざし

現代思想の展開を支えてきた思想家たちのなかでも、フーコーは特にきわだった存在と言える。そのひとつの理由は、フーコーの思想が、ソシュールの思想にもまして、わたしたちの「現実」がどのように「現実」として成立したのかをあきらかにしながら、あらためて人間にとって「生きる」とはなにかを考えさせるからである。

これはまた、わたしたちが自分たちの「現実」をほとんど無自覚に受け入れてしまっていることを示唆している。それゆえ、フーコーから刺激を受けて、いったん「現実」のありように目を向けはじめれば、それまで思いもしなかったことが、いくつも疑問として浮かびあがってくる。

たとえば、なぜわたしたちはいまのように話しているのか（日本語、語彙、文法、レトリック、口調、イントネーション、ジェスチャー、職場での話し方、友だち同士の話し方、他人との話し方……）、あるいはまた、なぜわたしたちは自分の考えを「ふつう」と思っているのか、そしてまた、その「ふつう」を疑わない「わたし」は、そもそもどのようにして形成されてきたのか。

いったんフーコーの考え方を身につけると、こうした疑問は、おそらく無数に頭に浮かんでくるだろう。しかし、だからといって、それに答える方法まで無数にあるわけではない。フーコーが開発したのは、わたしたちの「現実」が、わたしたち自身の意志によってではなく、その意志も含めて、わたしたちの身体に組みこまれた「過去」を積み重ねるようにして形成されてきたことをあきらかにする方法である。

系譜学という方法

このフーコーの方法には、二つの特徴が認められる。ひとつは、人間の主体を精神の問題としてではなく、身体の角度から問題にしたことであり、もうひとつは、彼の著作のタイトル（『知の考古学』）にもあるとおり、考古学の発想を利用したことである。

たとえば、いま目の前に見えている地層のパターンは、それだけで成り立っているわけではなく、それを掘りすすんだ先に隠されている古い地層のパターンを基盤にして形成されたものである。この「地層のパターン」を「思考のパターン」に置き換えてみれば、フーコーの「考古学」の意図が見えてくる。それは、わたしたちの身体に埋めこまれて、いまの「現実」にかたちを与えながらも、わたしたち自身には意識さえできない既存の思考のパターンを掘り起こすことである。

この方法は、現在の事象のあり方を過去のプロセスから説明するので、歴史学の方法に見えるかもしれない。しかしフーコーの思想は一般に、歴史学としてではなく、系譜学として知られている（これは哲学者のニーチェが有名にした用語である）。それでは、この両者のちがいはどこにあるのだろう。

それを知るには、歴史学の方法と系譜学の方法を図式化して照らし合わせてみるとよい。たとえば、歴史学がつぎつぎと起こる出来事をつないで、その連続性をあきらかにする学問であるとすれば、系譜学は、歴史学がなぜ、そしてどのようにして「歴史＝連続体」と考えるにいたったのか、そのプロセスを歴史的な視点からあきらかにする学問と言えるだろう。

だから系譜学は、歴史学が「歴史」のなんたるか（歴史の本質）を「連続体」に求めながら、それを歴史のあるべきすがたとして、つまり歴史の「真理」として打ち立てていくプロセスを問題にする。これをもっと一般化して言えば、系譜学とは、取りあつかう対象（たとえば歴史）に「本質」を見ようとする姿勢を問題にしながら、その「本質」を「真理」として制度化していく方法そのものを歴史的に解明しようとする方法ということになるだろう。

これに関連して、フーコーが系譜学を重視する理由を説明するにあたって、「系譜学は起原の探求に反対する」と語っていることにも注意を向けておきたい。

しかし、それにしても、なぜここで「起原の探求」が問題になるのだろうか？ フーコーはそれについても、「ニーチェ・系譜学・歴史」のなかで三つの理由を挙げている。

(1)「起原の探求とは、物事の正確な本質や純粋な可能性、それに入念に用意された同一性をとらえる試みであり、その試みは、偶然と変化からなる外界に先行して、不動のものが存在していることを前提にしている」

(2)「起原は、身体、世界、時間に先行する」

(3)「起原は『真理の場』である」

もし世界に「起原」があるのなら、そこまでさかのぼれば、世界のありようが「ほんとうのすがた」として見えてくるだろう。フーコーが批判しているのは、このように、なんらかの絶対者の存在を根拠として世界を説明しようとする哲学である。これはもちろん、神が世界を創造したという旧約聖書の考え方や、わたしたちの日常世界の背後に永遠の価値を持つ理想の世界を思い描いたプラトンのイデア論をひっくり返すような発想である。

フーコーが考える系譜学は、いま述べたような絶対者の存在を世界の統括原理（起原）として認める哲学を形而上のフィクションとしてしりぞけながら、そうした哲学が、世界をどのようなものとして構築してきたのかを歴史的に解明する。

このフーコーの方法はまた、マルクスやフロイトの方法にも共通したところがある。たとえばマルクスは、人間がものをつくるときの生産活動のネットワーク（生産関係）が社会の下部構造としてはたらいて、社会の上部構造にあたる政治・法律・芸術・宗教といった人間の日常生活を広く規定していると考えた。つまりわたしたちの「現実」の生活様式は、自分たちの意志ではなく、わたしたちの生産様式によってコントロールされているというわけである。

この上部構造と下部構造の関係をフーコーの方法に重ね合わせれば、わたしたちの現在のものの見え方や考え方（上部構造）は、その基盤にある既存の「思考のパターン」（下部構造）によって決められていると言えるだろう。

さらにこの上部構造と下部構造の関係を、意識と無意識の関係に置き換えれば、そこからフロイトの思想の基本が見えてくる。つまり、わたしたちの「意識」（わたしたちの現在のものの見え方や考え方＝上部構造）は、わたしたちの「無意識」（わたしたちが意識できない既存の「思考のパターン」＝下部構造）によって決められている。こう考えれば、フーコー、マルクス、フロイトといった思想家の発想が一本の線として見えてくる。

しかもこの線は、ソシュールの言語論にもつながっている。すでに見たとおり、ソシュールの発想では、語がモノより先にある。つまり、モノの存在が語の使い方を規定しているというより、語の使用がモノの存在を規定している。

たとえば、わたしたちが実感していると思っている「しあわせ」という気分（マルクスの「上部構造」・フロイトの「意識」）は、わたしたち自身が自主的に感じ取っているもののように見えて、じつはわたしたちの「しあわせ」という語の使用（マルクスの「下部構造」・フロイトの「無意識」）によってかたちを与えられている。

そう考えれば、最近の若者たちが「ムカツク・キレル」といった気分を経験するのもまた、彼らが無自覚に「ムカツク・キレル」という語を身体に組みこんで、少し苛立ちを覚えるたびに、他の語を飛び越えて、その語にジャンプしてしまうからであるとも言えるだろう。つまり「ムカツク・キレル」という現実の感情のかたちは、家庭や学校の環境、食生活、あるいは脳のはたらきといった観点からばかりでなく、言語の習慣からも説明できるわけである。

これらの例からもうかがえるとおり、ソシュールが「語の意味」を問題にしたとすれば、フーコーは「現実の意味」を問題にした。つまり彼らはともに、「意味」を生み出しているものが、人間の主体性にあるように見えて、その主体性そのものを構成する効果を持つほどの、なんらかの目に見えないシステムのはたらきにあると考えた。そのはたらきこそ、フーコーがまさに「権力」と呼ぶものにほかならない。

フーコーに言わせれば、わたしたちのひとりひとりがとらえている「現実」とその「意味」は、「ふつう」でも「自然」でもなく、わたしたちがそう思いこむほどに、社会集団や社会関係に浸透している語り口のモード（言説）を身体に組みこんだ結果である（たとえば、「つき合う」という語り口を知らなければ、「恋愛」や「結婚」と呼ばれている「現実」さえはじまらないように）。

特にフーコーらしいと思われるのは、彼の方法が、すでに少しふれたとおり、ある「現実」をかたちづくっている言説をあきらかにするために、歴史的な視点を導入していることである。

たとえば『狂気の歴史』や『臨床医学の誕生』では、理性と狂気、あるいは正常と異常といった区分が、十七世紀から十八世紀にかけて、西洋の知の体系からつくり出された産物であることが裏づけられ、『言葉と物』では、類似、比較、構造、価値、人間、労働、進化、無意識などを例として、十六世紀から二十世紀にかけて西洋の知の体系をつくりあげてきたキーコンセプトの変遷があきらかにされる。

またフーコーは『知への意志』で、性にまつわる言説が人間の身体に組みこまれてきたプロセスをとらえて、そこに介在している権力が、人間を抑制するどころか、むしろ人間の性の欲望を積極的にかたちづくる制度（たとえば結婚や家族）のなかではたらくにいたるプロセスを論じている。

さらにフーコーは『同性愛と生の美学』で、人間が既存の「生＝性」の網の目にとらわれないで、それぞれの「生＝性」のかたちを織りなおしながら、新しい「生の美学」を展開していく必要を力説している。フーコーの権力論が、単に人間の抑圧論や解放論に終わらないで、その先に拡がる人間存在の展望を開きはじめたところに、彼の思想家としての大きさがある。

【解説編】『監獄と処罰―監獄の誕生』

フーコーの書きもののなかでも、『監獄の誕生』はよく読まれている。彼はこの本のなかで、身体刑が廃止されてから監獄が誕生するにいたるまでの流れを歴史的な視点から論じながら、人間の身体がそれにつれて、拷問と毀損の対象から管理と訓練と服従の対象へと変化していったプロセスをあきらかにしている。

フーコーは、この「服従する主体」を効率よく形成するための装置として、十八世紀から十九世紀に活躍したイギリスの哲学者・法学者で、「最大多数の最大幸福」を唱えた功利主義者ジェレミー・ベンサムが発案したパノプティコン（一望監視施設）のしくみを分析する。

この施設は、後でくわしく見るように、ある構造上のトリックを隠しもっていて、たとえ監視人がいなくても囚人をコントロールできるしくみになっている。つまり、囚人を服従させているのは、監視人と呼ばれる個人の権力ではなく、建物に組みこまれた特殊な構造のはたらきである。

フーコーは、このように、建物のしくみが人間の身体を介して拘束力としてはたらく状態を指して、権力の「自動化・非個人化」と呼んでいる。そこで、これからの解説も、身体・主体・権力といった概念を軸にして展開していくことになる。

人間管理の一般原理

フーコーの『監獄の誕生』で特に読まれているのは、おそらく第三部三章だろう。この「解説編」で取りあげる箇所は、そのなかでも特にフーコーの発想を知る上で重要な部分である。

そこでのポイントは、ペストとハンセン病の関係、そしてこの二種類の病気と一望監視施設の関係である。それさえわかれば、フーコーの考え方の基本は理解できたと言える。そのためには、なにより、テキストの流れをていねいに読む必要がある。それを怠ると、なぜ彼がペストやハンセン病について長々と話し続けるのか、まったくわからなくなるからである。

結論を先取りして言えば、フーコーが試みているのは、ペストとハンセン病に立ち向かうヨーロッパ人の対処法が、時代を越えて、人間を管理する施設の一般原理としてはたらくにいたるプロセスを解きあかすことである。

ペストの場合には、人々が生活している共同体の空間をしっかり分割して、彼らを家に閉じこめ、各人各様の事情に合わせて対処する方法、ハンセン病の場合には、「健康―病気」の区分をもとにして「病人」を判定し、彼らを共同体の空間から追い出して隔離し、囲いこんで、集団の単位で対処する方法――十七世紀のヨーロッパでは、この二種類の方法を使って、ペストとハンセン病を撲滅しようとしたとフーコーは指摘する。

しかもペストであれハンセン病であれ（現代なら、アメリカの批評家スーザン・ソンタグも主張しているとおり、ガンやエイズであれ）、究極の治療法が見つからない病気がはびこっている状態は、むかしもいまも、人間にとって混乱の象徴である。そうした背景があるからこそ、ペストとハンセン病の対処法を支えている原理は、単に疫病の蔓延だけでなく、それらが象徴する混乱一般を克服するための有効な手段として利用されたのである。

フーコーは、ベンサムが十九世紀に考案した一望監視施設にその具体例を認める。なぜなら、この施設こそ、ペストとハンセン病への対処法を原理のレベルで見事に融合させた建物だからである。つまり、ハンセン病のときのように、特定の人間たちを集団で社会から隔離しながら、それと同時に、ペストのときのように、その人間たちを個別の単位で管理するシステムをひとつの建物として構成したもの、それが一望監視施設にほかならない。

実体のない権力

このフーコーの発想は、たしかに刺激的である。しかし彼の説明には、疑問の余地も残されている。たとえば、この施設を運営して、権力をふるっているのはだれなのか、あるいはまた、この施設では、だれがだれを支配しているのか、その実態がわかりにくい。言い換えれば、一望監視施設に関するフーコーの説明からは、行為の主体としての「人間」のすがたが見えてこない。

たしかに一望監視施設を考案したのはベンサムである。しかしそれはなにも、彼自身がペストとハンセン病への対処法を融合させながら、それを一望監視施設の原理として利用したという意味ではない。そもそもベンサムがこの施設を思いついたのは、彼が一七八〇年代に海軍技師の弟に会うためにロシアにわたり、そこで造船所の労働管理システムを見たときだと言われている。

ベンサムの一望監視施設で注目すべきは、それが人間を管理するための見張り役をかならずしも必要としていないことである。それどころか、人間を管理する人間もまた管理されるメカニズムをそなえているのが、この施設の特徴でもある。そこにフーコーの論点がある。

つまりフーコーの意図は、一望監視施設が自動的に人間を管理するシステムとしてはたらく原理に注目して、その効果に「権力」の新しい意味を探るところにある。それゆえ「一望監視施設を運営して、権力をふるっているのはだれなのか?」とか、「この施設では、だれがだれを支配しているのか?」と考えあぐねていると、フーコーの論点を見逃すことになる。

フーコーは、人間の存在を無視しているのではなく、人間を知らないあいだにあやつり、支配・被支配の対象に変えてしまう目に見えない力のはたらきを「権力」と呼ぶことによって、そこに人間独自の問題を立ちあげようとしている。フーコーに対する賞讃も批判も、その原因のひとつは、この権力のとらえ方にある。

フーコーの思想の方法を考えるときにも、ソシュールの「解説編」で注意したとおり、対象をとらえるための視点を実体論から関係論へ移してみる必要がある。もし実在している人間が、実在している建物のなかで、実在している人間を管理すると考えるのであれば、フーコーが解きあかそうとしている一望監視施設のメカニズムは見えてこない。そう考えるかぎり、管理する側の人間が、自分の持つ権力を使って、管理される側の人間を服従させているといった単純な図式しか思い浮かばなくなるからである。その結果、権力は、手に入れたり失ったりするモノとして取りあつかわれることになる。

もし権力にその種の実体がそなわっているのであれば、権力を持つ人間を殺しさえすれば、支配と服従の関係も消えてなくなるはずだろう。ところがベンサムの一望監視施設では、たとえ管理する側の人間が排除されても、管理される側の人間は、あいかわらず存在し続けるメカニズムが残されている。

これを身近な例で説明してみよう。ある教師が壇上から、学生の試験監督をしている。学生たちは、ずっと教師が見ていると思っているので、そう簡単にはカンニングできない。やがて教師は、学生たちがちゃんと受験していることをたしかめると、こっそり教室の後ろから退出する。しかし学生たちは、そうとは知らないので、そのまま静かに受験を続ける。

ここからわかるとおり、学生たちをまじめに受験させるには、かならずしも監督者はいらない。このケースでも、ベンサムの一望監視施設と同じく、「見る―見られる」の関係をきちんと初期設定しておきさえすれば、支配と服従の関係は自動的にはたらいて、管理されることになる人間を内側からコントロールし続ける。

いまの例で言えば、たとえば教師は壇上に立つことができても、学生たちはそれより低いフロアーに置かれたイスにしか座れない。しかも、教師は歩きまわるスペースを与えられているが、学生たちは各自の場所を決められている。さらに、教師はあたりを見まわしてもかまわないが、学生たちはそれを許されていない。その結果、教師は絶えず、いろいろな角度から学生たちを見ることができるが、学生たちは、横見は言うまでもなく、教師を見返すこともままならない。

このケースでも、支配と服従の関係は、暴力によってではなく、教室内の空間を区分し、その区分された空間を教師と学生に不均等に配分して、相互の「見る—見られる」の関係を非対称に調整することによって形成されている。フーコーは、この主従関係の形成にかかわっている戦術のすべてに「権力」のシステムを見ている。

もしフーコーが、ベンサムの一望監視施設の話からはじめて、その建物の構造がペストとハンセン病への対処法に基づいていることを説明していれば、読者はもっと早く彼の論理の流れに気づいたかもしれない。しかしそういう説明の仕方では、十九世紀のヨーロッパ人が監獄として受け入れていた建物が、なぜあのような構造を持つようになったのか、そのプロセスをたどることはできなかっただろう。

『監獄の誕生』の読者は、フーコーの文章を読み進めながら、ペストとハンセン病への対処法が、一望監視施設の構造へ結実していくプロセスを追体験していく。それゆえ、このフーコーの書き方には、彼の思考のプロセスそのものをなぞりながら実感する効果ばかりでなく、わたしたちが「現実」に対して無自覚である状態に刺激を与えて、それをめざめさせる効果もある。

たとえばわたしたちは、警察や病院といった機関、教育や結婚といった制度、さらには常識や道徳といった価値観を自然なものとして受け入れて現実を生きている。しかしその現実のありようは、わたしたちが思っているほど自然なものではなく、なんらかの原理によって形成されてきた経緯がある。それにもかかわらず、わたしたちはたいてい、そんなことに注意をはらわずに毎日の生活を送っている。

その観点から見れば、フーコーが「権力」と呼ぶものは、たしかに特定の個人（たとえば上司や政治家や国王）、あるいは集団（たとえば組織や階級や国家）に与えられているものではなく、機関、制度、あるいは価値観といった社会の根幹をつくり、それをとおして日常生活に浸透しながら、人間の言動をコントロールしている規律的な作用のことである。

わたしたちの身体に組みこまれ、その動きをコントロールしながら、わたしたち自身のチェックをすり抜けてきたもの、広く考えれば、わたしたちの生活世界に波及しながら、本人も知らないあいだに、知らないところで、人間存在のモードを編成し成立させているもの、それを可能にしている権力のはたらきを感知し、意識して、その実態をあきらかにすること、それこそ、フーコーが『監獄の誕生』の読者に与えた課題にほかならない。

ペストへの対処法

フーコーはまず、十七世紀末のヨーロッパで実施されたペストへの対処法を説明する。そのポイントを整理してみると、つぎの四つに分類できる。

(1) 空間の区分
(2) 視線による観察
(3) 記録と報告
(4) 消毒の実施

これをそれぞれ、もう少しくわしく見ておこう。

(1) 空間の区分

これには大別して二種類ある。第一に「町と周辺を閉鎖すること」、つまり町全体をそれ以外の地域と区分するレベル、そして第二に「町をいくつかの区域にはっきりと分割すること」、つまり町のなかを区分するレベル。

要するに、第一のレベルで、ペストに襲われた町全体を他の地域（たとえば隣町）から切り離して、いわば陸の孤島をつくり、第二のレベルで、その孤島の内部を区画整理していくわけである。この第二のレベルの区分には、街路の単位、家庭の単位、個人の単位など、より細かい空間の配分が含まれている。

これらの二つのレベルの区分は、ともにペストの蔓延をふせぐための手段である。それによって、住人たちは、各自の決められた位置を与えられて、そこから離れられなくなる。たとえ外に出たくても、それはほとんど自殺行為になるので、住人たちも外出を自粛して、各自のポジションを進んで引き受けることになる。つまり自分で自分をコントロールするわけである。

例外として、「監督官と管理人と見張り番」は外を歩きまわれるが、それはあくまで「職権」である。それゆえ住人たちを取り締まっている人間たちは、家庭や個人の単位のほかに、街路の単位でも各自の決められた位置を与えられて、役職をこなさなければならないので、そこからも離れられなくなる。

その結果、町の人間たちは地位とは関係なく、「区分されて、動きのない、凍りついた空間」のなかに閉じこめられて、「だれもがそこでは、それぞれの場所に固定される」ことになる。

(2) 視線による観察

「たえず視察はおこなわれている」、そして「いたるところで視線が見張る」。こうしたフーコーの表現からもわかるとおり、ペストに襲われた町は、いつでも、どこでも、だれかによって監視されている。

ここでのポイントは三つある。

(a) 観察する側は、あえて実力（たとえば暴力）を使わなくても、相手を「見る」だけで、その言動をコントロールできること。たとえば管理人は毎日、それぞれの家を訪れて、住人を点呼したり、全員の健康状態を調べたりするので、「だれもが各自の窓辺で、要請に応じて、点呼に応答したり姿を見せたりする」

(b) 観察する側もまた、すぐに観察される側にまわってしまうこと。たとえば管理人は、住民たちが各自の配置を守り、それぞれの責任を果たしているかどうかを観察する。しかしそれと同時に、監督官もまた「受けもちの区域を見まわり、管理人が職務をまっとうしているかどうか」を観察する。つまり、住民は管理人によって、管理人は監督官によって、監督官は行政官によって、行政官はまた……といったように、町の人間たちの「見る―見られる」という関係は、審級制度によって更新されていくしくみになっている

(c)　この「大規模な監視」を可能にしているのは、特定の個人や集団ではなく、監視システムにはたらく目に見えない権力であるということ。この「権力」は、人間の外側から押しつけられるものではなく、人間の内側に組みこまれて、その人間を町にとって好ましい主体としてつくりあげる作用のことである

(3)　記録と報告

どんなに空間をしっかり区分しても、いくら視線で人間をしばりつけても、町の各所の治安は守れても、町全体をペストの脅威から守れるとはかぎらない。それを可能にするには、町のいろいろなところから得られた住民たちに関する情報を中央の一ケ所に集めて、町全体の単位で秩序を回復していかなければならない。

そのためには、住民たちからの情報を取りまとめて、「管理人から監督官へ、監督官から

行政官や町長へ報告する」しくみが必要になる。もし観察で得られた情報を記録し、書類のかたちで上申できれば、町全体の管理システムを整備するのに非常に役立つだろう。そこで考案されたのが「登記の制度」である。

この制度を活用すれば、町の全住民の「名簿」もつくれるし、個人の単位で「死、病気、苦情、不正行為にいたるまで、なにもかも書き留められ、警察官と行政官に伝えられる」。それに加えて、「病理学の登記」も絶え間なくおこなわれて、他の情報とともに「中央集権化」されることになっていた。そうして、医者や薬屋や聴罪司祭は、個人プレーではなく、情報ネットワークの中心に位置している行政官や町長の指導のもとで、チームプレーを演じるようになる。

(4) 消毒の実施

ここまでの段階で、町の空間を区分し、視線で観察を続けて、住民から得られた情報を記録し、中央に伝達するしくみが整ったことになる。見方によれば、これらの方法はすべて、最後の仕上げに向けての準備だったとも言える。それは、消毒の実施である。

フーコーの説明では、消毒は決められた手順に従って実施される。「住人全員を家から退避させて、部屋ごとに『家具や荷物』をもちあげたり、つるしたりする。香料を散布して、窓や扉から鍵穴まで蠟でていねいにふさいでから香料を焚く。最後に香料を焚きつくすあいだ、家全体を閉鎖する」。

人間を内側から拘束する装置

これまで説明したペストへの対処法――(1)空間の区分、(2)視線による観察、(3)記録と報告、(4)消毒の実施――これらはそれぞれ独立して実施されるのではなく、すべてがリンクしてワンセットになるように考えられていた。つまり、ペストに対処する方法が四つあったのではなく、ペストの撲滅にむけて機能する一連のしくみがあったのである。

フーコーは、このように、多数の要素で構成されていながら、それらがネットワークとしてはたらくしくみを「装置」と呼んでいる。

囲いこまれ、分割されて、いたるところで監視される空間、そこでは個人は固定した場所に組みこまれ、どんなかすかな動きも検閲され、あらゆる出来事が記録されて、間断なく続く記帳の作業が中心と周縁を結びつけ、権力は連続した階層的な構図にしたがって隈なく行使され、各個人はたえず探知され調査されて、生者、病人、死者に割りふられる。

これらすべてが相まって、規律訓練のための装置を集約したモデルが形成される。

ここには、空間の配分、視線による監視、記録と報告、そして消毒の実施が相互に連動してはたらき合いながら「中心と周縁」を結びつけて、目に見えないネットワークを形成していく様子がたくみに表現されている。フーコーは、このネットワークを全体として「規律訓練のための装置」と見なし、それが可動するところに介在するはたらきを「権力」と呼んだ。

もちろん住民のなかには、ペストが拡がっているというのに、外出したり、ウソの申告をしたりして、この装置としてのペストへの対処法のはたらきを妨げる者もあっただろう。しかしそうした人間は結局、身分と関係なく、死刑になったり、ペストに感染したりして命を落とすから、町の住民たちはそろって、フーコーが「権力」と呼ぶはたらきを継続させる方向に向けて協力せざるを得なくなる。

そのとき住民たちは、本人たちも知らないあいだに、単にペストを退治する方法ばかりでなく、人間を管理する方法一般のモデルを体現していたことになる。なぜなら、彼らの行動は、社会から混乱をなくして秩序をもたらすには、人間に規律を組みこみ、その人間が規律どおりに行動しているかどうかを監視して、それにそむく者には罰を与えればよいことを示していたからである。フーコーの『監獄の誕生』の原題が「監視することと罰すること」になっていたのは、そのためである。

フーコーがこの本で繰り返し主張しているのは、人間を管理するには、相手を外側から暴力的に拘束する必要はなく、「規律訓練のための装置」をつくりさえすれば、相手はそのメカニズムに介在している権力によって、自分自身を内側から拘束しはじめるということである。

なぜそんなことが起こるのかと言えば、それはひとえに、この種の権力が、混乱から秩序をもたらしてくれるからである。ペストに襲われた町で、住民たちが進んで自分たちをコントロールしはじめた理由も、それでわかるだろう。ペストは、「身体が混じり合って伝染する病気の混乱、恐怖と死のため禁止事項が薄れるにつれて増殖する悪の混乱」として、なによりカオス的な状況を象徴していたのである。

それでは、混乱から秩序をもたらす権力のはたらきのなかで、もっとも簡単で、もっとも効果があるのは、どのようなものだろう。それはおそらく、線引きである。たとえば、ペストで狂乱している住民たちのあいだに線を引いて、生者と病人と死者に分けることである。

それによって、ペストに襲われた町は、区分のない混沌とした状態から、区分のある整然とした状態へと変化しはじめる。つまり、ペストの混乱から秩序を生み出す権力とは、未分化の状態にあるカオスを分化し続けるはたらきのことである。だからこそフーコーは、ペストへの対処法を分析しながら、「たえまなく規則的に細分化して、遍在する全知の権力の効果」を強調したのである。

真理とは人間を支える誤謬である

ここで権力と関連して、フーコーの真理の概念についても考えておこう。フーコーが「真理」と呼ぶものも、一般の定義とちがって、森羅万象の根源でもなければ究極の真実でもない。彼の表現によれば、真理とは、「歴史のなかで長らく焼かれて、かたちを変えられないほど固くなっているので、もはや論駁できない種類の誤謬」のことである。

たとえて言えば、年を取って、心身ともに柔軟性を失ってしまっているのに、自分は「正しい」と信じこんでいる堅物の老人、そうした存在や信念が「真理」にあたる。ニーチェの表現を借りれば、「それなくしては、ある種の生物が生きていけなくなる種類の誤謬」、それが「真理」である。

フーコーは『監獄の誕生』で、その種の真理が、社会ではたらく「権力」のメカニズムから生まれてくるものであることを指摘している。たとえば、ある町でペストが発生すると、そこの住民はすぐに各自の居場所をあてがわれ、各自の姓名、年齢、性別、健康状態など、日常生活の細部にいたるまで記録されて、生者、病人、死者の分類に合わせて対応をせまられる。彼らにとって、ペストに感染するか死刑になるか以外には、このプロセスを逃れる方法はない。

町のあちこちで集められた住民に関する断片的な記録は、すでに見たとおり、情報ネットワークによって中央に集められて、ひとまとまりの総合情報として、住民たちの「ほんとうのすがた」をかたちづくる。たとえ本人が、「そんなもの、わたしではない！」と叫んでも、そうして構成された「ほんとうのすがた」以外には、その人の「正しいすがた」として公式に認められるものはなにひとつない。

つまり住民たちは、「着けたり取ったりする仮面ではなく、各人にその『真』の姓名、その『真』の場所、その『真』の身体、その『真』の病気を割りあてられる」。こうして住民たちは、死を逃れるために、みずから協力してつくりあげた「真」のすがたを「ほんとうのわたし」として受け容れざるをえなくなる。これこそ、フーコーが『監獄の誕生』で示した「真理」の形成のプロセスにほかならない。

このプロセスのはじめから終わりまで介在して、住民たちの日常生活のすみずみまで浸透しながら、彼らの現状を「真理」としてかたちづくっていくはたらきこそ、フーコーが「権力」と呼ぶものである。もしこの権力にさからえば、住民たちは死を覚悟しなければならないので、彼らは進んで「権力」のはたらきに巻きこまれて、「真理」を形成していく流れに身をまかせていく。

　このフーコーの発想は、わたしたちの日常生活でも応用が効くので、身近な例をもとにして「真理」について考えてみよう（中山元も『フーコー入門』のなかで、フーコーの哲学には、「自己の思想を真理として提示するのではなく、読者が生きる上で役立てることのできるツールとして提供するという姿勢」があると述べている）。

　たとえば、親子が子どもの結婚問題でもめているケースである。親は子どもに向かって、「親の言うことを聞いておけばまちがいない！」と叫んでいる。しかし子どもには、その発言が正しいとは思えない。それどころか、子どもには、親の表現そのものが、これまでどこかで耳にしてきたレトリックのコピーのように聞こえる。

　それもそのはずだろう。この親の発言は、親が子どものことを思って考え抜いた自分のことばから構成されたものではなく、いつだれからともなく親の身体に刷りこまれた決まり文句なのだから。しかしここで大切なのは、親の発言に正当性があるかどうかではなく、どのようにして親が自分自身を正当化しているかである。

　このケースでは、親が「親である」ことだけを根拠にして、自分の「正しさ」を主張している。それが、親の世代にとっての「真理」のつくり方だったのである。他方、子供の世代は、この「真理」のつくり方を共有していないので、親の発言に信憑性を感じられない。

おそらく子供はそこに、親の保身術や自己愛（親は子供を愛していると言いながら、結局、自分の価値観しか愛していないこと）を見て取るだろう。

この対立からも、真理とは、だれにでも通用する万能の規範ではなく、なんらかの根拠によって、そのたびごとに形成されるものであることがわかる。しかしこれはなにも、真理がウソであるとか存在しないとかいう意味ではない。ある真理は、それなりの根拠をもって真理として成立しているのであり、それを否定する別の根拠がないかぎり、それは真理として存続する。

先ほどの例で言えば、親の「真理」を否定するには、二つの方法が考えられる。ひとつは、親の「真理」の根拠（親であること）をあばくこと、つまり、その根拠が同語反復・自己言及・ひとりごとにしかなっていない点を指摘すること（親は正しい、なぜなら親だから）。もうひとつは、別の根拠から構成された別の「真理」を対案として示すこと。たとえば、「婚姻は両性の合意のみにもとづいて成立」するという憲法二十四条第一項である（ただしここには、同性愛者を排除する「権力」がはたらいている）。

フーコーの関心は、真理の否定でも相対化でもなく、ある時代の、ある社会で、なんらかの考え方が、どのようにして「真理」として形成されるにいたったのか、そしてまた、どのようにしてそれを「真理」として受け入れる主体が形成されるにいたったのか、そのプロセスを権力との関係からあきらかにすることである。

たとえば、日本の社会では、どのようにして「親の言うことを聞いておけばまちがいない」という発言が真理として形成されてきたのか、そしてまた、どのようにしてそれを真理として受け入れる主体（親）が形成されてきたのか、その経緯を日本の社会をつくりあげてきた権力のはたらきとの関係からあきらかにすることである。

ハンセン病への対処法

ハンセン病への対処法は、患者たちをすべて別の場所へ移して、他の住民たちから切り離すことを基本としている。つまり患者たちは、それまで住んでいたところから「排除」され、「追放」されて、集団として「囲いこまれる」。その点で、ハンセン病への対処法は、ペストへの対処法とコントラストをなしている。

ペストへの対処法が「多様な分離、個人化のための配分、監視と管理の徹底した組織、権力の強化と細分化」を特徴としていたのに対して、ハンセン病への対処法は「人間を二つの集団に二元的に区分すること［健康―病気］」を特徴としている。その結果、ペストの患者は「緻密な碁盤目割りの戦略にとらわれる」ことになり、ハンセン病の患者は「個人を区別しても無意味な集団のなかにいるかのように、そこで姿を消されるにまかせる」ことになる。

要するに、ペストへの対処法は、分割、監視、規律、個人別の処置を基本とした「よき訓練」を原理とし、ハンセン病への対処法は、排除、追放、隔離、集団の単位での処置を基本とした「大いなる監禁」を原理としている。

この相違には、まったく別の「政治的な夢想」が反映されていたとフーコーは指摘する。ペストの場合は「規律で訓練された社会の夢」、そしてハンセン病の場合は「純粋な共同体の夢」である。言い換えれば、ペストへの対処法には、患者をしつけの身についていない存在と見なして、それを鍛えなおすことで、秩序ある社会をつくろうとする理想、ハンセン病への対処法には、患者をけがれた存在と見なして、それを取り除くことで、清潔な社会をつくろうとする理想が認められる。

しかしたとえ理想とする社会のイメージが異なっていても、これらの対処法はともに「人間に権力を行使し、人間関係を管理して、人間の危険な混じり合いを解消するための二つの方法」だった。具体的に言えば、ペストの患者は、訓練をとおして更正させるべき人間像のモデルとなり、ハンセン病の患者は、社会から隔離すべき人間像のモデルとなる。そしてやがて、この二つのモデルが組み合わさって、人間を管理する方法の一般原理がつくられていく。それが、十九世紀のヨーロッパにおける「監獄の誕生」にまつわるフーコーのシナリオである。

つまり、「『ハンセン病の患者』を『ペストの患者』のようにあつかうこと、規律訓練の細かい分割を監禁の雑然とした空間に投影すること、その空間を権力の分析的な配分の方法で処理すること、排除された人たちを個人別に取りあつかうこと、ただし個人化の方法は、排除を明確にするために役立てること」。

これをわかりやすく説明すれば、まずハンセン病のケースに則して、社会を混乱させると考えられる人間たち（たとえば「乞食、放浪者、狂人、無法者」）を公共の場から集団で隔離し、つぎにペストのケースに則して、その人間たちに各自の空間を配分し、そして最後にハンセン病とペストのケースを組み合わせて、彼らに規律を教えこんで、純粋で秩序ある社会をつくることとである。フーコーによれば、これこそ、十九世紀のヨーロッパにおいて、「精神病院、懲治院、感化院、少年院、そして一部の病院」で実行されていた人間管理の基本原理にほかならない。

見えない目印

これと関連して、フーコーは、個人を管理する公共機関がすべて「二重のモードで機能している」と指摘している。つまり「二元的に区分して目印をつけるモード（狂気の人―正気の人・危険な人―安全な人・異常な人―正常な人）、そして、強制的に割りあてをおこない、差異をもとにして配分するモード（その人はだれで、どこにいるべきか、どうすればその人の特徴を見きわめられるか、どうすれば本人と判別できて、その人を個人レベルで監視し続けられるか、等々）」である。

これを整理してみれば、⑴二項対立による区分（たとえば、狂気―正気・危険―安全・異常―正常）、⑵差異の配分（たとえば各自の姓名・位置・特徴・自己証明・監視）となる。

原則として、⑴はハンセン病への対処法、⑵はペストへの対処法にあたる。ただしフーコーの説明によると、これらの方法は、個人を管理する公共機関では「二重のモード」として同時にはたらくことになる。「一方では、ハンセン病の患者を『ペストに感染させる』わけであり、個人化のための規律訓練の方法が、排除された人たちに課せられる。他方では、規律訓練の統制のもつ普遍性により、だれが『ハンセン病の患者』であるかを明示してから、その人に排除の二元的な機構を発動させる」。

これを「乞食、放浪者、狂人、無法者」の例で説明すれば、その人間たちをまず⑴の二項対立による区分で「危険」な存在として社会から集団で排除し、それから⑵の差異の配分をもとにして、個人別に処置をほどこすこともできるし、それとは逆に、その人間たちにまず⑵の差異の配分を利用して、各自を「乞食、放浪者、狂人、無法者」に分類してから、⑴の二項対立の区分をもとにして、彼らを社会から集団で排除することもできる。

ここで大切なのは、この(1)にも(2)にも、フーコーが権力の行使を認めていることである。彼にとっての関心はあくまで、「正気―狂気」、「安全―危険」、「正常―異常」といった区分や、「乞食、放浪者、狂人、無法者」といった分類そのものにあるのではなく、その区分や分類を可能にしている線引きにはたらく権力にある。

たとえば、正気、安全、正常という概念は、狂気、危険、異常という概念があってこそ、それぞれの価値を持つものであり、その逆もまたしかりである。つまり、これらの対立する概念で重要なのは、それぞれが最初から相反する別の実体として存在していることではなく、なにもない空間に一本の線を引くだけで、双方の概念が同時に、しかも対立した双子のような状態で発生してくることである。フーコーは、区分や分類も含めて、この種の線引きが権力としてはたらいて、「真理」をつくり出していると考えている。

二十一世紀を生きるわたしたちもまた、たとえば「〇〇さんは普通ではない」といった表現によって、特定のだれかに「異常」の目印をつけ、その人間を排除し、自分自身を「正義の人」(真理)に仕立てて、こうした線引きにはたらく権力から逃れられないでいる。フーコーが主張しているとおり、正常者と異常者の区分にはたらく権力は、「いまのわたしたちにまで波及している」のであり、「ある個人に異常の目印をつけ、その異常者を矯正するために、そのまわりに今日でも配置されている権力機構はどれも、それが遠く離れて受け継いでいる二つの形式［ペストとハンセン病への対処法］から構成されている」のである。

ベンサムの一望監視施設

ベンサムが考案した一望監視施設の最大の特徴は、それがハンセン病の隔離方式とペストの分割方式を組み合わせて、人間を更正させる装置を建物としてつくりあげている点にある。つまりこの施設は、社会を混乱させる人間たちを公共の場から追放しながら、しかもそのひとりひとりに規律を教えこむ方法を建物のからくりとしてそなえている。

外周に円環状の建物、中心には塔を置く。この塔には、大きい窓がいくつも設けてあり、円環状の建物の内部に面している。外周の建物は独房に分けられていて、それぞれが建物の奥ゆき全体を占めている。独房には窓が二つあり、ひとつは内側で、塔の窓とむかい合っていて、もうひとつは外側に面していて、独房の端から端まで光が入るようにしてある。（中略）中央の監視室の窓に鎧戸をつけるだけでなく、その内部に監視室を直角にしきる隔壁をつくり、ある区画から別の区画へ移るために、戸ではなくジグザグの通路をあらかじめ設けてある。

この記述から、ベンサムの一望監視施設の構造のあらましを知ることができる。そのポイントを大別してみると、つぎの五つになる。

(1) 建物の外周を円環にして(ドーナツの輪のイメージで)、中心に監視の塔を置く
(2) その円環の部分を(ドーナツの輪を切るように)独房に区分する
(3) 中心の塔に鎧戸のついた窓をいくつか設ける
(4) その塔の内部を壁でしきり、ジグザグの通路で各セクションをつなぐ
(5) 独房に窓を二つ設ける(ひとつは中心の塔に面して内側に、もうひとつは採光のために外側に)

フーコーが強調しているとおり、この監獄のしくみは、むかしながらの土牢のそれとあきらかにちがっている。土牢には、「閉じこめること、光を奪うこと、そして隠すこと」の三つの機能がそなわっている。それに対して、ベンサムの一望監視施設は、これらの機能のうち、「最初のものだけを残して、あとの二つを取り除いている」。この施設は、土牢と同じように人間を閉じこめはしても、土牢とちがって、闇ではなく逆光の効果で被収容者のすがたを隠すどころか、むしろあらわにする。

たしかに暗くて人目につかない場所なら、監禁された人間にはなにも見えない。しかしそれはまた、その人間が自分のすがたを他人（看守）の目にさらさないですむことをも意味している。人間は闇のなかで身をひそめることはできても、光のなかで身を隠すことはできない。フーコーも言うとおり、「暗闇は結局、人を守っていた」のであり、「充分な光と看守の視線は、暗闇より人を拘束する」。

さらに一望監視施設では、「個人はそれぞれしっかり各自の独房に閉じこめられ、そこで看守に正面から見られている。しかし側面には壁があるので、隣人たちとは接触できない。被収容者は、見られているのに見えないし、情報の客体ではあっても、決して情報の主体ではない」。

ここには、視線に関して重要なことが二つ述べられている。

第一には、独房を壁でしきる方法は、被収容者の横への視線を断ち切り、それを「秩序の保障」とするので、人間を管理する方法として一般性を持つことである。それゆえ、空間を個人別に分割・配分する方法は、病院でも学校でも工場でも適用できる。たとえば「患者を収容しても感染の心配はないし、狂人を収容しても相互に暴力をふるうおそれもない。生徒を収容しても、他人の書いたものを写したり、さわいだり、おしゃべりをしたり、散漫になることもないし、労働者を収容しても、けんかも盗難も共同謀議もなく、仕事を遅らせたり、業務に手ぬきがあったり、事故をまねいたりする不注意もない」。

　第二に、被収容者を管理するには、看守から被収容者を見ることはできても、被収容者から看守を見ることはできないように、建物の構造に工夫をこらすことである。だれかに絶えず見られているのに、そのだれかを見ることはできないという状況は、人間を強く拘束するからである。フーコーはそれを「可視性［見られうること］は一つのワナである」と表現している。

　このように、ベンサムの一望監視施設は、「見る―見られる」の関係を不均等に配分することによって、それを「ワナ」として利用する構造をそなえている。だからこの施設では、中央の塔にかならずしも看守を置く必要さえない（ドーナツの輪の真中が空虚であるように）。独房の被収容者からは塔のなかは見えない構造になっているので、たとえだれも見張っていなくても、だれかに絶えず見られているという感覚さえ被収容者に植えつけておけば、それで充分だからである。

　その意味で、被収容者は、だれかに服従しているのではなく、だれともわからない他人の視線を身体に組みこむことで、自分自身を拘束している。つまり監視のメカニズムは、特定の権力者によってではなく、建物の構造によって自動化されてはたらいている。

　それゆえ権力は、塔の看守にも、その看守を見張る監視官にも、その監視官を見張る視察官にもない。なぜなら、彼らもまた被収容者と同じく、「見る—見られる」の関係を不均等に配分されて、監視のメカニズムに組みこまれているからである。この施設で重要なのは、結局、「監禁されている人のなかに、たえず見られていることを意識している状態を誘発して、権力をとどこおりなく自動的に機能させせること」である。

ただし権力は、目に見えないとも言い切れない。ある意味では、権力は独房にも窓にも光にも塔にも、目に見えるものとしてあらわれている。被収容者にとって苦しいのは、権力がまったく目に見えないことではなく、「権力は目に見えても確証できない」ことである。

フーコーの表現では、「権力の原理は、ひとりの人のなかにあるというより、身体、表面、光、視線を計画的に配分することのなかにあり、その内部のしくみが、個々人を拘束する関係を生む機構を整備することのなかにある」。だから権力は、所有されるのではなく、あくまで行使されるのであり、確固とした実在ではなく、特定の効果をもたらす戦略としてはたらくのである。

言い換えれば、ベンサムの一望監視施設では、空間の区分や視線の配分さえ終われば、たとえだれが看守になっても、権力は「均質の効果」を生み出し続けることになる。しかもこの施設が特異なのは、被収容者がその権力のはたらきを自分自身で引き受けて、「みずからの服従の根源」になることである。

佐伯啓思は『人間は進歩してきたのか』のなかで、この権力の内面化には、プロテスタントのキリスト教徒たちが神を内面化したときのプロセスが透けて見えると指摘している。たとえばカルヴァン派の信徒たちは、「絶対者であり監視者である神」を内面化することによって、「自己管理し、自己鍛錬し、自己抑制する」ことのできる「わたし」を生んだ。他方、ベンサムの一望監視施設では、「神はなくとも、これと同じ構造だけが残り、自己鍛錬、自己抑制を内面化した倫理的個人が成立する」わけであり、その意味で、この施設は近代社会の成立を体現していたと言える。

たしかに考えてみれば、ベンサムの一望監視施設は、近代以前の監獄のイメージを根底からくつがえす驚くべき建物である。たとえば、囚人を服従させるのに、土牢の時代のように、「暴力の手段」も「鉄格子も鎖も重たい錠前」もいらない。必要なのは、囚人を安全に収容できる堅固な建物ではなく、囚人を確実にコントロールできる軽量のメカニズムである。

そのとき重要になるのは、支配する側の権力の獲得と維持ではなく、支配者と被支配者をともに服従させる「権力の効率」である。実際、この監獄は、「要塞のような建物をもつ従来の『安全性の施設』の重さに代えて、『確実性の施設』の簡潔で経済的な幾何学を据える」ことで、監獄の暗くて重たい建物のイメージを明るくて軽い装置のイメージに変えたのである。

その結果、たとえば支配者と被支配者の関係は、まなざし（見る—見られる）を介してはたらく権力を最大限に利用したバーチャル・リアリティとしての（しかし実際の拘束力を持つ）主従関係に置き換えられる。フーコーが「現実の服従は、虚構の関係から機械的に生まれる」と表現したのは、そのことにほかならない。

「知」は語られる

ここでフーコーのキーワードとして、権力とともに知についても考えておこう。この知の概念も、一般のそれとちがって多義性があるので、注意が必要である。たとえば『知の考古学』では、フーコー自身が「知」を五重に定義している。

(1) 言説の実践をとおして規則的な方法で編成され、科学の形成に欠くことのできない要素の総体
(2) 言説の実践のなかで語ることができるもの
(3) 主体が位置を占めて、自己の言説のなかで対象とするものについて語る空間
(4) 言表の配列と順列の場（概念が発生して、定義され、適用され、変形される場）
(5) 言説が用法と適用の可能性を認定してくれたもの

しかしこれではむずかしすぎるので、中村雄二郎が『知の考古学』の解説で示した定義をふまえて、フーコーの「知」の基本を押さえておこう。

(1) ひとつの時代、ひとつの文化の共通の基盤をなす認識系として、個々人の知識や思想を超えて存在するもの
(2) 一般的な意味での「知識」
(3) 二つの意味を合わせた「体系知」としての意味

中山元も、フーコーの「知」について、「〈知〉とは単なる情報または意見の総体ではなく、さまざまなディスクール［言説］の領域において人々が語り得るものの総体である」と説明している。

こうした定義のなかから、もっとも根本にあたる部分を例証によって取り出してみよう。たとえば、フーコーが注目した医療の「知」である。

ある人が、体調をくずして病院へ行ったとする。その人は病院に入るなり「患者」と見なされ、「患者」と呼ばれはじめる。診察室では「医者」と呼ばれる人が、「患者」に視線を送

り、「患者」に質問をし、「患者」の心身を読み取り、その結果を書きとめ、症状に「病名」をつけて、どのような「処置」をするかを決める。この一連のプロセスを経て、「患者」と「病気」は、「治療」の対象として構成され、現実のモノとして存在しはじめる。

このケースで「言表」にあたるのは、それぞれの手順に含まれる表現の最小の単位（たとえば、ある人を「患者」と呼び、ある心身の状態を「病気」と呼ぶこと）であり、その言表で構成されるものが「言説」（たとえば「あなたは『カゼ』なので、ゆっくり『休養』を取ってください」という医者の語り口）である。

この例からもわかるとおり、言説とは、医者が語ること（語れること――たとえば「カゼ」といった公式名称のある症状）ばかりでなく、医者が語ることはできても、実際には語らないこと（語れないこと――たとえば発明されていない治療法）まで規定する表現のシステムである。

要するに、医学における「存在」はすべて、医学にまつわる言説の網の目によってつくられて存在しはじめる。この「存在」のなかには、医者、患者、看護婦、薬剤師といった人間の分類ばかりでなく、病気の分類や治療の分類も含まれている（それゆえ逆に、これらの方法で分類されない心身の状態は、医学の言説の網の目をすり抜けているので、症状としては存在しても「病気」としては存在しないことになる）。

このように、言説という表現のシステムを介して「語ることができるもの」すべての総体、つまり「存在」の集合こそ、フーコーが「知」と呼ぶものである。フーコー自身に言わせれば、「臨床医学の知とは、医学の言説の主体が行使できる観察、質問、解読、記録、そして決定の機能の総体である」(『知の考古学』)。ただし、誤解を避けるために繰り返しておけば、医学の知を形成しているのは、「医者」ばかりではない。「患者」と呼ばれる存在もまた、健康の回復を夢見て、この知の形成に進んで貢献するのである。

この種の「知」のモードは、すでに見たペストとハンセン病の対処法にも、ベンサムの一望監視施設のしくみにも認められる。たとえば、ペストの場合は「よき訓練」、そしてハンセン病の場合は「大いなる監禁」の言説の実践であり、そのすべてが総体として、社会秩序の理想に関する「知」に貫かれている。他方、ベンサムの一望監視施設でも、空間、光、視線の配分は、それぞれが「確実性の施設」をつくりあげる言説の実践になっていて、そのすべてが総体として、人間管理の理想に関する「知」に貫かれている。

知の有効利用

ただし、こうした知はどれも、あるとき急に発見されるのではなく、特定のプロセスを経て歴史的に形成される。たとえば一望監視施設について言えば、フーコーは、ベンサムの先駆者として、十七世紀のフランスの建築家ルイ・ルヴォーを挙げている。ルヴォーは、ヴェルサイユ宮殿やルーヴル宮殿の設計・建築でも活躍したが、ここで問題となるのは、彼がルイ十四世の希望で建てた動物飼育場である。フーコーは、その構造が、ベンサムの一望監視施設のそれとそっくりである点に注目している。

たとえば、「中央に八角形の建物があり、国王の客間にあたる一室だけが二階に設けられている。建物のどの側面も、大きな窓で七つの檻（八番目の側面は入口として取っておかれた）に通じていて、それぞれの檻には別種の動物が入れられていた」。動物飼育場のこれらの特徴は、たしかにフーコーが指摘するとおり、ベンサムの一望監視施設でも、「個別化のための観察、特徴づけと分類、空間の分析的な配置など」に認められる。

さらにフーコーは、ルヴォーからベンサムへの知の系譜をふまえて、「一望監視施設も王立の動物飼育場のひとつであり、動物が人間に、種別の区分が個人別の配分に、国王が権力の巧妙なしくみに置き換えられているだけである」と結論している。

フーコーはここでも、権力を特定の人間のなかにではなく、人間を管理する施設のしくみのはたらきに求めている。つまり彼には、ベンサムの一望監視施設が、単なる監獄のレベルを超えて、もっと「一般化できる機能モデル」を提供する多目的装置に見えていたのである。

フーコーいわく、「一望監視施設は、実験をしたり、個人を訓練したり、矯正したりするための機構として利用できる」。彼が「一望監視施設は、応用面では多価的である」と表現したのは、そのことである。

フーコーはその例として、病院での投薬の実験、監獄での処罰の実験、隔離された擁護院での教育の実験を挙げている。しかしこれらはいずれも、おそろしい側面を含んだ実験である。たとえば「隔離教育」では、孤児を成長するまで社会から隔離した状態で教育して、社会で育った同世代の子どもたちと比較する。つまり、「別々の子供たちを異なる思考体系のなかで育て、何人かには『二＋二』は四ではなく、月はチーズであると信じこませておいて、二十歳なり二十五歳なりになって全員をいっしょにする」。

もしこれが実現すれば、人間にとっての教育の意義や効果は、新しい角度から問いなおされることになるだろう。しかしそれは同時に、孤児から、社会的な存在としての人間の根拠を奪ってしまうことにもなりかねない。

ただしフーコーが主張しているのは、こうした実験の可能性や是非ではなく、たとえば一望監視施設がそなえている多目的装置としての潜在力を理解した上で、それを「生産を増すこと、経済を発展させること、教育を普及させること、公衆道徳のレベルを高めること」といった社会の目的のために有効利用することである。実際、彼はベンサムの見識に敬意をはらいながらも、そこにひめられた知恵を人間の管理のためにではなく、管理のメカニズムを停止させて、新しい生のヴィジョンを開くためのノウハウとして逆利用することを提案している。それはまた、人間に苦しみをもたらす思考回路のスイッチを点検して、そのスイッチをよりよく生きる方向にむけて入れ直す試みでもある。

強権と知識をもつ高い塔のある、円環状の透明で有名な檻のなかに、規律訓練の完璧な機構を映しだすことが、おそらくベンサムには問題だったのだろう。しかし、どのようにして規律訓練を〈解除して〉、それを社会全体のなかで、ひろく多様に多価的に機能させられるかを示すことも重要である。（同書）

【実践編】『カッコーの巣の上で』を読む

精神病院の誕生

この「実践編」で取りあげるのは、フーコーが『狂気の歴史』（一九六一）や『臨床医学の誕生』（一九六三）を出版したのとほぼ同じ時期に、アメリカの作家ケン・キージーが精神病院を舞台にして書いた小説である。題して『カッコーの巣の上で』（一九六二）。

カッコーは、俗語で「まぬけ」や「バカ者」を意味する鳥であり、英語には「(平和な親子関係をこわす）侵入者」を意味するイディオムとして、「巣のなかにいるカッコー」という表現もある。小説の表題になっている「カッコーの巣」も、社会の平和を乱す者たちのたまり場、ひいては「精神病院」を意味している。

さらに「カッコーの巣」という表現は、社会の「正気」をおびやかす「狂気」が、社会から排除されて囲いこまれた状態をも示している。そこから察せられるとおり、キージーが『カッコーの巣の上で』で表現したのは、社会が「正気」を守るために、「正気」の枠組みに収まらない要素を「狂気」として隔離し、「狂気」を「正気」へ変換する装置を必要としていたことである。

フーコーが、人間の理性の限界をあきらかにして、それを侵犯するのが真の理性であることを示唆したように、キージーは、人間の正気の限界をあきらかにして、それを侵犯するのが真の正気にほかならないことを示唆している。その意味で、一九六〇―七〇年代のフーコーの書きものは、キージーの『カッコーの巣の上で』と思考の軸を共有しながら、しかもその小説に対する同時代の批評になっている。

ここでは、フーコーの『監獄の誕生』の発想をふまえて、キージーの「精神病院の誕生」のプロセスを跡づけてみたい。もちろんそれは、ハードウェアとしての精神病院の成立を歴史の流れに即して考えることではない。ここで課題となるのは、二十世紀のアメリカ社会における精神病院の構造が、どのように人間を管理する装置としてはたらいているのかを権力の問題とリンクさせて分析することである。

『カッコーの巣の上で』は、一九六三年にデイル・ワッサーマンによって劇化され、一九七五年にはミロス・フォアマンによって映画化された。舞台での主役はカーク・ダグラス、映画での主役はジャック・ニコルソンである。この映画は、キージー自身には不評だったが、ニコルソンの演技も含めて見どころの多い作品に仕上がっているので、御覧いただきたい。

機械化される人間

キージーが『カッコーの巣の上で』で描いた精神病院でまず目を引くのは、それが機械としての特徴をそなえていることである。たとえば、その施設は、マニュアル化された方法を用いて「異常」な人間を識別し、観察し、管理して、個人としての特質を奪い去るにつれて、「正常」な人間を生産する機械としての特徴を強めていく。

その結果、この機械に組みこまれた人間たちは、それぞれの異質な部分を均質化されて、社会に不都合な存在から従順な自動人形へとつくり替えられていく。その意味で、キージーの精神病院は、パターン化された仕事を繰り返す部品の集合体としての機械というより、人間を機械的な存在に変える機械として自己調整と自己増殖を繰り返す「装置」と呼ぶにふさわしい。

この精神病院では、内部ではたらく人間たちの言動も機械じかけに見える。たとえばチーフ・ブルームと呼ばれている語り手には、黒人のスタッフたちの笑い声が、人間のあかしとしてではなく、「黒い機械のうなり」のように聞こえる。それに対して、この施設の患者たちは、不自然に思えるほど笑わない。笑いそのものが、患者側から見れば、もはや人間の感情をあらわす手段ではなく、病院側の特権として人間の感情を押さえこむ手段になっている。

さらにチーフには、婦長のラチェッドのどなるすがたが「トラクターのように大きく」見えて、「内側の機械は、モーターが過度の荷重を引っ張るときのような臭いがする」。その婦長の動きは「正確で自動式」であり、彼女の顔は「なめらかで、計算されて、精密につくられて」いて、肌、目、鼻といった部位は「すべて相互にはたらきかけ合っている」。

婦長のラチェッド（Ratched）という名前も、「ネズミ」（rat＝裏切り者・卑劣漢）ばかりでなく「歯止め」（ratch）や「つめ車装置」（ratchet）まで連想させて、機械のイメージを浮かびあがらせる。この彼女の機械としての効果は、病棟の「規則」や「日常指令カード」をとおして患者たちにはたらきかけ、彼らの身体をフーコーが「従順な身体」と呼んだものへとつくり替える。

これはまさしく、病人を集団で隔離して、それから各自の身体に規律を組みこむ方法の実践である。フーコーが、ペストとハンセン病への対処法を組み合わせて一望監視施設の構造を読み解いたとすれば、キージーは、その組み合わせから精神病院の構造をつくりあげている。

当然のことながら、この精神病院の構造から逃れられない点では、患者も病院のスタッフも同じ運命にある。たとえば語り手のチーフは、婦長を本名ではなく「ビッグ・ナース」と呼んで、彼女もまた患者たちと同じように、身体に規律を組みこまれて、ますます人格を失っていく存在であることを暗示している。他方、そのチーフ自身も、本名で呼ばれることはなく、掃除ばかりしているところから「チーフ・ブルーム」（ほうき［酋］長）と呼ばれ、仲間の患者からさえ「六フィート八インチの掃除機」と揶揄されている。

ここで婦長とチーフが機械らしく見えるのは、彼らが人間としての固有名詞を取り除かれ、それぞれの役割を名称として与えられて、独自の存在としてではなく、交換できる部品のように存在しているからである。

それに加えて忘れてならないのは、婦長も患者たちも、人間の性を感じさせないことだろう。たとえば、婦長は「性別のない身なり」をして、女の性を抑制した「機械」にたとえられ、それと同じく、患者たちも「男の性」を欠落させた「ウサギ」にたとえられて、ともに生身の人間としてのイメージを消されている。その意味で、エリザベス・マクマーハンも指摘しているとおり、この婦長と患者たちの関係は、女と男の去勢をめぐる「性の闘争」になっている。

実際、ある患者は婦長を「玉切り」と批判し、また別の患者は、「現代の残虐な女性上位に立ちむかうには、男としてほんとうに効果のある武器はたったひとつしかない」と主張して、男性器をほのめかしている。これらの患者たちは、「性機能を失いかけているか、あるいはもう失ってしまったのではないか」とおびえながらも、「ふるえているリビドー」を取りもどそうとして、フーコーの「生＝性」の主張を思い起こさせる。

その結果、彼らは本人たちも気づかないところで、人間と機械を区別する基準を示すことになった。それは、⑴性別の有無、⑵「女らしさ」や「男らしさ」といったジェンダーの有無、そして⑶性差をもとにした男女の覇権争いの有無である（この尺度に従えば、性差を身につけたアンドロイドは「人間」に近い存在と言えるだろう）。

すべてを支配するコンバインの存在

ただしキージーの精神病院では、チーフが「六フィート八インチの掃除機」と呼ばれていた例で見たとおり、患者を機械にたとえる意識は、病院側ばかりでなく患者側にもある。チーフ自身も、まわりの慢性患者たちを「コンバインの生産物のクズ」と呼んで、それを裏づけている。

力」である。

この「コンバイン」とは、あらゆる方向から「さまざまな電波や周波」を発して人間を翻《ほん》弄《ろう》し、「汽車」のように男たちを運ぶかと思えば、「機械で打ちぬかれたほどそっくりの五千軒もの家」を建てて、アメリカ全土を思いのままにあやつる「巨大な組織」であり「巨大な力」である。

チーフによれば、婦長のラチェッドは、コンバインと連係して「電線の網の中心に警戒心の強いロボットのように」座り、「正確で、効率のよい、整然とした世界」を夢見ている。他方、患者は「コンバインのための工場」となっている精神病院に送りこまれて、治療をほどこされながら、しかも結局「修理できないほど故障した機械」と見なされる。

ただし、退院する患者もいないわけではない。たとえばチーフは、マックスウェル・テイバーをその例として挙げている。しかしこの患者は、脳に埋めこまれた「遅効反応体」のせいで無自覚に、つまり一種の自動人形として、アメリカ社会に（再）適合しているにすぎない。これは、患者の脳のはたらきが、外科治療で人工の物質に置き換えられたということであって、患者が独自の意志を持つ存在として生まれ変わったということではない。もともと人間の脳になかった部品を組みこまれて、精神病院の「完成品」となった機械じかけの患者が、人間の名のもとに「正常な社会」に送り返されただけのことである。

ここでの問題は、人間の脳と機械の部品を置き換えるアメリカの医療体制（あるいは西洋医学の「知」にあると同時に、その医療体制が隠蔽している支配と服従の関係にある。なぜなら、人間を機械として見ることは、人間をつくり替えることのできる対象として見ることであり、その人間観そのものが、人間を更正させる方法ばかりでなく、人間を支配する方法をも表現しているからである。

そこであらためて、コンバインと精神病院と社会の関係を確認しておこう。

チーフの見方では、コンバインは人間を「生産物」としてつくり、それが社会に適応しない場合には精神病院へ送りこむ。精神病院は「コンバインのための工場」として、それを「故障した機械」として受け入れ、故障の内容と程度に応じて「急性患者」や「慢性患者」といったカテゴリーに分類し、その分類に応じて「修理」をほどこして、その結果「環境に適応している」状態と判断すれば、それを「完成品」として「正常な社会」へ送り返す。

コンバインと精神病院と社会の関係を支えている基本原理は、「価値のある市民」の再生産である。その再生産のプロセスにかかわっている三項（コンバイン・精神病院・社会）が、それぞれの機能をリンクさせるにつれて、人間はその循環構造から抜けられなくなる。つまり、社会に適応する人間を再生産するプロセスが、支配者と被支配者の区分と関係なく、人間すべてに繰り返し服従を強いることになる。この服従を強いているのもまた、特定の個人や集団ではなく、フーコーが「権力」と呼ぶものである。

キージーの精神病院は、社会にとって「価値のない市民」を更正させる施設として社会のなかに位置を与えられている。それゆえ、この施設は社会から隔離された場所にあるとはいえ、あくまで社会の一部を構成している。他方、患者たちの送り返されるところが「正常な社会」であるかぎり、彼らの市民としての「価値」は、「正常―異常」を基準にして判定されるしかない。

その判定を可能にしているのは、社会や精神病院であるかに見えて、じつは社会や精神病院にまで波及しているコンバインのはたらきである。つまりコンバインは、なんらかの組織体の概念ではなく、たとえば「正常―異常」という基準にはたらきかけて、社会のあり方を編成する目に見えない権力装置と考えられる。見方を変えれば、コンバインのはたらきによって編成されるのが社会であり、編成された社会の周縁に位置して、社会によって存続させられながら、逆に社会を存続させているのが精神病院である。

その意味で、精神病院はコンバインの「もっとも強力な要塞」であり、そのまた中核にあって、「コンバインすべての力を背後にもつ」婦長は、個人としてのラチェッドではなく、コンバインの力を波及させる機能としての「ビッグ・ナース」でなければならなかった。他方、患者たちにとって、コンバインの力は、「ビッグ・ナース」の監督のもとで実施されている何種類もの治療方法の区分をとおして、彼らの身体に浸透していくものである。

（1）　患者の分類
「新患」・「歩行患者」・「車椅子患者」・「植物患者」・「潜在暴行患者」・「神経症患者」
（2）　治療の分類
「作業療法」・「物理療法」・「グループ・ミーティング」・「電気衝撃療法」・「ロボトミー」
（3）　空間の配分
「ナース・ステーション」・「隔離室」・「急性患者室」・「慢性患者室」・「頭脳殺害室」・「娯楽室」
（4）　時間の配分
「規則」・「日常指令カード」
（5）　行動（身体）の配分
「規則」・「日常指令カード」

これらの区分はすべて、コンバインが精神病院を編成するプロセスで実施されている「治療」の手段である。その観点から見れば、外科療法で「完成品」となって退院したマックスウェル・テイバーにしても、「正常な社会」に復帰することによって、コンバインと精神病院と社会の関係を病棟の内から外へ広める役目を果たしているにすぎない。チーフが指摘しているとおり、コンバインは結局、「ビッグ・ナース」が病棟の内部を順応させたように、病棟の外部をも順応させようとしている」。

このチーフの認識から、患者たちが置かれている袋小路が見えてくる。つまり病院側は、その外部に「正常な社会」を設定しなければ、その内部の体制を正当化する根拠を失うことになる。しかし患者側は、たとえ精神病院の外部へ逃れても、そこには内部の体制と同じ規範（正常―異常）で根拠づけられた外部の体制しか発見できない。病棟の医師も認めているとおり、「小さな内部の世界」は「大きな外部の世界のひな型」にすぎないからである。このように世界を同心円として構成している権力こそ、チーフが「コンバイン」と呼ぶもののはたらきである。

規律の身体化

フーコーは『監獄の誕生』の第三部一章で、人間に規律を組みこむ技術を四つに分類している。それをここで整理しておこう。

Ⅰ　配分の技術

(1) 閉じこめること
(2) 空間を個人別に分割すること
(3) 各個人を機能別に配置して仕事の系列をつくること
(4) 順位を入れ替えられる序列を決めること

Ⅱ 行動のコントロール

(1) 時間割をつくること
(2) 時間に合わせて動く身体をつくること
(3) 訓練された身体を身ぶりの効率にリンクさせること
(4) 身体と客体(たとえば武器)のあいだに複合関係(身体＝武器)をつくること
(5) 時間の可能性を最大限に活用すること

Ⅲ 成長の組織化

個人を段階的に教育して社会の進歩に連動させること

Ⅳ さまざまな力の構成

(1) 各個人の身体を時間的にも空間的にも機械の部品として組み合わせること
(2) 各個人の身体をもっとも有効に組み合わせるしくみを考えること
(3) 精緻な命令組織を設けること

これらの技術はほとんどすべて、キージーの精神病院でも使われている。たとえば病棟内は、先ほど見たとおり、「小さな内部の世界」として、そのまわりに拡がる「大きな外部の世界」と入れ子式になって社会の全体を構成している。しかし病院側は、患者がそれを実感できないほど彼らを「閉じこめること」に成功している。その秘密は、たとえば壁の存在にある。

チーフによれば、患者たちの緊張した雰囲気は、空気が「壁」に圧縮されているように感じられ、病棟の医療機器は「壁」に埋めこまれ、彼自身もしきりに「壁」に身を寄せ、患者たちは「壁」を背にして婦長から訓戒を受けることになっている。

この壁による拘束にもまして、患者たちを「閉じこめる」ための技術として有効にはたらいているのが、空間と時間の配分である。たとえばフーコーが「空間を個人別に分割すること」と表現した技術は、病棟内では「患者の分類」の段階ですでに適用されている。つまり患者たちは、すでに見たとおり、「新患」・「歩行患者」・「車椅子患者」・「植物患者」・「潜在暴行患者」・「神経症患者」等に分類されることで、病棟内での各自の位置を与えられる。しかも彼らは、その位置に則して、「隔離室」・「急性患者室」・「慢性患者室」・「頭脳殺害室」・「娯楽室」といった空間の配分も受けることになる。

他方、時間の配分は、「規則」と「日常指令カード」によって規定されている。たとえば「朝の点灯（6:30 a.m.）」、「ヒゲ剃り（6:45 a.m.）」、「朝食（7:00 a.m.）」、「娯楽室集合（7:30 a.m.）」、「導尿管の装着（7:45 a.m.）」、「投薬（8:00 a.m.）」、「手術（8:30 a.m.）」、「急性患者への質問（9:00 a.m.）」、「郵便配達（10:00 a.m.）」、「見学（10: 30 a.m.）」、「電気療法・作業療法・物理療法（10:40～10:50 a.m.）」、「煙霧器噴射（12:00 p.m. 以前）」、「グループ・ミーティング（1:00 p.m.）」、「消灯（9:30 p.m.）」である（ここに明記されていない時間帯も、おそらくこれと似たかたちで時間が配分されていると思われる）。

この一連の細かい時間の指定は、フーコーが「時間割をつくること」と「時間に合わせて動く身体をつくること」で説明した「行動のコントロール」を愚直になぞるものである。患者たちは、この技術によって時間を身体に組みこまれて、思いどおりに身動きできなくなる。それに対して、婦長は病棟内でただひとり、どのようにでも時間を配分することを許されているので、「時間というものを味方にして」いる。この婦長の特権は、逆説として、どれほど時間の配分が人間を身体に「閉じこめること」に有効であるかを証明している。

絡み合う視線

さらに、フーコーの発想で、キージーとの関係で忘れてならないのは、視線によって相手を「閉じこめること」だろう。フーコーは、病院、監獄、学校、工場といった場所で、相手から見られているのに、相手を自由に見られない立場に置かれた人間が、その監視体制に進んでかかわり、やがて「みずからの服従の根源」になることを例証している。これはまさしく、キージーの精神病院に波及している視線の効果を裏づけるものである。

たとえば患者たちは、婦長の「目」を感じただけで、自分たちから率先して告白をはじめる。しかも彼らは、婦長から「目」をつけられないために、他の患者たちを「しのぐ」必要があるので、近親相姦や動物の殺害など（おそらく捏造されたものを含めて）過去の異常な行動を認める発言を繰り返す――「ぼくもやった、ぼくもやった」。

ここで患者たちは、婦長の承認を得ようとして、他の患者たちの言動を必死にまねようとしている。このケースからわかるとおり、人間の欲望は、それぞれの内から自然にわいてくるものではなく、対人関係から社会的に形成されるものである。

ドイツの哲学者ヘーゲルによれば、人間は他人の欲望を欲望し、他人による承認を欲望する。さらに、フランスの哲学者ルネ・ジラールによれば、人間の欲望は他人の欲望を模倣するところから発生する。これは、わたしたちにも覚えのある欲望のメカニズムだろう。「あれがほしいよ〜。だって、○○ちゃんも△△チャンも、持ってるもん！」

いまのケースに照らして考えれば、病棟内の患者はすべて、他の患者たちが婦長に「承認」されたいと欲望している状態を「欲望／模倣」し、自分も婦長に「承認」されたいという願いを「欲望／模倣」することになる。その意味では、どの患者も、他人の欲望をまねたいという模倣欲望と、他人から認められたいという承認欲望をしっかり結びつけながら、きわめて社会的に、つまり「人間」らしく生きている。

それに対して婦長は、患者たちが持つ模倣欲望と承認欲望を視線だけであやつり、彼らから過去の「異常」と思える行動を聞き出して、彼らを「治療」するための「証拠」を手に入れる。患者たちは、その婦長の喜ぶすがたを見て、さらに彼女の「目」にふれようと告白を続けることによって、この「治療」に共犯として加担する。

患者たちに対する婦長の視線には、二重の教育原理がはたらいている。第一に、患者たちに告白することを覚えさせること、そして第二に、その行為を彼らに習慣として身につけさせることである。その結果、彼女の視線は、既存のハードウェアに新規の命令ソフトを組みこんで、患者たちの身体をプログラムどおりに動く機械に変える効果を持つことになる。

婦長の視線は、それほど患者たちの言動をコントロールし、その影響を受けた患者たちは、他の患者たちの言動を監視して、自分の言動をコントロールしていく。つまり患者たちは、まわりに視線を向けながら、主従関係を自分自身に組みこんで、ここでも「みずからの服従の根源」になっていく。

ただし視線の権力は、かならずしも「病院側→患者側」といったかたちで一方的に固定されてはたらくものではない。あの婦長でさえ、患者たちに反抗されて、彼らから見られる側にまわったときには、「取り乱しかねない」ことを周囲にさとられている。

そこからわかるとおり、婦長の支配も、彼女が見る側であり続けなければ破綻する可能性がある。婦長が「まる三時間」でもナース・ステーションから患者たちを見ているのも、その視線が「見る―見られる」の非対称性に支えられて、病棟内での主従関係を保障してくれるからだろう。

婦長の視線がこれほど強い権力を行使できるのは、彼女が婦長としての役割を演じていることばかりでなく、ナース・ステーションの位置と構造にも関係がある。ナース・ステーションは病棟の中心にあり、しかも「ガラス」で囲まれている。そのため患者たちは、ナース・ステーションにいる婦長を見ることはできても、その空間へ入っていくことはできない。他方、婦長は患者たちのいる空間にもナース・ステーションにも自由に出入りできて、「ガラス越しに、目の前の娯楽室での患者たちの動きを観察してメモを取れる」。

観察と記録と報告を中央に集中すること――これはまさしく、十七世紀末のヨーロッパでペストに襲われた町が利用した管理システムの基本である。

婦長の視線が権力を行使できる理由として、もうひとつ考えられるのは、彼女が規則を破った患者に対して「治療」の名のもとに罰を与えられることである。もし患者がある規則を破れば、「機械」に変身したスタッフの体罰が加えられ、もしそれにも反抗すれば、婦長の「注射」がつぎの罰として与えられる。こうして「治療と罰」は、異義語に見えて、病棟内では同義語であることが段階的にあきらかになる。

患者たちにできるのは、他の患者たちの言動を監視して、相手より従順であることを婦長に印象づけることくらいである。急性患者たちが「互いにスパイをしている」のも、それを裏づけるだろう。患者たちは、病棟の規則に従っているように見えて、じつは自分たちの視線を頼りにして、生きのびるための規則を身体に刷りこんでいたのである。

ここから、この精神病院の問題点が二つ見えてくる。第一に、患者たちは、視線を介して、病棟の世界を「見る」というより、むしろ「読む」ことによって生きのびていること、そして第二に、それに関連して、「病人」や「病因」は、監視と処罰を組み合わせた医療体制によって、病棟内でつくられていることである。

キージーは、これらの問題点を明るみに出そうとして、あるひとりの人物を主人公に仕立ててあげた。それがマックマーフィという「新入り患者」である。つまりキージーは、マックマーフィに病棟の外部の視点を託し、それを病棟の内部へ導入することで、この精神病院の医療体制を内側からあばいて、機械化された患者たちの意識の網の目を破壊し、そこから新しい生の織り目をつむごうとしたのである。

笑う撹乱者の登場

マックマーフィは、病棟を「内部」として受け入れる「ふつうの患者」ではなく、社会全体を構成する「外部―内部」の関係をかき乱して、他の患者たちに視点の変更をせまる。彼が「撹乱者」と呼ばれたのは、そのためである。

マックマーフィの最大の特徴は、彼が他の患者たちと「ちがっている」点にある。それが驚くべきこととして強調されているところから見ても、患者たちが病棟内で個人としての特質を奪われてきたことは疑えない。しかし患者たちは、マックマーフィに会うまで、彼らが病棟内で似かよった存在に変えられているとは思ってもいなかった。

つまり患者たちは、マックマーフィが彼らと「ちがっている」ことを発見して、そのズレから、彼ら自身の「自己」をふり返る動機を与えられたのである。それこそが、マックマーフィにとって、他の患者たちに対する教育の基本であり、病院側に対する反逆の基本にほかならない。

たとえば、マックマーフィは大声で繰り返し笑って、患者たちに笑いについて考えなおす機会を与えた。なぜ患者たちは笑わないのか。チーフによると、そんなことをすれば、「スタッフ全員がノートを持ってやって来て、質問攻めにする」からである。患者たちは笑わなかったのではなく、苦しい治療をほどこされる「証拠」を病院側に与えることをおそれて、笑えなかったのである。

これが教えているのは、患者を観察し記録すること（あるいはそのそぶり）だけで、病院側は患者の笑いを押さえこむほどの権力を発揮できるということである。患者たちは、黒人のスタッフに笑われたチーフの例に見るとおり、「笑われる」ことで「患者」として識別される。だから「笑う患者」とは、自己矛盾あるいは撞着語法であり、病棟内のロジックでは、そんな「患者」は存在しないことになる。

マックマーフィが「攪乱者」であるのは、彼が「笑う患者」として存在するばかりでなく、他の患者たちに向かって、笑いこそ自立した人間の「足場」であり、「精神のバランスを保って、この世界に狂わされないために」必要なものだと説いてまわるからである。そしてたしかに、物語が終わるころには、患者たちは高らかに笑ったり、「バカ笑い」（！）をするまでになっている。

この過程を経て、患者のハーディングは、他人と「ちがっている」ことで社会から苦痛を与えられた過去をふり返りながら、人間の狂気の原因が「社会の懲罰」にはなく「わたしたち」にあると気づくようになる。彼が知ったのは、「わたしたち」が「社会の懲罰」に萎縮するから、マックマーフィのような「強い人間たち」まで「(狂気の) 道」へ追いやられるということである。つまりハーディングは、マックマーフィの影響を受けて、「社会の懲罰」に対抗できる主体性を持ちはじめたように見える。

しかしこの変化は、医療体制のメカニズムをゆさぶるほど強いものではなかった。だから病棟内の「わたしたち」は、あくまで「異常者」として、つまり「正常者」の生き証人として「社会」に編成され、「社会」を編成し続けていくしかなかった。ここからわかるとおり、狂気の原因は「社会の懲罰」にも「わたしたち」にもなく、この「正常者―異常者」の再生産にかかわる権力の機械じかけの循環構造にある。

こうした閉塞状況を打ち破るには、この「正常者―異常者」の区別を無効にするしかないだろう。それができるのは、「笑う患者」であると同時に「見る患者」としても病棟内の「攪乱者」になるマックマーフィだけである。患者たちが「笑われる」ことにもまして「見られる」ことで「患者」になることを考えれば、「見る患者」とは「笑う患者」にもまして、病棟内のロジックでは存在するはずのない存在である。

しかしマックマーフィが他の患者たちを圧倒し、かつ魅了するのも、そしてやがて彼が病院側を興奮させ、かつ排斥されるのも、結局は彼が「笑う」にしても「見る」にしても、既存のカテゴリーに属さない患者として、相手のロジックに取りこまれることのない「他者」

だったからである。

たとえば、グループ・ミーティングをはじめるにあたって、婦長が患者たちを見まわすときにも、他の患者たちは「彼女の視線と目を合わせない」のに、マックマーフィだけは「彼女の動きをすべて見つめている」。しかしこの彼の視線は、彼女の「動きまわる目」に阻止されて、その威力をすぐに消されてしまう。

ここからわかるとおり、彼らの視線の交差は、支配と服従をかけた闘争にほかならない。マックマーフィが患者たちに対して、他人から見られたときには、たとえ虚勢でも「しっかり見返すこと」を教えて「見る」ことの効果を説いたのも、それを裏書きしている。

性の回復への闘い

ただし、病棟内での「見る―見られる」の闘争に風穴をあけたのは、マックマーフィではなく、彼の知り合いの娼婦キャンディだった。若くて美しい彼女は、看護婦たちに「冷たい視線」を送られながらも、それを破綻させるほどの影響を病棟内に及ぼすことになった。

第一は、キャンディが看護婦たちの視線を気にもとめなかったので、その視線の権力を無効にできたこと、第二は、彼女が「女の性」をふりまきながら、患者たちの抑制されていた「男の性」を刺激し、彼らに「見る」欲望を自覚させたこと、そして第三は、彼女が相手の

「見る」欲望を介して、相手から「見られること」で、その相手を支配したことである。つまり患者たちは、キャンディが「女」であることにより、快楽の対象として、そして看護婦たちもまた、それと同じ理由により、ただし嫌悪の対象として、彼女を見ざるを得ないほど彼女にとらわれたのである。

キャンディの性の挑発によって、「見る」のは病院側で「見られる」のは患者側であるという原則が、ふいに脱臼してしまう。それは、彼女が「頭の天辺から足の爪先まで白ずくめでない女」としてあらわれたからである。つまりキャンディは、それまで白衣の看護婦たちしか知らなかった患者たちに、彼らが禁止されていた欲望の対象を生身の肉体で示して、それを侵犯するエロティシズムを触発したのである。

他方、婦長や看護婦たちは、パターン化された服装と言動を組みこんだロボットとして立ちまわり、患者たちに「女の性」を意識させないようにしていた。キャンディの「女の性」の氾濫は、婦長や看護婦たちの「女の性」の隠蔽を照らして、病棟の医療体制の弱点を突く方法を示している。マックマーフィが「危険人物」や「潜在暴行患者」と分類され、「電気衝撃療法」まで受けながら、「手術」をほどこされる直前に取った最後の行動もまた、まさにその方向を指していた。

患者のビリーが、婦長の脅威に屈して自殺したとき、患者たちの意志が総意となってマックマーフィを誘導しはじめる。このとき患者たちは、はじめて「主人」となり、マックマーフィに声なき「命令」を発して、婦長と対決させる。マックマーフィと婦長の対立が機械同士の闘争になると思われたまさにそのとき、この精神病院の基盤をゆさぶる事件が起こる。マックマーフィが婦長につかみかかり、制服を引き裂いた瞬間、「彼女の胸から、乳首のついた二つの大きな球体が飛びだして、どんどんふくれあがり、だれも想像できなかったほど大きくなり、光のなかで、あたたかそうに桃色になる」。

これまで病棟の権力を象徴してきた婦長が、冷たい機械と思われていた身体から乳房をあらわにして、「女の性」を裸形であふれさせている。この婦長の「女の性」が、つまり「彼女が女であるという事実」こそが、病棟の中心に隠されていた権力の源だったのである。

そこから考えれば、マックマーフィが婦長に危害を加えた後、彼が受けることになった「ロボトミー」の手術は、病棟を機械として編成してきた「女の性」の秘密をあばいた「男の性」の暴力を根絶するための手段だったと言える。しかしマックマーフィの反抗は、その罰として彼を廃人に変えたとはいえ、病棟に革命をもたらした。たとえば、婦長はもはや「昔の権力で統治できなくなった」し、患者たちの数も減少している。

チーフは、婦長が「最後の勝負」として、「ロボトミー」の手術を受けたマックマーフィを病棟に戻したことを知り、この廃人となった「攪乱者」を絞殺する。チーフの説明によれば、彼自身が犯した殺人は、「体制に反抗すれば、どういうことになるかの見本」として病院側がマックマーフィを利用するのを阻止するためだった。つまりマックマーフィは、病院側の暴力の犠牲者としてではなく、人間の威厳を保つための暴力の聖なる犠牲者として葬り去られる。

マックマーフィの存在は、この特異な死のモードによって、患者たちの「贖罪の山羊」として、神話の次元に昇華されていく。それにともなって、病棟の支配からの脱却は、マックマーフィの死を人間の再生の儀式へと転化したチーフに託されることになる。

巣を飛び立つ夢

チーフはマックマーフィを殺害してまもなく、精神病院から脱走する。しかしそれは彼にとって、「異常」な病棟から「正常」な社会へ復帰することではなく、アメリカ社会の「内部」から「外部」へ移行することにすぎない。この「内部―外部」を解消しないかぎり、彼の生の秩序をコントロールしている規範を根底から変革することはできないだろう。

いまチーフがなすべきは、「異常―正常」や「内部―外部」の二項対立を可能にしている境界線を飛び越えることによって、その区分を構成している共同体の磁場から逸脱することである。その意味で、彼がカナダへの逃走を考えた意義は大きい。しかし問題はそこで終わらない。

その原因は、大別して二つある。第一の問題は、チーフがインディアンと白人の混血として、彼自身の血のなかに民族の境界をひめていたことである。だから、たとえ彼がカナダへ越境しても、それは先住民たるインディアンが、後続の白人がつくった国内の秩序によって国外へ追放される経験にしかならない。そのとき、追放する者も彼のなかの白人なら、追放される者も彼のなかのインディアンである。

インディアンの伝統を白人の伝統より重んじてきたチーフには、カナダへの越境によって、この自己矛盾を超えることはできない。それどころか、その苦悩は、アメリカという共同体の捨て子となったインディアンの苦悩として、むしろ深まるばかりである。

第二の問題は、この物語の語り手としてのチーフ自身が、精神に「異常」をかかえる患者だったことである。たとえば、アメリカ社会がコンバインの電子網にコントロールされ、その影響が人間の脳にまで達していることも、そして病棟内にある「煙霧器」のために視界がくもり、彼がその不安から身を隠すことも、すべては彼の幻想だったかもしれない。

もしそうであれば、チーフが語る病棟の世界は、どこまでもフィクションであるとさえ考えられる。しかし、幻想によってしか語れない真実があることも、やはり否定できない。チーフ自身の表現を借りれば、この物語は「たとえ起こらなかったとしても真実である」。つまり彼の物語は、たとえ現実をそっくり反映していなかったとしても、生きられた神話としての光彩を放ち続ける。

物語の終わりをむかえて、チーフが「空を飛んでいる気分」におそわれながら「カッコーの巣の上を飛ぶ」とき、その飛翔はもはや現実でも幻想でもなく、すでに「自由」のイコンに転位している。それはなにも、彼を苦しめた病棟が体制を変革することを意味しているわけではない。むしろその変革が現時点では実現されず、あくまで未来の課題として残されているところにこそ、彼の人間存在における越境の試みを支え続ける根拠がある。

つまり、病棟の体制を変革することが「可能」であるかぎり、チーフは現在のアメリカ社会から越境の根拠を受けて、未来への飛翔を続けることができる。それゆえ作家ケン・キージーが見た飛翔の夢には、最後まで舞いおりる場所がない。

参考文献

今村仁司『排除の構造』（青土社　一九八九）
佐伯啓思『人間は進歩してきたのか』（ＰＨＰ研究所　二〇〇三）
桜井哲夫『フーコー』（講談社　一九九六）
高橋昌一郎『ゲーデルの哲学』（講談社　一九九九）

多木浩二『眼の隠喩』（青土社　一九八二）
中山元『フーコー入門』（筑摩書房　一九九六）
——『はじめて読むフーコー』（洋泉社　二〇〇四）
ミッシェル・フーコー『監獄の誕生—監視と処罰—』田村俶訳（新潮社　一九七七）
——『知の考古学』中村雄二郎訳（河出書房新社　一九七九）
Elizabeth McMahan, Robert E. Rosenwein, *A Casebook on Ken Kesey's One Flew over the Cuckoo's Nest*, Ed. George J. Searles, Albuquerque: U of New Mexico P, 1992
Ken Kesey, *One Flew over the Cuckoo's Nest*, New York: Penguin, 1992
Louis Althusser, *Critical Theory Since 1965*, Ed. Hazard Adams and Leroy Searle, Tallahassee: UP of Florida, 1986
Michel Foucault, *The Archaeology of Knowledge and the Discourse of Language*, Trans. A. M. Sheridan Smith, New York: Pantheon Books, 1972
—— *Language, Counter-Memory, Practice: Selected Essays and Interviews*, Ed. & Trans. Donald F. Bouchard, Ithaca: Cornell UP, 1977
—— *Madness and Civilization: A History of Insanity in the Age of Reason*, Trans. Richard Howard, New York: Vintage Books, 1973
—— *Surveiller et punir - Naissance de la prison*, Paris: Gallimard, 1997

Ⅳ　クロード・レヴィ＝ストロース

【案内編】

二十世紀の大論争

「転換点」というのは、そこを通過してしまったら、もうあともどりすることのできない点のことである。二十世紀の最大の知的転換点のひとつはまちがいなくクロード・レヴィ＝ストロースと彼の構造人類学によって記された。

新しい方法は、先行する知的威信を砕くことによってその正統性を承認される。レヴィ＝ストロースと構造主義は、一九四〇―五〇年代ヨーロッパの知的なパラダイムであったジャン＝ポール・サルトルの実存主義を退場させた。『野生の思考』でレヴィ＝ストロースがサルトルの思考を人類学者の冷静な観察眼をもって解剖してみせたとき、傷ついたサルトルは、構造主義は「ブルジョワジーがマルクスに対抗して築いた最後のイデオロギー的障壁」だという定型的な反論を試みた。サルトル主義者たちはそれに呼応して、構造主義はブルジョワ・テクノクラートの秘教的学知であり、「腐敗した西欧社会」の象徴であり、構造主義を叩き潰す「自由な精神」は「ヴェトナムの稲田、南アフリカの原野、アンデスの高原」から「暴力の血路」を切り開いて西欧に攻め寄せるだろうと予言した。

今日、レヴィ＝ストロースやラカンの仕事が「ブルジョワ・イデオロギーのマルクス主義に対する最後の抵抗」であったというふうな表現で説明しようとする人はおそらくいないだろう。

「歴史は真理検証の究極の審級である」、平たく言えば、「なにが正しくて、なにが間ちがっていたかは、歴史が事後的に証明する」という考え方、これがサルトルの、そして一九六〇年代までの人文科学の信仰箇条であった。一九五二年、アルベール・カミュとの論争において、サルトルはカミュを「歴史の法廷」に召喚し「歴史的使命への対応」を怠った罪で告発した。「一九四四年には未来であったカミュの個性は、一九五二年においては過去である」とサルトルは書いた。歴史的状況の変化に適応して、抑圧された大衆のそのつどの欲求に応えるのが知識人の使命であるのにもかかわらず、カミュは自己変革の努力を怠った。人間が絶え間なく変化してゆくことを歴史は要請しているとサルトルは書く。「参加（アンガージュマン）のゲーム」では、状況が要請する歴史的使命を正しく読みあてた者が勝ち残り、見誤った者が脱落してゆく。

「もし君が君自身であり続けたかったら変化しなければならない。だが、君は変化することを恐れた」。サルトルがそう書いてカミュの思想家としての死を宣告した十年後に、あるフランスの知識人はサルトルと構造主義の関係について悲しげにこう記している。

一九四五年と一九六〇年、この二つの年代の間に辿られた道程を測るためには、その年代の新聞や雑誌をひらいて、二、三の書評を読んでみれば事足りる。そこにはもはや同じ名が引用されず、また参照意見が採用されていないばかりでなく、もはや同じ単語も語られてはいない。省察のための言語が変わってしまったのだ。十五年前には意気揚々として いた哲学が、今日では人文科学の前に影がうすくなり、この哲学の後退は新しい語彙の出現をともなっている。もはや「意識」や「主体」が語られることはなく、「規則」、「法規」、「体系」が語られている。（……）人々はもはや実存主義者ではなく、構造主義者なのだ。

（B・パンゴー、『サルトルと構造主義』）

皮肉なことに、ここでは一九五二年には「未来」であったサルトルの個性が一九六〇年には「過去」になったという言い方でサルトルの「没落」が歴史的に説明されている。サルトルもまた（カミュと同じく）結局は「変化を恐れた」がゆえに、時代に取り残されたのだ、と。だが、そのような説明は、依然として「サルトルの語法」を繰り返しているにすぎない。この論法でいけば、つぎには一九六〇年には「未来」であった構造主義者は何年かのちに「過去」になり、新たに「ポスト構造主義者」が時代の要請に応えて脚光を浴び、その彼らもまた……という仕方で「歴史」の「審級としての機能」は無傷のまま生きのびていくことになるからである。

レヴィ＝ストロースはまさしくそのような歴史観そのものの終焉を告知するためにやってきた。「歴史」を思想家たちがそれぞれの歴史的使命を競い合う闘技場と見なし、そこに勝ち残ることが、その当の思想の真理性を証明するという発想そのものをレヴィ＝ストロースは根源的に問いなおしたのである。

クロード・レヴィ＝ストロース（Claude Lévi-Strauss）は一九〇八年、ブリュッセルで、音楽家と画家を多く世に送り出したドイツ系ユダヤ人の家に生まれた。十七歳でマルクスを読みはじめ、学生時代には社会主義学生連合の書記長に選出され、社会党代議士の秘書を務めるなど、大戦間期のマルクス主義運動の実践に深くコミットした。その後、政治活動を離れ、三一年に哲学教授資格試験に合格。しかし、哲学には情熱を注ぐことができず、三四年にブラジルのサン・パウロ大学社会学講座の教授ポストが提供されると、哲学を棄て、「人類学」という当時まだマイナーな学問に身を投じる。ブラジル奥地でのナンビクワラ族社会でのフィールドワークの成果は後に『悲しき熱帯』（*Tristes tropiques*, 1955）という美しい書物にまとめられた。

三九年にレヴィ＝ストロースはフランスにもどり、応召。敗戦とともに南仏で除隊、一時リセの哲学教師を務めるが、ユダヤ系市民への迫害を逃れてアメリカに亡命する。アメリカにわたったレヴィ＝ストロースは、ニューヨークのNew School for Social Researchにポストを得るが、その地で彼の方法論に決定的な影響を与えた人物と出会う。やはり亡命者であった言語学者ローマン・ヤーコブソンである。ヤーコブソンの講じていた構造音韻論をレヴィ＝ストロースが聴講し、レヴィ＝ストロースの親族構造についての講義にはヤーコブソンが聴講に来るというかたちで二つの知性は交差し、この出会いから、親族構造を音韻論の理論モデルを使って説明するという構造人類学の画期的なアイディアが生まれることになる。この着想はレヴィ＝ストロースの代表作『親族の基本構造』(*Les Structures élémentaires de la parenté*, 1943)に結実する。四八年に帰国した後、レヴィ＝ストロースは国立科学研究センター(CNRS)、人類博物館、École Pratique des Hautes Étudesなどで要職を歴任したのち、五九年にコレージュ・ド・フランスの社会人類学教授に就任。七三年にはアカデミー・フランセーズ会員に選出された。五〇年代から一貫してフランスの代表的知性として、アカデミズムの頂点に立っており、その方法論がわたしたちの世界解釈に及ぼした影響はマルクス、フッサール、フロイトに比肩するといっても過言ではない。

主著に『人種と歴史』(*Race et Histoire*, 1952)、『構造人類学』(*Anthropologie structurale*, 1958)、『野生の思考』(*La Pensée sauvage*, 1962)、『神話学』(*Mythologiques*, 1964-71) など。

【解説編】

コトバのメカニズム

レヴィ＝ストロースはその学術的方法論のアイディアを、ヤーコブソン経由で学んだ言語学から手に入れた。言語学はレヴィ＝ストロースにとって範例的な社会科学、『科学』の名称を請求しうるおそらく唯一の学問」に思えた。すべての社会科学は言語学を「後見役」と仰ぎ見て、そのモデルに従って方法論を整備しなければならない。レヴィ＝ストロースはそう主張する。言語学は「事象の本性を理解するに至った唯一の学問」だからである。

言語学が社会学に提供しうる方法論的洞見とはいかなるものであるのかについて、レヴィ＝ストロースはこう書いている。

音韻論は社会科学諸学に対して、例えて言えば原子物理学が精密科学の全体に対して演じたような革新的な役割を、必ずや演じることになるだろう。さて、それが及ぼす帰結を最大限まで広げてとらえた場合、この変革とはどのようなものとなるであろうか？（……）第一に、音韻論は、意識的な言語学的現象の研究から無意識的なその下部構造の研究に移行する。第二に、音韻論は項（terme）を独立した実体として取り扱うことを拒否し、逆に、項間の関係（relations entre les termes）をその分析の基礎とする。第三に、音韻論はシステムという観念を導入する。（……）第四に、音韻論は、帰納法によるにせよ、論理的に演繹されるにせよ（……）一般的法則の発見をめざしている。（「言語学と人類学における構造分析」、『構造人類学』）

のちに「構造主義」という名で呼ばれることになる学術的方法論の基本的な理念はここに尽くされている。あらためて列挙すれば、

(1) 意識的な境域ではなく無意識的な境域に注意を向ける
(2) 「実体」ではなく「関係」を分析の基礎とする
(3) 「システム」という観念を導入する
(4) 一般的法則の発見を目指す

この四項目である。

レヴィ＝ストロースはこの学術的方法の最良の実践例を音韻論のうちに見いだした。音韻

論とはどういう学問であるのか、ローマン・ヤーコブソンはつぎのように説明している。

音声学（phonetics）は、生のままの音の質料について細大漏らさぬ情報を、生理学的、物理学的特質について集めようとするが、音素論（phonemics）あるいは音韻論（phonology）は、一般的に、音声学によって得られた資料の析出と分類に、厳密に言語学的な基準をあてはめるために介在するのである。（『一般言語学』）

音声学はわたしたちが発し、聴き取る音声の生理学的・物理学的な性質についての学問である。その研究対象は「独立した実体としての音声」であり、音声学はあえて言えば自然科学の一分野である。音韻論はそれとはまったく異質な学問である。言語として発された音声（言語音）はラングのなかで、どのようにして他の言語音と識別されるのか、その言語音の差別化のメカニズムを研究するのが音韻論である。

たとえば、日本語では［r］と［l］の音は区別しないで使われる。だから食堂で［raːmen］を頼んでも［laːmen］を頼んでも、わたしたちは同じものを食べることができる。それは物理的音としては別物であるはずの［r］と［l］が、日本語の音韻システムのなかでは同一音「ラ」と見なされているからである。逆に、［l］と［r］を区別しない音韻システムを持つ東北地方の八百屋では「梨」を頼んだつもりなのに「茄子」をわたされる可能性がある。どの外国語でも、母国語では差別化されない音を聴き分けることはたいへんにむずかしい。

言語音の音声学的性質のうち、どの示差的特徴が有意であり、どの特徴が無視されるかは、それぞれの言語集団内での集団的な取り決めによって決定される。このように音の連続体から恣意的に切り取られて、集合的な同意に基づいて「同音」と見なされている言語音の単位を「音素」(phoneme) と呼ぶ。

言語音とは発声器官によって発振する空気振動という「アナログ」なマテリアルであるから、このかたまりに分節線を入れるやり方は理論上は無限にある。現に、生後間もない子供は成人には発しえないような非分節的な音声をいくらでも発声することができる。しかるに成長するにつれて、どの言語であるかを問わず、人間は発語可能な音声のうちのごく一部だけしか音素としては利用しないようになる。ヤーコブソンによれば、世界の諸言語においてこれまで発見された二項対立は十二しかない。母音/子音、鼻音/非鼻音、集約/拡散、急激/連続……など十二種類の音響的・発声的な二項対立の組み合わせによって、世界中のすべての言語に含まれる音素はカタログ化される。つまり、わたしたちはある音素を耳にしたとき、それが「母音か子音か/鼻音か非鼻音か/……」というような二者択一を(最大十二回)繰り返しさえすれば、その音素を他の音素と区別することができるのである。

「二項対立」の組み合わせをいくつか重ねてゆくことで情報は表現できる、というのは（コンピュータ世代にとってはなじみ深い）二進法の考え方である。一ビットは0と1の二つの状態をあらわし、二ビットは００／０１／１０／１１の四つの状態をあらわすことができる。世界中のどんな音素体系でも十二の二項対立で表現できるということは、十二ビット（つまり十二回の０／１選択）で、この世に存在するすべての音素が特定できるということを意味している。

二項対立の組み合わせをいくつか重ねてゆくことによって無数の「異なった状態」を表現することができるという驚嘆すべき真理を人類は文明の黎明期のどこかで発見し、それをとりあえず有声言語に適用した。そして、以後、あらゆる社会制度にそれを応用したのである。

態度のシステム化と人間性

人類が集団で暮らすようになると、集団の成員はそれぞれが異なった社会的役割を演じ分けるようになる。それぞれの定められた社会的役割を決めるのが親族システムである。

親族システムは、ラングの場合と同じく、一見すると社会集団ごとにまったくちがっている。しかし、まったくちがって見えるラングが、二項対立の組み合わせで絞りこまれた有限数の音素で構成されているように、多様に見える親族システムも（人間がつくりあげたものである以上）それほど複雑なもののはずがない。これがヤーコブソンの音韻論からレヴィ＝ストロースが得た直感である。レヴィ＝ストロースのすべての仕事はこの直感にはじまる。

社会集団は、心理学的‐生理学的に非常に豊かな素材を使用しうるにもかかわらず、実際には、ラングの場合と同じく、そのうちのいくつかの要素しか使わない。そして、使われる要素のいくつかは、多くの集団に共有されており、「社会集団はそれらの限られた要素を組合せて、多様な構造を作り出しているのである。だから、問いはこう立てられる。このときの選択の根拠は何か？　組合せの規則は何か？」（レヴィ＝ストロース、前掲書）

人類学があきらかにしたことのひとつは、ある親族名称を持つ者が他の親族名称を持つ者に対してどういう態度を取るべきかの決まりは、社会によってちがうということである。父親と息子が親しみ合うことが義務づけられている集団もあれば、子どもは親の前で息をひそめて怯えていなければならないと定めている集団もある。兄と妹は親しくするようにと決められている集団が一方にあれば、口をきくことさえ禁じている集団が他方にある。集団ごとに、成員たちはそれぞれ異なるふるまい方を求められる。つまり、親族間の態度というのは、人間の内部の感情が自然に発露した結果ではなく、社会的に規定された役割演技だということである。

たとえば、現代日本社会では、「娘は母親に親和し、父親に対して疎遠ないし敵対的である」という「態度」が規範化している。家庭内で父親は「娘・妻連合軍」に愚弄され、排除される傾向にあるが、これは彼個人にはなはだしい人格的欠陥があるからというよりは、社会全体がそういう態度を「集合的な規範として」採り入れたことの帰結である。

親族システムは婚姻や血縁のような、個人間に定められた客観的なつながりに基づくものではない。親族システムは人間の意識のうちにしか存在しない。それは何かを意味するための恣意的システムであり、ある事実状態から自然発生的に発露してきたものではない。
（「言語と親族」、『構造人類学』）

ならば、この役割演技はなにを意味するのであろうか。レヴィ＝ストロースによれば、親族間で演じられる「態度」は二種類しかない（「親しみ・なれなれしさ／疎遠・厳しさ」）。「態度」は二項対立的である。音素の例で見たとおり、二項対立をいくつか組み合わせることによって人間は異なった状態を表現する。親族組織と言語はおそらく制度としては同じ原理で構築されているのである。だとすれば、世界のすべての音韻が十二ビットで分類されたように、世界のすべての親族関係もまた特定のビット数で示されうるはずである。

親族の問題の研究において（……）社会学者は形式的には言語学者と似た状況におかれている。第一に、音素と同じく、親族名称は意味作用の要素である。第二に、音素と同じく、親族名称はシステムのなかに統合されてはじめて意味をもつ。第三に、「親族の構造」は、音韻システムと同じく、無意識的思考の水準にある精神によって構築されたものである。そして、第四に、世界中のはるか隔たった地域、まったく異質な社会において、婚姻規則、ある種の親族の間に規制される態度など、親族形式について、同一のものが繰り返しあらわれるという事実から考えて、いずれの場合も、観察された現象は、一般的な、隠された法則の作用の結果であると推理することができる。（同書）

「母方の伯叔父」から見た社会構造

「一般的な、隠された法則」とはなにか？　レヴィ＝ストロースは「母方の伯叔父」の問題を取りあげる。世界中の多くの社会で、「母方の伯叔父」は男の子にとって親族中で特殊な地位を占めている。この伯叔父たちは父親に代わって厳しい教育を施したり、父親とは決して持てないような種類の親しい交わりを取り結んだりする。態度のあらわれ方はさまざまだが、その一般的機能には共通点がある。

「母方の伯叔父」の問題は態度についてのあらゆる理論の出発点と見なされている。私たちは音韻論者によって採用された方法を形式的に当てはめてみた場合、この問題がどのような新たな照明のもとに照らし出されることになるのかを示してみたいと思う。社会学者が母方の伯叔父の問題に特別な関心を寄せるのは、単に母方の伯叔父と甥との間の関係が、多くの未開社会において重要な発達を遂げているように思えたからである。しかし、その頻度を指摘するだけでは十分ではない。なぜ発達を遂げたのかの理由が発見されねばならない。（同書）

母方の伯叔父の社会的機能は単独で取り出してもわからない。それは「システムの中に統合されてはじめて意味を持つ」からである。レヴィ＝ストロースは「夫と妻」「親と子」「兄弟と姉妹」の三種類の親族ペアからなる、考えうるもっとも小さい「システム」を取り出し、そのなかで母方の伯叔父が演じている機能を確定しようとする。

かりに、親族ペアの二項間に親しみの態度が見られる場合を「＋」、疎遠な態度が見られる場合を「－」で表記するとさまざまな集団ではどういうことが起きているか。

トロブリアンド諸島では父と息子は親密で(＋)、甥は母方の伯叔父と激しく対立している(－)。夫婦は親密に暮らしているが(＋)、兄弟姉妹の関係は厳しいタブーで遠ざけられている(－)。コーカサスでは、父と息子は対立関係にあるが㈠、伯叔父は甥に財産を贈与する㈩。夫婦は決して人前にいっしょに出ず㈠、その代わり、兄弟姉妹関係はいかなる社会関係よりも強固である㈩などなど。

きりがないので例は二つにとどめるが、レヴィ＝ストロースによれば、すべての社会に共通するパターンがある。それは、「父と息子」の関係と「伯叔父と甥」の関係はかならず㈩と㈠の符号が反対になること。「夫と妻」の関係と「兄弟と姉妹」の関係もかならず㈩と㈠の符号が反対になることである。

つまり「父・息子／母方の伯叔父・甥」の対立と「夫・妻／兄弟・姉妹」の対立という二組の二項対立からなるこのシステムにおいて可能な関係は（＋／－　＋／－・＋／－　－／＋・－／＋　＋／－・－／＋　－／＋）の四通りしかないのである。二種類の二項対立で表現される四つの異なる状態。それはつまり二ビットの情報ということである。人間は二ビットの情報によって親族システムの最小単位を構成する。この二ビット・システムをレヴィ＝ストロースは「親族の基本構造」と名づけた。

この構造は四つの項（兄弟、姉妹、父親、息子）から成っており、この四つの項は相関する二つの二項対立によって結びつけられている。つまり、どの二世代をとっても、そこにはプラス関係の世代とマイナス関係の世代が存在するということである。では、この構造は何であり、なぜこのような構造が存在するのであろうか？　答えはつぎのようになる。この構造は考えうるかぎり、存在しうるかぎりもっとも単純な親族構造である。まさしくこれが親族の基本単位（l'élément de paranté）なのである。（同書）

わたしたちが「自然」で内発的だと信じている親疎の親族感情は、それぞれの集団をシステム化するための「on/off」スイッチの役目を果たしているのである。これが音韻論に触発されたレヴィ＝ストロースの結論である。

これは衝撃的な知見である。これまでわたしたちは、人間が社会構造をつくりあげてきたと考えてきた。しかし、レヴィ＝ストロースはそれを否定したからである。社会構造が「人間」という概念をつくり出してきたのであり、わたしたちが「人間性」と呼び慣わしているものが、本質的に社会システムの要請する機能にほかならないと告げたからである。

「女のコミュニケーション」

親族が親疎の感情を異にするいくつかの社会的態度の組み合わせであるとしたら、その制度は人間たちになにをもたらすために構築されたのだろう。生存戦略上有利だからだろうか？　それとも差別と収奪の分業構造をつくり出すためだろうか？

これに答えるにレヴィ＝ストロースは、それは「女のコミュニケーション」をおこなうためであるという驚くべき仮説をもってする。

これらの規則はすべて、社会集団内での女の循環（circulation des femmes）を確保するための方法なのである。つまり、血縁関係という生物学的な起源のシステムを、姻戚関係という社会学的システムに置き換えるための方法なのである。（……）親族と婚姻についての規則は、集団間の女のコミュニケーションを保証するためのものである。それは経済学的規則が財貨とサーヴィスのコミュニケーションの、言語学的規則がメッセージのコミュニケーションのためのものであるのと同様である。コミュニケーションのこの三つの形態は同時に交換の形態でもあり、その交換形態の間には明らかにある種の関係が存在する。

(同書)

フェミニストの猛然たる反発を呼び起こしたこの不穏当なテーゼの意味するところを知るためには、まず「交換と贈与」についての定説を確認するところからはじめなければならない。

「蕩尽的な贈与」を特徴とする儀礼はどの集団にも存在する。アメリカ北西部の先住民部族におこなわれる「ポトラッチ」はそのひとつである。この贈与祭儀において、ホストは招待客を心理的に圧倒するために、おのれの財貨を破壊的に蕩尽する。その蕩尽は単に飲食物や贈りものをふんだんに供与するといった程度を超えて、ボートを壊し、家に火をつけ、奴隷を殺害するにいたる。無益な蕩尽を通り越して、贈り手自身にとって有害であるような贈与がなされるのである。

これは贈与という行為の本質が「持てる者が持てない者へ、代償を求めずになにかを与える」愛他的な動機に基づくものではなく、与えることによって、相手に心理的な負い目を感じさせ、返礼義務を発生させることを目指しているということを意味している。

しかし、たとえ返礼をおこなったとしても、それによって当事者間の相称的均衡が回復されるわけではない。返礼はかならず多すぎるからだ。返礼された者は再びそれを負い目に感じ、その負債感は、返礼に対してさらに多すぎる返礼をなすまで癒されることがない。こうして、最初の贈与がおこなわれた後は、贈与と返礼の循環が（贈与する資源が枯渇するまで）論理的には無限に続くことになる。

同じ贈与と返礼の循環は経済活動のなかでもはたらいている。経済活動は財貨やサーヴィスのコミュニケーションであるけれど、わたしたちが財貨を欲しがるのは、それによって得られる財貨の使用価値や交換価値を享受し、充足を得るためではない。わたしたちが財貨を欲するのは、それを蕩尽するためである。

わたしたちの物欲をもっとも強く刺激する財貨はどのようなものか？　使用価値の高いものだろうか（カメノコダワシのように）？　それとも交換価値の高いものだろうか（沈没しかけた船での救命ボートのように）？　そのような財貨もたしかにある特定の状況においては切望されるものではあるだろうが、「物欲」という、あの名状しがたい情熱の対象となることはない。

わたしたちの物欲を刺激するのは、ボードリヤールが「象徴価値」と呼んだもの、つまり「社会的ステイタスの差別化指標」としての機能を持つ財貨である（「エルメスのバッグ」とか「エール・フランスのファーストクラス」とか「シャトー・マルゴー」とか）。

象徴価値を持つ財貨とは退蔵することができず、刹那的に費消する以外に使い道のないものである。言い換えれば、あまりにもすみやかに無価値になることによって価値ありとされるものである。

王侯貴族が宏壮な城館を所有するのは、そこに住むためではない。そこに住まないためである。所有者が一度も寝たことのない寝室、一度も通りすぎたことのない回廊、一度も使ったことのない広間があればあるだけ、その城館は豪奢《ごうしゃ》と見なされる。王侯貴族が無数の従者や召使いを雇っているのは、彼らに有用な仕事をさせるためではない。なんの役にも立たない人間たちを徒食させているという事実が彼の威信を構成するからである。

しかし、あらゆる財貨は有限であるから、論理的には、もっとも豪奢な仕方で財貨を蕩尽する者がもっとも短期間に財貨を失うことになる。豪奢であればあるほど貧苦へ落魄《らくはく》する時間は短縮される。

これは独裁的な権力者が、理不尽な暴政をおこなうほどに呪術的な威信を帯びるメカニズムと類比的である。殷の紂《ちゅう》王からスターリンにいたるまで、独裁者はその理不尽さゆえに畏怖され、憎まれる。独裁者の治世下では忠臣が刑せられ、佞臣《ねいしん》が寵愛を受け、もっとも暗愚で邪悪な人物が後継者に指名される。独裁者とは、その没落を彼以外の全員が切望するような仕方で統治する権力者のことである。その威信は彼が自殺的な仕方で権力を行使するほどに高まる。

強権の行使者は強権の行使を通じて権力を失い、貨幣の消費者は貨幣の蕩尽を通じて貨幣を失う。社会的威信を構成する基幹的な財貨は、つねに自壊要素を組みこんだ仕方で構造化されているのである。

この定義はそのまま現代社会の基幹的財貨である情報にもあてはまる。わたしたちの社会では情報抜きの軍事行動も情報抜きの投資も情報抜きの消費行動も存在しない。だが、情報は（権力や富と同じく）本質的に自壊的な財貨である。なぜなら、情報とは実体ではなく「知っている者」と「知らない者」の間の水位差にすぎないからである。「情報の伝達」とはこの「水位差の解消」にほかならない。だから、情報所有者の社会的威信はその情報を失うことでしか獲得されない。

すべてのコミュニケーションの本義は、社会を同一状態にとどめおかないことにある。「驕れるものは久しからず」という『平家物語』も「人類の歴史は階級闘争の歴史である」というマルクスも、言っていることは同じである。それは社会関係（つまり支配者と被支配者の関係、持てる者と持たざる者の関係、威圧する者と負い目を感じる者の関係）はふり子がふれるように、絶えず往還しており、そのようなシステムの内部でしか人間は生きられないということである。

交換することに価値がある

レヴィ＝ストロースによれば、この交換システムは財貨サーヴィスの交換（経済活動）、メッセージの交換（言語活動）、そして女の交換（親族システム）の三つの水準で展開している。いずれの場合も、最初の贈与によって「与えた者」が財貨を失い、「受け取った者」が反対給付の義務を負う。そうやって無限に不均衡が再生産される。

ただし、忘れてはならないことは、ここで贈与されるものは（象徴価値をもつ財貨がそうであるように）それに内在する有用性によって価値を持つわけではないということである。それらは価値があるから交換されるのではなく、交換を起動し継続させるがゆえに価値があるということである。考えればわかることだが、経済活動の起源において、最初に出会った交換者たちは、そこで交換されているものの「経済的価値」についての共通認識を持っていたはずがない。言語活動の起源において、最初にことばを交わし合った対話者は、そこで語られている言語を知っていたはずがない。

交換される物品や記号の意味や価値がわかっていた者同士のあいだで交換ははじまったのではない。むしろ交換がはじまったせいで、その事後的効果として「財貨」や「言語」という観念が生まれたのである。

経済活動の原初的形態は「沈黙交易」である。これは、直接に交換相手と交渉することなく、特定の場所にものを置き、相手がそれと「等価」と思われるものと交換するシステムである。たとえば、二つの部族が出会い、とりあえず害意がないことが確認されると、彼らはおたがいに近づき、荷物を広げ、「一方の男がまん中に何かを投げ込むと、もう一方の男も、それとひきかえに何かを投げこんで、交易品をとりもどす。こうして、どちらかの側に品物が全部なくなるまで交易がつづけられる」（マーシャル・サーリンズ、『石器時代の経済学』)。

沈黙交易は共同体の周縁において営まれる。つまり、共通の言語や道徳や価値観がその普遍性を失い、集団間の異他性がもっともきわだつ場所で、無言の交換がなされるのである。

しかし、よく考えるとこれは奇妙な話だ。というのは、共同体の周縁というのは、その共同体で承認されている経済的価値そのものが普遍性を失う場であるからだ。見知らぬ部族の男が「まん中に投げ込むもの」の経済的価値を受け取る者は知らない。にもかかわらず、受け取った者はそれと「等価のもの」を投げ返す。それが「等価である」ということを、彼はどうやって知ったのか? 見たこともなく、その使い方もわからない物品の「等価物」を彼らはどうやって自分たちの財物のなかから探しあてたのか?

交換されるものが等価であるとわかるためには、交易する両者のあいだに共通の度量衡がなくてはならない。だが、共同体の周縁でおこなわれる沈黙交易は、定義上、共通の度量衡を持たない人々のあいだでなされている(共通の度量衡があるなら、それは共同体内部での交換である)。とすれば、交易の継続の動機づけを「交換されたものの不等価性に基づく返礼義務の発生」ということばで説明することには根本的な背理が含まれていることになる。

交易を動機づけるのは、交換されたものの等価性でもないし、不等価性でもない。おそらくは交換されたものの計量不可能性なのである。

人々は交換されたものの価値がわからない。だからこそ、さらに交易を継続しなければならないという心理的圧力を感じるのであって、価値がわかったからそうするのではない。受け取ったものの計量不可能性ゆえに、わたしたちは「交易相手にもう一度出会わなければならない」という焦慮を抱く。「つぎの交易」へわたしたちをせきたてる心理的圧力の強度にわたしたちは「経済的価値」という名を与えているのである。

たとえば、貨幣はそれをなにかと交換してくれる人に「もう一度出会わない」かぎり無価値である。貨幣を受け取った人間は、それを別のなにかと交換する人間と、どうしてももう一度出会わなければならない。退蔵しているかぎり無価値であり、できるだけ早く別のなにかと交換しなければならないという商品性格そのものが、貨幣の商品価値を構成している。

わたしたちは商取引において、特に深い考えもなく「経済的価値」ということばを用い、そのようなものがあたかも物品やサービスのうちに内在しているかのように考えているけれど、「経済的価値」はその「もの」のうちに自存するのではなく、「交易が起動し、継続している」という事実の効果にほかならないのである。

事情は言語活動においても変わらない。ことばによるコミュニケーションを動機づけるのは、コミュニケーションの当事者双方に了解された「ことばの意味」ではない（人類史上最初の対話のとき、二人のあいだに「共通語」はまだない)。そうではなくて、「ことばの意味」はある音声を聴き取った者がそれを「贈与」と見なし、それに「返礼」する義務を感じたときに生まれたのである。レヴィ＝ストロースはこう書いている。

人間たちにパロールを「交換すること」を強制した原初の衝動は、二分割された表象(それは、はじめて出現した象徴的機能から派生した)のうちに求められるべきではあるまいか？ ある音響的な事象が、それを口にする者にとっても、それを聴き取る者にとっても、同時に一つの直接的な価値を贈与するものであると解釈されたとき、その音響的な事象は一つの矛盾した性質を獲得することになった。つまり、補完的な価値の交換による以外、中立化は不可能となったのである。すべての社会的活動の起源はここにある。(レヴィ＝ストロース、前掲書)

レヴィ＝ストロースは言語的コミュニケーションの起源を「二分割された表象」(représentation dédoublée)というわかりにくい術語で説明している。この術語は、ある音声を「発した者」と「聴き取った者」が同時にこれを「贈与」であると感知したという事況を指している。贈与を受け取った者が「補完的な価値」すなわち「応答」によってこれに返礼する以外に「贈与によって生じた不均衡」は解消されない。そのようにして二人の主体は終わりなきパロールの交換の運動のうちに巻きこまれてゆく。「経済的価値」が「もの」のうちに自存するのではなく、「交易が維持された」という事実がもたらす事後的な効果であるのと同じように、「語られたこと」の意味が、「語ること」に先だって自存することはありえないのである。

経済、言語、婚姻の三つの水準でおこなわれている交換システムを貫通する原理を一言で言えば、こうまとめることができる。

ひとつの出来事が成り立つためには、単一の産出者ではなく、二者の協働が必要である。「出来事」の代わりに「音素」を代入すればこれは音韻論の結論である。「コミュニケーション」を代入すれば贈与＝交換論の結論である。そして、このテーゼはそのままレヴィ＝ストロースの神話論の結論に相当する。

世界を思考可能にする因果の鎖

ヤクート族の社会では「キツツキのくちばし」にふれると歯痛が治ると信じられている。アルタイ地方では「コウモリの干物を首にぶらさげる」ことに解熱効果があると信じられている。これらの呪術的な治療法は、その効果についての集団的合意があるところでは実際に有効である。薬理学的にはキツツキのくちばしと歯の神経のあいだにはなんの相関もない。にもかかわらず痛みが鎮まるということは、「痛み」とか「病」というものが、かなりの程度までその集団の世界の見方――その集団が共有している「物語」――に依存するものであることを意味している。

たとえばフランス語では「頭痛がする」というときにJ'ai mal à la tête.「わたしは頭に痛みを持つ」と表現する。ここでは「痛み」は（「帽子」と同じように）わたしが他動詞的に「持つ」ことのできる「もの」として認識されている。わたしは構文的には「痛み」を（持ったり、手放したりできる対象として）支配しているわけである。その一方で、たとえば南米のクナ族は、「痛み」を悪霊のしわざと見なし、シャーマンが守護霊の助力を借りて、悪霊と戦い、その勝利というかたちで病は癒されるというふうに「痛みをめぐる物語」を編成している。

クナ族もフランス人も、本来は身体システムそのものの失調の症候である「痛み」をシステムから分離し、要素的に外在化していることに変わりはない。それは、どのような物語的な処理を選択するにせよ、「悪霊」の効果と見なそうが、ウィルスの効果と見なそうが、「痛い」ときには、物語の支えなしにただ「痛がる」よりは、なんであれ物語にすがりつくほうがましであることをわたしたちが経験的に知っているからである。

治療とはまず感性的な言葉で与えられた状況を思考可能なものにすること、そうやって身体が許容を拒絶する痛みを精神にとって受け入れ可能なものにすることである。(「象徴的効果」『構造人類学』)

アモルファスな経験を「思考可能」、「受け入れ可能」なものへと変換すること、それが人間精神の基本的な働きである。「思考可能」なものは「思考可能でないもの」よりも「まし」だからである。

いかなるものであれ分類はカオスにまさる。(『野生の思考』)

キツツキのくちばしと人間の歯痛を幻想的な因果の鎖で「ひとまとめにする」思考が目指しているのは「宇宙に秩序の端緒を導入すること」である。レヴィ＝ストロースが後に「野生の思考」(la pensée sauvage) と名づけることになる呪術的、神話的思考は、アプローチはちがうが、カオスに秩序をもたらそうとしている点では科学的思考と変わらない。いずれも、混沌とした非定型的な世界経験を、ある枠組みのうちに配列しなおし、その経験を思考可能、表象可能、分類可能、統御可能なものに変換することを目指している。

オイディプス神話の構造

呪術が「理解しがたい経験」を秩序のうちに流しこんで、受け入れ可能にする装置であるのと同じく、神話はわたしたちの宇宙観を基礎づける装置である。宇宙の起源はなんなのか、宇宙の涯《はて》がどうなっているか、宇宙の終わりはいつ来るのか、わたしたちはどうやって誕生したのか、死んだ後はどうなるのか……こういった問いは原理的に回答不能である。神話はいわばこれらの回答不能の問いに「対処する」ための装置である。「対処する」というのはなんらかの整合的な回答を用意するということではない（問いが回答不能なのだから答えが整合的であるはずがない）。そうではなくて、神話はそのような問いをめぐって「思考を深める」ための「枠組み」を構成するのである。レヴィ＝ストロースの神話理論をオイディプス神話の分析を素材に確認したい。

好色な神ゼウスは雄牛に化けて美女エウロペを誘拐する。彼女を探索に出かけた兄カドモスは、デルポイでアポロンの神託を受け、荒野に都（テーバイ）をつくる。都の外の洞窟に住む竜を退治したカドモスは、その牙を畑に撒《ま》く。するとその牙から甲冑《かっちゅう》をまとった竜の戦士たちが生まれ、たがいに殺し合いをはじめる。兄弟殺しの結果、生き残った騎士たちとカドモスはテーバイを治める。カドモスの曾孫ライオスは「自分の子どもの手にかかって殺される」という神託を受け、妻イオカステとのあいだに生まれた王子を山中に捨てるようにひそかに臣下に命じる。拾われた王子は金の止め金で足を刺し貫かれていたため「腫れ足（オイディプス）」と名づけられ、隣国の王宮で育つ。育ての親たちを本当の両親と信じて成人したオイディプスは「父を殺し、母と通じる」というアポロンの神託をおそれて王宮を離れ、旅に出る。そして山中で出会った暴虐な老人を実の父ライオスと知らずに怒りにまかせて打ち殺す。オイディプスがたどり着いたテーバイでは怪物スフィンクスが謎をかけては答えられない旅人を食い殺していた。オイディプスは謎を解いて、王位と王妃イオカステを手に入れる。だが、テーバイに再び悪疫が訪れる。ライオスの殺害者を発見してこの凶運を鎮めようとあせったオイディプスはすべての真実を知る。イオカステは自殺し、オイディプスはみずからの眼を潰して放浪の旅に出る。

よく知られたこのオイディプス神話を、レヴィ＝ストロースは次ページのようにチャート化してみせる。

オイディプスの物語は左から右へ、上から下へ、というクロノロジックな流れを持つが、

図版9

カドモス，ゼウスにさらわれた妹エウロペを探す			
		カドモス，竜を殺す	
	スパルトイ族，互いに殺し合う		ラプダコス（ライオスの父）＝足が不自由（？）
	オイディプス，父を殺す		ライオス（オイディプスの父）＝ 不器用（？）
		オイディプス，スフィンクスを殺す	
			オイディプス＝腫れた足（？）
オイディプス，母イオカステと結婚			
	エテオクレス，兄弟ポリュネイケスを殺す		
アンティゴネー，禁を破って兄ポリュネイケスを埋葬			

レヴィ＝ストロースはこれをシーケンシャルには読まない。これらは非時間的なまとまりを持った「四つの説話群」として読まれなくてはならない。

わたしたちはいま縦方向に並んだ四つの説話群のコラムを前にしている。同一の説話群にまとめられた説話はそれぞれ共通点を持っている。

左端の説話群にとりまとめられた出来事のすべての関係は、――こう言ってよければ――誇張された血縁親族にかかわっている。ここで、親族たちは社会的な規範が許す限度を超えて親密なかかわりを結んでいる。それゆえ、第一の説話群の共通点は「過大評価された親族関係」とする。第二の説話群は同一の関係に正逆反対の記号を付けたものであることがすぐにわかる。これは過小評価された（あるいは価値を切り下げられた）親族関係ということになる。第三の説話群は怪物と怪物退治にかかわっている。四番目についてはもう少し詳しい説明が必要だ。オイディプスの父系親族の固有名の意味についての仮説はこれまでしばしば語られてきた。（……）有意義な価値を示すのは、個々に取り出した名前の意味ではなく、この三つの名前が一つの共通性格をもっているという事実である。つまり、いずれの名前も「まっすぐに歩くことの困難さ」を想起させるような仮説的な語義をもっているということである。（「神話の構造」、『構造人類学』）

第一と第二の説話群が一対であることはすぐにわかる。わかりにくいのは第三と第四の説話群のあいだの関係である。これを理解するためには、二つ補助的な情報が必要だ。ひとつは、「人間は両親からではなく土から生まれる」という出生観が世界の多くの地域に散在していること。ひとつは「土から生まれた人間は、土から出てきたときに、しばしばまだ歩けないか、あるいはよちよち歩きしかできないものとして描かれる」という神話学上の定説である。

第三の説話群の共通点をレヴィ＝ストロースはこう説明している。

第三の説話群は怪物に関係している。最初の怪物、竜は地中の怪獣であり、人間たちが土から誕生するためには竜を退治しなければならない。第二の怪物、スフィンクスは人間の本性にかかわる謎を出して犠牲者の命を奪う。これは「人間の土からの出生」にかかわる第一の怪物の複製である。そして二匹の怪物はいずれも最終的には人間によって征服される。私たちは第三の説話群の共通点は、「人間の土からの出生の否定」のうちにあると言うことができる。（同書）

となれば、ほぼ自動的に第四の説話群の共通点は「人間は土から生まれるという事実の肯定」ということになるだろう。つまり、第三と第四の説話群もまた二項対立のペアをなしていることになる。こうしてわたしたちは二組の二項対立的なペアを手に入れたことになる。「過大評価された親族関係／過小評価された親族関係」のペアと、「人間の土からの出生／人間の土からの出生の否定」のペアである。

そこから先に人間は進めない――極限にはさまれた人間のすみか

この二組の二項対立はわたしたちになにを教えようとしているのか？　レヴィ＝ストロースはそれらはいずれも「人間とはなにか」についての回答を指し示していると考える。第一説話群の「過剰評価された親族関係」とは具体的には「近親相姦」のことであり、第二説話群「過小評価された親族関係」とは具体的には「近親間の殺し合い」のことである。これは親族集団を崩壊させる二つの極限として示されている。このような危機的な親族関係においては、家族を成立させている差異が失われ、成員たちは安定的な親族役割（父、母、兄弟姉妹、子）に自己同定できなくなっている。

近親相姦する集団では、あまりに血族内での親密さが濃密なために、「集団を外部へ押し拡げる力」が失われている。一方、近親間で殺し合う集団では、あまりに親族的な親密さが希薄なために、「集団を求心的にとりまとめる力」が失われている。自閉して外部を持たない共同体と、求心力を失って離散する共同体という二つの極限形態の間の「どこか」に人間たちはその社会モデルを設定しなければならない。つまり「父を殺し、母と通じた」オイデイプスとは、人間が（社会的存在として生きてゆくことを望むなら）決して超えてはいけない二つの極限を身をもって示しているのである。

「人間の土からの出生／その否定」という対立する説話群も同じ仕方で解釈しなおすことができる。第四の説話群が語る「人間の土からの出生」とは「同一者が同一者から自己複製される」自閉的・常同的なメカニズムを意味している。第三の説話群はそのメカニズムを否定する。だから、ここで語られた二つの説話もまた、人間のあり方にかかわる二つの極限を示している。この説話群から導き出されるメッセージは「人間の再生産を阻むもの（＝怪物）は破壊されなければならない。しかし、だからといって同一的なものが永遠に再生産されてはならない」というものである。

「同一的でないような人間の再生産」とはなにを意味しているのか。レヴィ＝ストロースはこう説明する。

このように解釈されたオイディプス神話はそれでは何を意味することになるのだろうか？　この神話が表しているのは、「人間は土から生まれる」と信じられている社会は、そこにとどまる限り、「男と女の結合から人間は生まれる」という事実の認知へと移行することができないということである。この難問に対して、オイディプス神話は起源的な問い――「人間は単一者から生まれるのか、それとも二者から生まれるのか？」――とそこから派生する問い――「同一者は同一者から生まれるのか、それとも他者から生まれるのか？」――の間を架橋する論理的な道具を提供する。（同書）

この論理的な架橋を経由してわたしたちは「一者は二者から生まれる。人間は単一の産出者ではなくひとりの母親とひとりの父親を持つ」ということを理解することになるとレヴィ＝ストロースは言う。

しかし、それは生殖が性行為と関連していることを知らず、人間は土から生まれると信じている集団が実際に存在するということではない。子どもがひとりの母親とひとりの父親のあいだに生まれることに気づかないほど観察能力のない人間集団はとうに淘汰されてすがたを消していることだろう。この神話が強調しているのは、経験的なレベルでの問題ではない。それは「ひとつの出来事は二つのものの協働によってしか生成しない」という一般理論である。

「女のコミュニケーション」の基本ルールは「人間は自分が求めるものを他人から与えられることによってしか手に入れることができない」ということであった。男は「娘または姉妹」というかたちで彼が「所有」する女を自分のために用いることが許されない。それを他の男に与え、与えられた男はまた別の男に与え……という仕方で「女の循環」が成立するときにのみ、男には他の男が「所有」する女を手に入れるチャンスがある。

婚姻が成立するためには、最低二つのグループが存在して、その間で「女の交換」が果たされなければならない。婚姻というひとつの出来事が成り立つためには、ひとつの親族単位ではなく、二つの親族単位（双分組織）の協働が必要である。それは子どもが生まれるためには父親と母親が必要であるのと構造的には相同的である。人間の集団に関するかぎり、かならず「一者は二者から生まれる」のである。

同じように、神話的な二項対立で用いられる二極は「そこから先に人間は進めない」という境界標識の役割を果たしている。「そこから先には進めない」ということは、言い換えれば、その二極の間のどこかにいる限り、人間は人間でいられるということである。

オイディプス神話の第一、第二の説話群が示す「近親相姦する集団」と「近親同士で殺し合う集団」は、いずれも人間が「そこでは生きられない」極限をあらわしている。第三、第四の説話群が示す「人間が同一的に再生する」と「同一的再生の否定」もまたいずれも人間が「そこでは生きられない」極限をあらわしている。つまり、この神話が言外に意味する遂行的な命令は「成員同士が親しすぎず、疎遠すぎないような親族集団を構成せよ」と「子どもはその親と同一であってはならないが、まったくちがっていてもいけない」というものである。そのように解釈するならば、オイディプス神話は「親族システムはいかなるものであるべきか」という問いに対する、経験に裏づけられた回答であることがわかる。

論理的にうまく処理できない難問をあつかうときに、「いずれも採用することが不可能であるような二つの極端な回答」を並置することによって、回答の選択可能性の「幅」だけを決定しておくというのはひとつの便法である。神話は「オフ・リミット」の標識を二つ打つ。二つの極限的な禁断の中間に拡がる宏大な「グレーゾーン」のなかのどこかが人間のいるべき場所である。そのアナログな連続性のなかで、わたしたちは相対的な有効性と相対的な適切さを手探りする。「グレーゾーン」とは決定的なもの、不動のもの、永遠不変のものが存在できない場所である。というのも（記号システムがそうであるように）わたしたちは「二項の間」にあるものについて、それが消去的に「なにでないか」を言うことはできるが、それが実定的に「なにであるか」を言うことができないからである。わたしたちは「言葉とはなにか」という問いにも、「財貨とはなにか」という問いにも「女とはなにか」という問いにも、一義的で普遍的な答えで応じることができない。けれどもそれは人間の無能の徴ではなく、おそらくは人間の「人間性」の徴なのである。

【実践編】『お早よう』のコミュニケーション

なぜ「おはよう」と言うのか

「芸能界で大事なのは、一に挨拶、二に挨拶」と言われる。この業界には不思議な習慣があって、仕事に入るときの挨拶は（たとえ深夜であっても）「おはようございます」、仕事からあがるときは「お疲れさまでした」と決まっている。どれほど人気があろうと権力があろうと、現場でこの挨拶を怠ることは許されない。

この事例は挨拶の本質について大事なことを二つ教えてくれる。ひとつは、挨拶の本義は意味内容ではなく「挨拶すること」それ自体にあること。いまひとつは、挨拶に応えないことは重大な反社会的ふるまいと見なされており、あえて欠礼するものは、直接の相手のみならず、自分たちが帰属している共同体全体を敵にまわすことになりかねないということである。

挨拶はわたしたちが共同的に生きてゆくために欠かせないコミュニケーションのかたちでありながら、その語義的意味はどうでもよいのである。なぜ、そういうことになるのか。レヴィ＝ストロース人類学の実践編では、小津安二郎の映画『お早よう』を素材に、コミュニケーションの本質について、文化人類学者と映画監督がほとんど同じ知見を語っているという興味深い事実を検証してみたい。

挨拶は「少し多く返す」繰り返し

「おはよう」もGood morningもBonjourもその意味するところは同じである。それらのことばは「あなたは早く目覚めた」とか「今日はよい日である」とかいう事実認知をおこなっているのではない。それは人間から人間への直接的な語りかけであり、祝福の遂行である。「おはよう」と語りかけた者は「今日一日があなたにとってよき日でありますように」という祈りを贈っているのである。

祝福はそれを受けた側に返礼をしなければならないという負債感を発生させる。この負債感は「受け取った以上のものを返礼し、相手に新たな返礼義務を課す」ことによってしか解消されえない。しかし、受け取ったのと同じだけ返して中立化を達成することは原理的には不可能である。というのも、「最初に贈る」ということは、いわば「無からの創造」であり、純粋なイニシアティヴだからである。贈与の回路を立ちあげるということは、等量の返礼を返すことによっては決して埋め合わせできないほどに生成的で冒険的な創造なのである。

だから、「おはよう」の挨拶を贈られた者は、とりあえず受けた挨拶よりも少しでも多くのメッセージを発信することを求められる。「おはよう、いいお天気ですね」とか「おはよう、どちらへ？」というふうに。

外国語の初級読本にはたいていつぎのような文例が出ている。

「こんにちは」
「こんにちは、お元気ですか？」

「はい、元気です。あなたは？」
「はい、わたしはたいへん元気です。ありがとう。ご家族はお元気ですか？」
「はい、うちの家族はみな元気です。ありがとう。あなたのご家族は？」

初学者はたいていここらまで読んだとき、ふと「この会話は、相手のことばを繰り返しながら、終わりなく続くのではないか」という不安にとらえられる。さいわい教科書一頁におさまる行数には制約があるために、街角で出会った二人は、終わりなき祝福の交換をどこかで打ち切って、右と左に別れることになる。

けれども、初学者の心に兆した「同じことばを繰り返す終わりなき挨拶」という不条理な予感は、じつはコミュニケーションの本質を正しく直感しているのである。というのは、コミュニケーションの本義は、有用な情報を交換することにあるのではなく、メッセージの交換を成立させることによって「ここにはコミュニケーションをなしうる二人の人間が向き合って共存している」という事実を確認し合うことにあるからだ。そして、わたしの前にいる人に対して、「わたしはあなたの言葉を聞き取った」と知らせるもっとも確実な方法は相手のことばをもう一度繰り返してみせることなのである。だとすれば、真にコミュニケーションを求め合っている二人の人間のあいだでは、相手のことばを繰り返しながらほとんど無意味な挨拶が終わることなく行き交うことになるはずである。

おならからくずもち

『お早よう』（松竹、一九五九）は昭和三〇年代の東京郊外の新興住宅地を舞台に、平凡で日常的なエピソードの断片だけから構成された映画である。そのエピソードはすべて「コミュニケーションの成功と破綻」をめぐって展開する。

映画は多摩川の土手を歩く四人の子どもたちが「おでこを押すと、おならで応える」ゲームに興じているところからはじまる。映画のなかでも繰り返されるこのゲームこそ映画全体を貫く説話原型である。四人のうち「おならコミュニケーション」がいちばん上手なのは善ちゃんで、いちばんへたなのは幸造である。幸造はしょっちゅう「おなら」ではなく「実《み》」のほうを出してパンツを汚してしまう。映画のラストでも、幸造は登校途中に「実」を出して家に着替えにもどり、母親に「もうパンツはない」と叱りつけられる。半べそをかきながら、「ねえ、出しておくれよ。ぼくのパンツ」という幸造の泣訴《きゅうそ》と、青空のもとにはためく真っ白なパンツのアップで映画は終わる。

映画の冒頭と末尾という特権的な場所に置かれている以上「幸造の失敗」は、当然この説話原型の核心を表現していると考えてよい。わたしたちはこう問うことになる。「幸造はなぜコミュニケーションに失敗するのか?」

答えは簡単。それは彼が「音」ではなく「実」を、挨拶の「コンテンツ」をコミュニケーションの場に差し出してしまうからである。

このゲームにおいて「おなら」は「おなら」ではなく、「純粋なシニフィアン」である。ほかはすべて現実音が用いられているこの映画のなかで、「おなら」の音だけは、管楽器によって表現されている。甲高い「ぷ」と太い「ぶ」という、ことさらに虚構性を誇張されたこの効果音によって、この映画のなかでの「おなら」は一切の意味を剝奪された純粋なシニフィアンであることが知らされる。

「おならコミュニケーション」では、一方に「おでこを押す者」がおり、他方に「おならで応える者」がいるという事実が子どもたちに飽くことのない快楽を提供している。おそらくこのゲームにもなんらかの歴史的淵源はあったはずである。たとえば、教師に咎められて、おでこをぐいと押された生徒が「おなら」をして教室中を爆笑の渦に巻きこんだとかいうような。「おでこを押す」というやや威嚇的、攻撃的な身ぶりに「ぷ」という間の抜けた音で応接することが、おそらくはおのれの社会的な非力さにフラストレーションを感じている子どもたちにささやかな解放感をもたらすのだろう(この遊びの起源を想起させるシーンは映画のなかに一度だけ出てくる)。

しかし、その起源がなんであれ、さしあたり土手を歩いている子どもたちにとっては、「おでこを押す」ことは「無意味」であり、「おならで答える」ことも同じように「無意味」である。その応答は、「鼻を押したら、まばたきをする」とか、「耳を引っ張ると、舌を出す」とかいう遊びと同質のものである。求められているのは、贈与と返礼のもたらす愉悦である。だから、「おなら」という純粋なシニフィアンに「シニフィエ」を与えてはならないのである。それが幸造の失敗の意味である。彼は記号に「コンテンツ」を与え、それによってコミュニケーションを「汚した」がゆえに罰を受けるのである。

「おならコミュニケーション」のさらに成熟したさらに過激なかたちは「善ちゃんのお父さん」善之助によって演じられる。

(善之助がおならをすると台所から妻しげが顔を出す)

しげ「あんた、呼んだ?」

善之助「いいや」

(再び、おなら。しげ再び顔を出す)

しげ「なあに?」

善之助「ええと、あの、今日亀戸のほうへゆくけど、くずもちでも買ってくるか」

善之助は決して「おなら」を道具にして妻を呼びつけたわけではない。善之助にとって二度の「おなら」はいずれも不随意な行為であった。しかし、夫の「おなら」を、自分を呼ぶ声と錯覚して、二度にわたって家事の手を止めて居間にやってきた妻の高度なコミュニケーション感度が善之助のうちに優しい情感を喚起させる。それが（おそらくは妻の好物である）「亀戸のくずもち」を分かち合いたいというアイディアに結びつくのである。

このコミカルな場面がどこかしら不思議な後味を残すのは、「おなら」を道具として意思疎通がなされるという通俗的なギャグのかたちをとりながら、じつは「おなら」によって起動したコミュニケーションが夫婦の心のうちに「愛情」を生み出すという順逆の転倒が描かれているからである。

善之助は意識的に「おなら記号」を利用して妻を呼びつけたのではない。偶然的に出現した「おなら記号」の効果として、夫婦のコミュニケーションがはじまり、しげの無邪気な「なあに？」の問いかけが、善之助の内面に「妻への気遣い」を生み出す。そして、最初の「呼んだ？」のときは、無表情であった妻は、善之助の「くずもち」の申し出を聞いた後、にこりと笑って窓の外を眺め「ああ、ほんとうにいいお天気」と、仕事に出かける夫の歩みに祝福を与えるのである。

いささか気負って言ってしまうと、わたしたちはここに「内面」という近代的な装置に対する小津安二郎のアイロニカルな視線を見て取ることができる。

「よけいなこと」騒動

映画の核になるエピソードは、林家の実《みのる》と勇《いさむ》の兄弟が「挨拶を拒否する」事件である。きっかけはテレビである。テレビ受像機がまだ一般家庭にはあまり普及していなかった時代なので、大相撲のファンである子どもたちは近所の丸山夫婦の家にテレビを見にゆく。丸山夫婦はキャバレーではたらいていたという噂のある、住宅地にはやや場ちがいな派手めの若夫婦である。だから、子どもたちが丸山家にいりびたることを母親たちは好ましく思っていない。その日も、「英語を習いにゆく」という口実で家を出ながら、丸山家で相撲を見ていた子どもたちは、幸造の母親（杉村春子）に見つかってこっぴどく叱られる。だが、子どもたちはいくら叱られてもテレビが見たい。実と勇は「テレビを買ってよ」とうるさくねだる。辟易した父親（笠智衆）が雷を落とす。

父「だいたい、おまえは口数が多い。おしゃべりだ。やめろと言ったら、やめろ。だいたいお前たちは何だ。一つことをいつまでも。女の腐ったのみたいに。こどものくせによけいなことを言い過ぎる。少し黙ってみろ」
実「よけいなことじゃないやい。欲しいから欲しいって言ったんだ」
父「それがよけいだって言うんだ」
実「だったら、大人だってよけいなことを言っているじゃないか。『こんにちは』『おはよう』『こんばんは』『いい天気ですね』『ああそうですね』『あら、どちらへ』『ちょっと、そこまで』『ああ、そうですか』。そんなことで、どこにゆくかわかるかい！　『ああ、なるほど、なるほど』。なーにが『なるほど』だい！」

幼い合理主義者である実は、コミュニケーションの本義はメッセージを過不足なく伝えることにあると信じている。だから、「テレビが欲しい」という意思を伝えるためには「テレビが欲しい。テレビが欲しい」と大声でわめき立ててみせることがもっとも合理的な選択肢だと考えるのである。父親はその短見をいさめて、「ぺちゃくちゃよけいなことをしゃべるんじゃない。一日黙っていろ」と厳命する。コミュニケーション原理主義者である実は父の命令をまさに「語義通り」解釈して、今後いっさい「口をきかない」ことを決意する。

子どもたちは、すべての言語的コミュニケーションを拒否する。母親からの食事の知らせにも、教師の問いかけにも、近所の人々からの「おはよう」という呼びかけにも、二人は、ことごとく返答を拒絶する。兄弟の英語の家庭教師でもある失業中の福井平一郎（佐田啓二）は、この沈黙の理由を二人の叔母である有田節子（久我美子）に訊ねる。

平一郎「どうしたんです。いったい？」
節子「よけいなこと言うなって言われたら、大人だって言うじゃないかって。『おはよう』『こんばんは』『こんにちは』『いいお天気ですね』って」
平一郎「ああ、なるほど。そりゃそうだ。だけどそれは、誰だって言うな」
節子「そうですわ。誰だって言います」
平一郎「でもそんなこと、案外よけいなことじゃないんじゃないかな。それを言わなかったら、世のなか、味も素っ気もなくなっちゃうんじゃないかな」
節子「そうですわ。でも、この子たちには、まだ……」
平一郎「そりゃわかりませんよ。そこまではね」

平一郎が推察したとおり、挨拶は「案外よけいなことじゃない」。子どもたちの欠礼は静かな不穏な波紋を呼びよせる。二人は「給食費を持ってこい」という学校からの連絡を両親に伝えられず、結果的に担任教師の家庭訪問という非常事態を招いてしまう。叱責を恐れた二人が家を飛び出す「失踪事件」が起きる一方で、「おはよう」の呼びかけを二人に黙殺された近所の主婦たちが、この欠礼を彼女たちのささやかな共同体への宣戦布告と見なし、林家に敵意を向けはじめる。

さいわい、二つの危機は、平一郎による兄弟の回収と、父親によるテレビの購入によって深刻化する寸前に回避される。テレビを買ってもらった兄弟が翌朝すっかり上機嫌になって、惜しみなく「おはよう」の祝福を近隣に贈ると同時に、林家を囲んでいた敵意は静かに消失してゆく。

味なコミュニケーション

「テレビが欲しい」というメッセージこそ伝達の価値のある有用な情報であって、それ以外の挨拶に類する部分はすべてコミュニケーションにとって「よけいなこと」であるという実の幼い理解が思いがけぬ深刻な事件を引き起こしたのとは対照的に、「よけいなこと」以外なにひとつ語らない二人の間には、至福のコミュニケーションが成立する。平一郎と節子はひそかに惹かれ合っているが、口に出さない。彼らは平一郎の姉（沢村貞子）が揶揄《やゆ》するように、「いつだって翻訳のことかお天気の話ばっかりして。肝心なことはひとつも言わない」カップルである。

映画の最後に駅で出会うときも、ふたりは相変わらずお天気の話に終始する。しかし、このほとんど美しいほど無意味なリフレインに、小津は理想的なコミュニケーションのかたちを見いだしている。

平一郎「やあ、おはよう」
節子「おはよう。ゆうべはどうも」
平一郎「いやあ」
節子「どちらへ」
平一郎「ちょいと、西銀座まで」
節子「あ、それじゃ、ご一緒に」
平一郎「ああ、いいお天気ですね」
節子「ほんと、いいお天気」
平一郎「この分じゃ、二三日続きそうですね」
節子「そうね、続きそうですわね」
平一郎「ああ、あの雲、おもしろい形ですね」
節子「ああ、ほんとにおもしろい形」

平一郎「何かに似てるな」
節子「そう、何かに似てるわ」
平一郎「いいお天気ですね」
節子「ほんとにいいお天気」

もしコミュニケーションの本義が情報のやり取りにあるのだとすれば、これはコミュニケーションとは言えない。節子は平一郎のことばをただ反復しているだけである。この会話から節子が引き出し得た情報は「平一郎が西銀座方面に出かける」ということだけであり、平一郎にいたっては節子から受け取る有意の情報はゼロである。けれども、それにもかかわらず、あるいは、それゆえにこそ、ここではまぎれもなく高度のコミュニケーションが生成している。子どもたちが「まだ」理解していないこと、コミュニケーションのほんとうの目的は、ことばの贈与と返礼を通じて「共同体を立ちあげる」ことにあることを、平一郎と節子は経験的に知っている。

「どちらへ?」と問いかけるものは目的地を訊ねているのではない。そうではなく、これは「どこへ行かれるにせよ、あなたの歩みに天の恵みがありますように」という祝福のことばを贈るための修辞的な問いなのである。だからこの問いに対しては「祝福をありがとう」という感謝を込めて「ちょいと西銀座まで」と答えるだけで足りるのである。

平一郎と節子はレヴィ＝ストロースがコミュニケーションについて語ったことを素直に実践している。挨拶はそれ自体が「直接的な価値の贈りもの」であることを。挨拶を贈られた者は「その不均衡を相殺するような価値」の返礼を贈り返さなければならないことを。そして、パロールの交換と婚姻とが同一の欲望に駆動されていることを。

この映画で小津はレヴィ＝ストロースのコミュニケーション論とほとんど同一のことを語っている。レヴィ＝ストロースよりもずっと愉快な仕方で。

参考文献

江戸秋生「テンキ、デンキの世界―日本映画『お早よう』」『佛文論叢』第一〇号（東京都立大学仏文研究室　一九九八）
ルネ・ジラール『暴力と聖なるもの』古田幸男訳（法政大学出版局　一九八四）
ベルナール・パンゴー他『サルトルと構造主義』平井啓之訳（竹内書店　一九六八）
ジャン・ボードリヤール『象徴交換と死』今村仁司他訳（筑摩書房　一九八四）
ローマン・ヤーコブソン『一般言語学』川本茂雄監修（みすず書房　一九八九）
クロード・レヴィ＝ストロース『構造人類学』荒川幾男他訳（みすず書房　一九七二）（Claude Lévi-Strauss, *Anthropologie structurale*, Plon,1958)

——『野生の思考』大橋保夫訳（みすず書房　一九七六）（*La pensée sauvage*, Plon,1962）

V　ジャック・ラカン

【案内編】

難解だからこそラカンである

ジャック・ラカン（Jacques Lacan、一九〇一―一九八一）　パリ生まれの精神分析医。高等師範学校で哲学を、ついでパリ大学医学部で医学を修める。最初は神経医学を学ぶが、のちにフロイト派の精神分析に転じ、一九三二年『人格との関係から見たパラノイア性精神病』で学位を取得。三〇年代におけるシュールレアリストとの交遊、（サルトル、バタイユ、メルロー＝ポンティらが聴講した）アレクサンドル・コジェーヴのヘーゲル講義を通じて、分析家として独自のスタンスを形成する。その後、カリスマ的な指導性を発揮して、フランスにおけるフロイト派精神分析運動を牽引し、「フロイトに帰れ」をスローガンとして掲げ、さまざまな誤解曲解によってゆがめられたフロイトの思考の再構築をめざした。

一九三六年、マリエンバートの国際精神分析学会で「鏡像段階理論」を発表。これは主体の形成において鏡に映る映像が持つ決定的な重要性を解明したもので、以後展開されるラカン理論の起点となる。

一九五三年、精神分析の教育法をめぐる議論の末にパリ精神分析学会（ＳＰＰ）会長の席を逐《お》われ、さらにそこから分裂したフランス精神分析学会（ＳＦＰ）も再び内紛によって分裂する。六四年、パリ・フロイト派を創設。同年、高等師範学校でのラカンのセミネールもはじまる。セミネール開講のために尽力したのはレヴィ＝ストロース、彼の講義へ学生を導いたのは当時エコール・ノルマルで教鞭《きょうべん》をとっていたルイ・アルチュセールであった。ラカンの伝説的な名声を慕って集まりはじめた若い聴衆たちは、ラカン理論を臨床的な技法としてよりは「無意識の言語」の解釈を可能にする新たな思想体系として受け容れた。六八年五月革命以後、伝統的な左翼やユマニスムを棄て、中国の文化大革命やゲバラのゲリラ戦争に社会革命理論の未来を求めた若い知識人たちの一部は、「人間」の成り立ちについての常識を根底からくつがえすラカンのうちに、新たな「導師」を見いだした。六九年にパリ大学法学部の階段教室に移り、九年間続いたラカンの講義（毎月二回、火曜日の正午から午後二時まで）には精神科医から毛沢東主義者までさまざまな出自の聴衆がひしめいた。八〇年、ラカンは再び自身の手でパリ・フロイト派を解散、新団体「フロイトの大義派」を結成する。しかしそのときにはすでに腹部の癌がラカンを冒していた。

ラカンの理論は、高度に専門的な臨床経験と、絶望的なまでに抽象的な思弁のアマルガムであり、不可解な数式や難解な文体と合わせて、まるではじめから読者の理解を拒絶しているかのように思える。多少とも解説的なラカン論の著者の多くは、正直に言うと、ラカンがなにを言いたいのかは「よくわからない」と率直に告白している。ラカン理論についての、わたしの知るかぎりもっともわかりやすい解説書を書いているショシャナ・フェルマンは、最初に『エクリ』を読んだときの印象をこう回想している。

実を言うと、読んだ膨大な頁数はわたしには理解できないものだったが、にもかかわらずわたしはそれらに深い感動を覚えた。ラカンが書いたものはマラルメの詩のように読めた。つまり難解で謎めいてはいるが、しかし力強くて感銘深い散文詩だった。（S・フェルマン、『ラカンと洞察の冒険』）

岸田秀も率直だ。

『盗まれた手紙についてのセミネール』という短い文章を見つけ、何度も繰り返し読んでみたが、どうもよく分からない。何を言っているのか、何を言いたいのか、さっぱりつかめない。そこで、私のフランス語の読解力に問題があるのかと思い、ある精神分析者と会ったときに、ラカンのことをいろいろたずねてみたのだが、彼もラカンはよく分からないと言う。（……）私はフランス人の精神分析者にもわからないのなら、おれにわかるはずがないと安心してしまい、ラカンを理解しようとする気をなくしてしまった。（ジャン＝ミシェル・パルミエ、『ラカン』「訳者あとがき」）

ラカンは難解なのではなく、そもそもそこには理解に足るような内容が含まれていないという否定的な論評さえ存在する。ラカンに批判的なベルギーの分析家は皮肉な筆致でこう書いている。

彼の思想は理解されるようにはさほど運命づけられてはおらず、熱狂を生み出すように運命づけられていたのである。（マルク・レザンジェ、『ラカン現象』）

フェルマンが言うように、ラカンの文章が「詩」であるならば、たしかにそれに対する正しいかかわり方は「理解」よりは「熱狂」であるだろう。とはいえ、フランスにおいて（師の死後、組織的には四分五裂と言いながら）依然として四千人のラカン派精神分析家がおり、日本の臨床医のあいだにも多くのラカン支持者がいる以上、ラカン理論はその秘教的な外観にもかかわらず、経験に裏づけられた実効的な方法論であることはまちがいない。
日仏では主に精神分析の専門家がラカン派の中核をなしているが、英米圏では、ラカン理論は「ポスト・モダニスム」の理論的利器として人文科学の領域に根を下ろした。先鞭をつけたのは、スロヴェニア出身の哲学者スラヴォイ・ジジェク。彼は『ヒッチコックによるラカン』（一九八八）によってラカンの知見を縦横に駆使して映画記号を解読してみせた。それ以後、英米の人文科学研究書には「ラカンによれば」という断り書きが（あたかも書き手の「科学性」を保証する護符のように）氾濫している。

　ラカンは一九五〇年代には精神分析の新しい方法論として臨床医たちを驚愕させ、六〇年代には時代を領導する精神的導師として五月革命世代の人々を熱狂させ、そして八〇年代以降は世界の大学院生たちの表象読解のための必読文献になった。これはひとつの思想のたどった旅程としてはかなり特異なものと言える。

　その汎用性の高さは、「ラカンがほんとうはなにを言おうとしていたのか、だれにも確定的なことが言えない」というラカン理論の超絶的な難解さに裏づけられている。あまりに難解であるために、だれにでも使える理論というものがこの世には存在するのだ。ラカン理論はその希有なひとつである。

物語のなかの精神分析

ラカンのもっとも知られた文献である『『盗まれた手紙』についてのセミネール』はフロイトの『快感原則の彼岸』（一九二〇）の注釈として一九五五年におこなわれた演習の記録である。論文集『エクリ』（一九六六）の冒頭に置かれたこのテクストは、多くの日本人読者にとって、訳書を通じてラカンの思考にふれる最初の経験だった。そして、例外なく読者はその文章の超絶的難解さに仰天したのである。

原因のひとつはラカンの理論そのものの難解さにあり、ひとつはわざとわかりにくく書いているとしか思えないラカンの文体にあり、ひとつは直訳で押しとおしたために理解不能となった訳文にある。以下でわたしたちはこの「セミネール」そのものの内容を「だれにでもわかるように解説する」という無謀にして困難な仕事を試みたいと思う（あらかじめお断りしておくけれど、わたしたちの読解もまた無数の「ラカン誤読」の一例にほかならない。けれども、「ラカンを誤読することこそがラカンへの唯一の接近法である」とラカン自身が太鼓判を押しているので、その点については気にされなくてよろしいのである）。

このセミネールは、ポウの『盗まれた手紙』を素材に使って、フロイトの『快感原則の彼岸』の注解を試みたものである。ラカンはここでポウの「物語」を導きの糸として、「精神分析とはなにか」という本質的な問いに答えようとしている。

わたしたちは太古以来、倦むことなく原型的な「物語」(フロイトが「原空想」Urphantasienと名づけたもの)を語り続けてきた。神話、民話、幻想、悪夢、怪奇譚、都市伝説……ジャンルや形態は変わっても、そこで語られていることは本質的にはほとんど変化していない。物語はつねに「人間の宿命」について語っている。

精神分析はわたしたちに取り憑いて離れないこの太古的な幻想や悪夢を人間という奇妙で危うい存在の成り立ち方を知るための手がかりだと考える。ちょうど建物が壊れたときにその骨組みがあらわになるように、人間が「壊れ」たとき、その精神の骨組みは白日に触れる。狂気を観察することによってはじめてわたしたちは自分の精神がどういうふうにつくられているのか(あるいは、どういうふうに壊れているのか)を理解することができる。

物語は(病的妄想と同じように)人間を理解する貴重な手がかりである。そこではどのようにして人間が壊れ、どのようにして一度壊れた人間が再構築されるかということ、ほとんどそれだけが繰り返し語られるからである。

スラヴォイ・ジジェクは、ラカン理論でヒッチコック映画を分析した書物に『あなたがラカンについてつねづね知りたいと思っていながら、ついぞヒッチコックに訊《たず》ねそびれてしまったこと』という含蓄の深い題名をつけている。その序文にジジェクはこう書いている。

ヒッチコックによるラカンであって、その逆ではない。というのも、ここでやろうとしているのは、ヒッチコックを精神分析的に解釈することではないからだ。ここでは映画を例証として、ラカンのいくつかの概念を明らかにしてゆくことを意図している。（S・ジジェク、『ヒッチコックによるラカン―映画的欲望の経済』）

ヒッチコック映画を観ていれば、それだけでラカンの基本概念は理解できる。そうジジェクは言う。それはヒッチコックが精神分析理論に映画的表現を与えたからではなく、ヒッチコックの映画がわたしたちを精神分析の第一の問い、「人間はどのように壊れるか」についての省察へと導いてゆくからである。ジジェクの先例にならって、私たちは「ラカンについてつねづね知りたいと思っていながら、ついぞポウに訊ねそびれてしまったこと」を訊ねるというやり方で進めたいと思う。

知が抑圧を読み解く

『盗まれた手紙』の物語は王室の閨房《けいぼう》からはじまる。王妃らしき人物がひとつの手紙を受け取る。そこに国王が入ってくる。王妃は手紙を卓の上に「宛名を上にして、（書面を）裏返しにされた」ままに放置して、国王が気づかないことを祈る。そこに大臣が入ってくる。大臣は王妃の狼狽《ろうばい》ぶりを見て取り、その隠し事を見破る。日常の事務を片づけると、大臣は自分のポケットから王妃の手紙と見た目がよく似た一通の手紙を取り出し、それを読むふりをしながら、手紙を王妃の手紙のかたわらに置く。挨拶をした後、素早く手紙をすり替えて姿を消す。そしらぬふりをしていた王妃は、かたわらにいる夫君の注意をかき立てることを恐れて、大臣を制止することができない。

王妃の依頼を受けた警視総監は一年半にわたって大臣の邸宅を隅から隅まで家宅捜索してきたが、捜査は徒労に終わる。しかし状況から判断して、大臣が手紙をもっていることは確かである。警視総監は名探偵デュパンに手紙探しを依頼する。

デュパンは大臣の執務室を訪れる。大臣は気楽な様子でデュパンを迎え入れ、ロマン派的な倦怠感を漂わせて応接する。デュパンは暖炉の中央にぶら下がっているボール紙製のみすぼらしいが何となくけばけばしく人目を引く状差しを見つける。そこに打ち捨てられた擦り切れた手紙に彼の眼が止まる。

デュパンはテーブルの上にたばこ入れを忘れて退出する。翌日、忘れものを取りにデュパンは大臣を再訪すると、打ち合わせどおりに、表通りで騒ぎが起こる。大臣が外に気を取られた隙に、デュパンは手紙を偽物とすり替え、大臣に辞去の挨拶をして立ち去る……

名探偵デュパンはシリーズ第一作である『モルグ街の殺人』の冒頭で、「ぼく」とパリの市街を散歩しているとき、十五分間にわたる沈黙ののち、いきなり「ぼく」の黙考に声を出して同意するという大業を繰り出してはなばなしいデビューを飾る。「ぼく」が仰天して「一体どうしてわかるんだい？　ぼくが考えていたのが……」と問うと、デュパンは十五分前に「語り手」が通りの入口で果物屋にぶつかったところから、ある俳優についての劇評を思い出すまでの思考のあとをたどってみせる。「思考の鎖は、ごくおおまかに言えばこんな具合になる。シャンティリー、オリオン星座、ニコラス博士、エピクロス、截石法《さいせき》、通りの敷石、果物屋」。デュパンはその観念の連鎖を、語り手の「顔つき」、「つぶやき」、「視線」、「姿勢」の変化だけから推理したのである。

この推理を可能にした精神の運動をデュパンは「分析的知性」と呼ぶ。分析家は「凡庸な人間の眼には超自然的とさえ映ずるような鋭利さ」をもって推理をおこなう。それは彼の「観察の仕方」が常人と異なるからである。

どこがちがうのか。

デュパンは丁半ばくちに長《た》けた少年の例を挙げて説明する。この少年は相手の賢愚の程度に同調する能力をもっている。つまり「丁の次は半、半の次は丁」というような単純な規則で手をつくる「愚か者」を相手にしているのか、「丁半の交替では単純すぎるから、同じ目を二度続けよう」と考える「もう少し程度の高い愚か者」を相手にしているのかを直感的に見分けるのである。デュパンにその秘訣を問われて、少年はこう答える。

どのくらい賢いか、どのくらいバカか、どのくらい善人か、どのくらい悪人か、とか今こいつは何を考えているのか、といったことを知りたいときには、自分の顔の表情をできるだけぴったりと相手の表情に似せるんです。そういうふうにして待ちながら、自分の心のなかに、表情にふさわしいどんな考え、どんな気持ちが湧いてくるのかを見るのです。

(『盗まれた手紙』)

この少年は、「内部」と「外部」、「精神」と「身体」というデカルト二元論的な思考にとらわれていない。相手の身体的な特徴をトレースすることで相手の心的過程と同調できるということは、言い換えれば人間の心的過程が内から外へ表現されるのではなく、外から内へ切り込むような仕方で分節されることを示している。人間の行動を統御するのは内面にある意思ではなく、むしろ外部の状況なのである。これは卓見だ。逆から言えば、非分析的知性とは、自分の基準を相手に無思慮に適用することである。警視総監が組織的に失敗する理由をデュパンはこう説明する。

あの連中は、自分じしんの頭のよさしか考えない。だから、隠してあるものを探すときだって、自分たちが隠すんだったらこういう具合にやるというような隠し方にしか注意しない。(同書)

分析的な知とそうでない知の第一のちがいはこの点に存する。自分の思考を手続き抜きに標準化して、「わたしが思考するように他人も思考しているだろう」と臆断する知は非分析的である。

分析的な知性にはもうひとつ特質がある。これは「地図を使ってやるパズル」の例を通じて披瀝《ひれき》される。これは地図のなかの任意の地名を言って、相手にそれがどこにあるかあてさせるゲームである。町でも、河でも、帝国の名でもなんでもかまわない。ゲームの素人は、相手を困らせようと思って、いちばん細かい字で書かれた地名を選ぶ。ところがある程度慣れてくると、ほんとうに見つけにくい地名は、小さく印字してあるものではなく、地図の端から端まで拡がっているようなものだということがわかってくる。そのような文字は「極端に目立つせいでかえって見逃されてしまう」からである。同じ指摘をデュパンは『モルグ街の殺人』でも繰り返す。無能な警官を評して、デュパンはこう言う。

あいつは、対象をあんまり近くからみつめるせいで、よく見えなくなっているんですよ。(……)つまり深く考えすぎるというわけですよ。真理はかならずしも、井戸の底にあるわけじゃない。それに、真理よりももっと大切な知識ということになると、こいつは常に表面的なものだとぼくは信じるな。(『モルグ街の殺人』)

警察がつねに重大な徴候を見落とすのは、彼らの捜査に熱意や注意が不足しているからではない。彼らが「小さな印字の地名」だけを探して、その水準にだけ検索の焦点を合わせているからである。徴候が表層にあからさまに露出しているとき、彼らはそれを組織的に見落とす。物語では、国王と警視総監が「極端に目立つせいでかえって見逃されてしまうもの」を見逃し続ける「構造的無知」を体現している。

なぜ、国王も警視総監も手紙を見ているのにもかかわらず、見ていることを意識化できないのか。それは「知りたくないという欲望」がはたらいているからである。

このような無意識的な過程をフロイトは「抑圧」と名づけた。逆に、探偵=分析的知性は警察が抑圧によって構造的に見落とし続けるものを発見する。それは探偵は無意識の語りを聴き取ることができるということを意味している。彼がそうできるのは、無意識が「心の奥」にひそむものではなく、つねになまなましく表層に露出していることを知っているからである。『盗まれた手紙』は抑圧とそれを読み解く分析的知性をめぐる物語なのである。

流れ出す死の衝動

先に進む前に、ここで精神分析のいくつかの基礎概念について手短におさらいをしておこう。

分析治療の過程で、患者はかならずある種の心的過程について意識化することに激しい抵抗を示す。「無意識を意識に転じようとする努力に逆らう」この抵抗の力は、症候の原因となった本来の病因的過程がそこに潜んでいることを意味している。無意識的な衝動や欲望や情動のうちで、自我に許容されないもの（自我に苦痛をもたらすもの、社会的人格と整合しないものなど）は「検閲」によって意識されずに押しもどされる。これが「抑圧」と呼ばれる現象である。抑圧された心的過程はそのエネルギーを失わず、ちょうど堰《せ》き止められた水流が別の水路を迂回して流れ出すように、夢、妄想、神経症などの症候として再帰することになる。

「症候とは抑圧によって阻止されたものの代理物である」（フロイト、『精神分析入門』）。

この抑圧プロセスでは、真の病因は意識化されず、別のものにすり替えられて繰り返し代理表象される。フロイトは彼自身の経験した実例を挙げている。

ある暑い夏の午後、私はイタリアのさる小都市の、勝手知らない、人気のない街路をぶらついていた。私はたまたま、いかがわしい性格がすぐにピンとくる界隈に入り込んでいた。小さな家々の窓には厚化粧の女たちが鈴生りになっているのが見えた。私は足を速め、そのせまい小路を通り抜けてつぎの角を曲がった。ところがしばらくやみくもにうろついてからふと気がつくと、前と同じ小路に出ているのである。そろそろ人目がこちらを見とがめ始める。私はそそくさと立ち去ったが、結果は何のことはない、またまた新たな回り道をして三度目にそこへはまり込んでしまったのだ。すると私は無気味としかいいようのない感情に捉えられた。（『無気味なもの』）

ここで抑圧されたのはもちろんフロイト自身が「いかがわしい」女たちに抱いた性的欲望である。検閲が欲望の意識化を拒んだために、抑圧された欲望は「道に迷う」という「失錯行為」を通じて、症候として回帰したのである。「無気味」な感じとは、フロイトによれば、抑圧された心的過程に固有のものである。

「無気味なものは、じつは新奇なものでもなければ見知らぬものでもなくて、心的生活に古くからなじみのある何ものかであり、それが抑圧の過程を通じて精神生活から疎外されてしまったもの」である。つまり、無気味なものとは「隠されたままでいなければならないはずなのに、それが表に出てきてしまったもの」のことなのである。

しかし、事態はこの説明で尽くされるほど単純ではない。というのは「何が抑圧されているのかがわからないままに、執拗に反復されるもの」の無気味さというものがあるからである。

たとえばクロークに預けた衣服の預かり証がかくかくしかじかのナンバー――かりに六二としておこう――だったり、割り当てられた船室のルームナンバーがまたその数字だと知れたりする。たしかにどうということのない経験にはちがいない。ところが六二という数字に同じ日に何度もお目にかかり、それ自体としては無関係な二つの出来事が双方から接近してきて、しかもアドレス、ホテルのルームナンバー、鉄道車両等々、数字表記のつくものすべてに、すくなくとも構成要素の一部に繰り返し同一の数字が再帰してくるとなると、どうということのない経験という印象は一変してしまう。「無気味」と思うのだ。（……）この同一数字のしぶとい再帰には背後に何か隠された意味があると思うのである。

（同書）

最初の例では、抑圧された「なじみ深いもの」とはフロイト自身の性的欲望だという種明かしができる（合理的な説明だ）。しかし、二番目の例では、抑圧された「なじみ深いもの」はついに名指しされることがない。ただ反復の「効果」としての「無気味さ」だけが、まるで誰も鳴らしていない楽器の残響のように回帰しているのである。

無気味な、あるいは不快な経験が、それがなにを意味するのか、なにに由来するのか、なんの役に立っているのかを知る手がかりをまったく欠いたまま執拗に再帰する病的過程をフロイトは「反復強迫」と名づけた。反復強迫の特徴は、それが「快感原則」と背馳《はいち》することである。

心的過程は原則的に「不快を避け、快をめざして行動する」。これが「快感原則」と呼ばれるものである。しかしこの原則に反する人間行動はいくらでもある。たとえば、強度のパニック経験の後に生じる外傷性神経症では、患者は繰り返し災害の場面を夢に見て驚愕のうちにめざめる。もし心的過程が快感原則に従っているのであれば、患者は健康を回復している場面を夢に見てよいはずである。だから、災害の夢を執拗に再帰させる力は快感原則には従っていない。

この「快感原則の彼岸」に属する力は「欲動そのもののきわめて奥深いところにひそむ性

質に依存しているらしく、快感原則を追い出してしまうほど強力で、心的生活のある種の面にデモーニッシュな性格を付与しており、小児のさまざまな行為にあからさまに顔をのぞかせたり、神経症患者の精神分析中のある局面に圧倒的に出現してきたりする」。(『快感原則の彼岸』)

反復強迫の一例としてフロイトが分析したのは、生後一年半の彼自身の孫のひとり遊びである。この男児は母親が長時間そばを離れると、手元にあるいろいろなものを寝台の下に投げこむ癖があった。そして投げたものが見えなくなると、「興味と満足の表情を表して、高い、長く引っぱった、オーオーオー、という叫び声を立てた」のである。この音声をフロイトは「いない」(fort)の意味と解釈した。

ある日、母の不在のときに、この子はひもを巻きつけた木製の糸巻きを寝台の下に投げこみ、「糸巻きが姿を消すと、子供は例の意味ありげな、オーオーオーをいい、それからひもを引っぱって糸巻きをふたたび寝台から出し、それが出てくると、こんどは嬉しげな『いた』Daということばで迎えた。これは消滅と再現とを表す完全な遊戯だったわけである」。

フロイトはこの遊戯が母親と子供の関係を再演したものではないかと推理する。この遊戯は「母親が立ち去るのを、さからわずにゆるすという衝動放棄(衝動満足にたいする断念)を子供がなしとげたことと関係があった。子供は自分の手のとどくもので、同じ別れと再会を演出してみて、それでいわば衝動放棄をつぐなったのである」。

しかし、注意すべきことは、子供が（外傷性神経症の場合と同じく）糸巻きの消滅（つまり母親との別離）という「苦痛な体験」をあえて遊戯化して繰り返したということである。反復によって子どもが味わう「喜び」の起源については、快感原則を拡大解釈すれば説明できないわけではない。つまり現実には不快な経験の「受動者」であった子どもが、遊戯においては「能動者」となって状況を「支配」し、また自分を棄てた母親に「復讐」を果たして快楽を見いだしたという説明である。子どもの遊戯に反復による「支配力」の回復を目指す傾向があることは経験的にも知られている（歯医者で痛い思いをした子どもは、「歯医者さんごっこ」で今度は自分が歯医者になって友だちを痛めつける）。

しかし、「能動性の回復」というだけでは説明しきれない症例も見られる。先に引いた外傷性神経症の場合がそうだし、わたしたちの周囲にいくらでも見られる「不快な経験の宿命的な反復」もそうだ。どんな友人にもかならず裏切られる人、つぎからつぎへ新しい権威に帰依してはすぐに幻滅する人、いつも同じタイプの異性と恋愛関係を結んで同じパターンで破綻する人……フロイトは、つぎつぎと三回結婚し、そのたびに病気で倒れた夫を死ぬまで看病しなければならなかった婦人の例を挙げている。これら「あらゆる人間関係が、つねに同一の結果に終わるような人」たちは、あきらかに反復強迫を病んでいる。彼らがそのような不快な経験の終わりなき反復を烈しく求めている以上、「快感原則を超えて」反復すること自身、つまりいかに不快な経験であれ同一の経験を反復することとそれ自体が快感の源泉となっていると考えるほかない。

この仮定から出発して、フロイトは、変化に抵抗し、同一の身ぶりを反復し、絶えず原場面に回帰しようとする「保守的な」指向が生物の本能に組みこまれているという説を立てる。そして、この指向に「死の衝動」(Todestrieb) という衝撃的な名称を与えるのである。

フロイトの仮説はこうだ。本能の水準では、変化と発展を求める指向と、均衡と安定を欲する指向の二つの力が葛藤している。前者は、「生の衝動」(Lebenstrieb)、「生の本能」、「性的本能」、「エロス」と呼ばれる。それは「他者」と出会い、緊張を高め、「接合」し、生殖し、生命を継続することを目指す。「あらゆる手段をつくして努めるその目標は、一定の点で異なった二個の胚細胞の融合である」。それに対して後者は、「死の衝動」、「死の本能」、「自我本能」、「タナトス」と呼ばれる。死の本能は「無生物の原状に帰還する」こと、「変化することを欲せず、たえず同一の生活経路を反復する」こと、「心的装置に興奮が起こらぬようにするか、あるいはその興奮の量を一定に、またはできるだけ低めに保つこと」、すなわち均衡と恒常性と永遠の静寂の「ニルヴァーナ」を目指す。「死の本能」という仮説の導入によって、フロイトは反復強迫という奇妙なふるまいのうちに、生物を律する太古的・根源的な力の痕跡を見いだすことになるのだが、これはまた別の長い話になるので、「おさらい」はここまで。

移動する手紙

以上の予備的考察によって、ラカンの『「盗まれた手紙」についてのセミネール』には、ポウとフロイトが、それぞれ「構造的無知と分析」、「反復強迫」という精神分析の根本概念を提供していることがわかる。では、ラカン自身はここにどのような新たな知見をつけ加えたのか。それを検証してみよう。

ラカンはこの物語は「原場面」と「第二の場面」という二つの場面から構成されており、そこにはまったく同形的な行動をとる三人の登場人物がいることを指摘している。原場面は王妃の閨房（国王の目の前で、王妃は大臣に手紙を略取される）、第二の場面は大臣の執務室（大臣はデュパンに手紙を略取される）。ラカンはこう書く。

この二つの場面での登場人物たちの行動が相似的であることはいまさら指摘するまでもあるまい。（……）私たちが注目したいのは、二つの行動が動機づけられている間主観的なものと、それが行動を構造化している三つの項である。（同書）

二つの場面は「間主観的なもの」と「三つの項」から成り立っている。「三つの項」はそれぞれ三人の登場人物の三種類の「視線」によって担われる。

第一は何も見ていない視線である。これは国王と警察に相当する。

第二は第一の視線が何も見ていないことを見て、自分が隠しているものはそこからは見えないと思いこんでいる視線である。これは王妃と大臣に相当する。

第三は、さきの二つの視線からは隠されているものが、それを略取しようと望むものには剝き出しのままに放置されているのを知っている視線である。最初は大臣、ついでデュパンがこれに当たる。(同書)

「見えているものを見落とすもの」「隠しているものが見えないと思いこんでいるもの」「隠しているものが露出していることを見ているもの」、この三種類の視線を担う登場人物によって、二つの場面で、同じ動作が繰り返される。原場面で国王が演じた役を警視総監が、王妃が演じた役を大臣が、大臣が演じた役をデュパンが、というふうに、演じる役が移動しながら、同一の身ぶりが繰り返される。

この反復の中心にある「間主観的なもの」、それが「盗まれた手紙」である。そして登場人物の全員の行動を統御しているのは、この差出人も内容もあきらかにされない手紙なのである。その手紙はいったいだれのものなのか？　ラカンはこう推理する。

考えてみよう。はじめのうち事件を分かりにくくしていた点が、今度は事件解明の手がかりとなる。それは、この物語のなかで、手紙の差出人については、手紙の内容と同じく、私たちには何も知らされていないということである。私たちが教えられたのは、大臣が王妃への宛名の筆跡からすぐに差出人を見破ったということだけである。その封印がS…公爵のものであったという事実は、大臣による偽装工作に関連してたまたま言及されるにすぎない。手紙の重要性については、それが第三者の手に渡った場合には危機を引き起こすということ、そして手紙の所有によって確保した影響力を大臣は「政治的目的のために、ぎりぎりまで活用すること」ができるということだけしか私たちには知らされない。それだけではその手紙がどんな内容なのか私たちには見当もつかない。愛の手紙なのか、陰謀の手紙なのか、密告の手紙なのか、命令の手紙なのか、警告の手紙なのか、窮状を訴える手紙なのか。手紙について私たちが知っているのは、王妃が彼女の主君であり夫君である人物にその手紙のことを知らせるわけにはゆかないということだけである。（同書）

この手紙は誰の所有に帰すべきものなのだろう。差出人であるS…公爵のものなのか、王妃のものなのか、盗んだ大臣のものなのか、デュパンのものなのか。手紙の内容もまた奇妙な性質のものである。それは秘匿されているかぎりその保持者は王妃に対して影響力を行使しうるが、いったん公開されてしまうと、もう保持者はなんの力もそこから引き出すことができない。「使わないかぎり」は有効であり、「使う」と無効になるような力。それが「盗まれた手紙」の力能である。

ラカンはこの手紙の不思議な性質をポウの原題　The Purloined Letter の原義から推理してゆく。

「盗む」(to purloin)　とはオックスフォード辞典によれば、接頭辞 pur と古仏語　loing, loigner, longe の英仏合成語である。第一の要素のうちにはラテン語の pro と同一の機能、すなわち『あとから続くものがあるとき、それを保護したり、その保証人となるために先行する』という含意がある。（……）　第二の要素、古仏語 loigner は mettre à côté（わきへ置く）、あるいは mettre à gauche（隠す）という意味になる。こうして私たちを導いている当の対象そのものによって私たちが遠回りさせられていることに気がつく。というのは、私が関係しているのはまさに「横領された手紙／迂回させられた手紙(la lettre détournée)」だからである。それは宛先へ届くまでの旅程が「引き延ばされた(prolongé)」(これが原題の英語のpurloinedの直訳に当たる)手紙であり、郵便用語を使って言えば、「引き取り手のない手紙／受難する手紙(la lettre en souffrance)」である。

それゆえ物語の冒頭にすでに告知されていたように、手紙の独特な性格は、一言にして言えば「単純かつ奇妙」ということになる。このような性格を備えた手紙こそが、題名が示すとおり、この短編小説の「真の主題／主体 (sujet)」なのである。というのも、手紙がある種の迂回を強いられるとしたら、それは迂回することこそが手紙の本来の旅程だからなのである。(同書)

手紙に支配されるすべての運命

だれにも決定的に帰属せず、どこにも定住的に帰着せず、どのような確定的な内容をも示さない「迂回し続ける手紙」、それが『盗まれた手紙』における登場人物の行動を統御している。これをラカンは「シニフィアンの影響力(incidence de signifiant)」と呼ぶ。

ラカンによれば、「シニフィアンというものは、その位置をずらしながらでなければ保持されえないものである。その位置のずらしは、原理的に次々と場所を入れ替えることで機能している（……）一巡して元の場所に帰ってくるために、シニフィアンは最初の場所を離れなければならない」。

ラカンはさらにこう続ける。

シニフィアンの位置のずらしは、主体たちがどういう行動をするか、どういう運命に従うか、何を拒絶するか、何を見誤るか、何に成功するか、どういう幸運を引き当てるか、さらにはどういう生得的な才能を備えているか、どういう後天的形質を獲得するかまでをも決定し、この決定には主体の性格も性別も全く関与しない。そして、心理学的な与件はすべて、否も応もなく、完全に、シニフィアンの歩みに従うだろう。（同書）

登場人物たちは手紙を主体的に支配できる対象物のように取りあつかおうとする。しかし、

実際に手紙に『支配される／受難する』ことになるのは主体たちの方である。手紙の陰に入ると、主体たちはその影になる。手紙をたまたま所有すると／手紙にはしなくも所有されると（tomber en possession de la lettre）――言語の驚嘆すべき両義性だ――彼らを所有するのは手紙の意味なのである。（同書）

それが同じ場面が二度繰り返される理由である。それは「手紙の意味が主体たちを所有している」からである。登場人物たちは手紙をめぐって主体的な争奪戦を展開しているかに見えて、じつは手紙にあやつられており、手紙が主体たちが演じるべきすべての動作を規定するのである。

ドラマの主人公（大臣）が、最初は大胆な企みによって成功を収めるが、同じ状況が反復されるときには敗者となるという事実から私たちはこの教訓を得る。彼が二度目には敗者となるのは、三項関係のうち、（漁夫の利を得るものの位置である）第三の位置から（むざむざ盗み取られるものの位置である）第二の位置に彼が移動したからであり、この位置移動は彼が奪い取ったもの（手紙）の力能によって強いられたのである。

彼は、原場面でと同じように、手紙を他人の眼に触れさせないためには、彼自身がその裏を掻いたのと同じく、手紙を人目にさらしておくという方法しか思いつかない。おそらく彼自身、自分が何をしているのか気がついていない。というのも、（擬態や死んだふりをする動物のあらゆる性格のうちに見いだされる）ある種の双数的関係のうちに、彼もまた瞬時のうちに巻き込まれてしまっているからである。そのようにして彼は典型的に想像的な状況——自分が「見られていない」ということはわかっているが、自分が「見ていない」ことを見られているということはわかっていない——の罠に捉えられているのである。彼が見落としているものとは何か？　それこそまさに象徴的状況である。以前は彼もそれを見ることができたのだが、いまやその状況のなかで、『自分は見られていない』というふうにおのれを見ている者」として見られているのである。(同書)

これが手紙の力である。「それを所有するとその所有者は麻痺状態になり、ついには心ならずも身動きできなくなってしまうようなもの」が手紙のなかにはある。すでに見たように、「この手紙は使われたとたんにその効力を失ってしまう」。そして、大臣は手紙には効力を発揮できるような用途しか思いつかない。大臣はそれを効果的に使う（＝効果を失わせる）以外の用途を知らないのである。

つまり言い換えれば、大臣は手紙をそのような用途で使用することを強制されているのである。(……)はっきりしていることは、手紙を無為に使われぬままにしておくことこそが大臣に強いられた使途であるとすれば、権力的な用途で手紙を使おうとしても、それは潜在的なものであるほかないということである。なぜなら手紙のもつ潜在的な力は、顕在化したとたんに消え失せてしまうからである。だから、手紙が権力の手段として存在するためには、純粋なシニフィアンの究極的な二つのあり方のいずれかを取る他ない。一つは、そのせいで手紙の重要性がいっそう増し、手紙の帰還がますます難しくなるようなさらなる迂回（さらなる裏切り）を経由することによって、手紙の正当な引き取り手に届くまでの遠回りをいつまでも引き延ばすこと。いま一つは、手紙を破棄することである。おそらく後者が、「本質的にそれが意味するものの取り消しを意味することを宿命づけられているもの」と縁を切る唯一確実な方法なのだ。デュパンは端的にそう言明していたはずである。

それゆえ、大臣がこの状況から得ている支配力は手紙に由来するのではなく、彼がそれに気づこうと気づくまいと、手紙が彼に割り振っている役割に由来するのである。（同書）

すり替えることの効果

以上がラカンの分析とその結論である。ラカンの洞見をもう一度、わたしたちなりに言い換えて要約してみよう。ラカンがこのセミネールでポウとフロイトを接合して得た知見とは「分析的知性は反復強迫を通じてその仕事をする」ということである。ラカンはセミネールのなかでつぎのことを指摘した。

(1) 物語のなかでは、三つの視線が交錯する同一の構造が繰り返される
(2) 同一場面の反復を強いる力に、登場人物は誰も抵抗できない
(3) 同一場面の反復によって、「治療」が果たされる

順番に見ていこう。

(1) 物語には、三つの異なる機能をもつ視線が登場する。第一の視線は「何も見ていない視線」(国王と警視総監)、第二の視線は「第一の視線が何も見ていないことを見て、自分が隠しているものは見られていないと思いこんでいる視線」(王妃と大臣)、第三の視線は「これら二つの視線が、隠すべきものを露出させていることを見抜いている視線」、(大臣とデュパン)。すぐにわかるのは(フロイトの「糸巻き遊び」の場合と同じく)、同じ場面が反復されると、それにともなって「受動者」と「能動者」の位置が交替することである。「糸巻き遊び」では、糸巻きが幼児の位置に入りこむと、それに押し出されるように幼児は母親の位置にずれこみ、「受動者」から「能動者」に変容する。『盗まれた手紙』では、逆の行程をたどって、大臣がみずから王妃の位置に入りこみ、大臣が

空位にしたその位置をデュパンが占めることになる。

(2) 大臣はみずから王妃の位置に入りこむ。手紙を手に入れると同時に、まるで魅入られたかのように、大臣は王妃のしぐさを反復的に模倣する。「勇敢で、明敏で、賢く」、「この世でいちばん精力的」で、「向こう見ず」で、だれであろうと反抗的な行動に出れば殺害することをためらわないような男であるはずの大臣が、手紙の外観を改造するために、「女性の筆跡」をまねて自分宛の宛名を書き、デュパンを私室に迎えるときには「奇異な女性の香り」を漂わせて、「欠伸をし、ぶらぶら歩き回り、倦怠にひどく悩まされているという振り」をし、あげくにデュパンの目の前に「つまらぬものだということを見る人に信じこませたい意図を暗示しすぎている」手紙をさらし出す。ポウが細やかに描写しているこの変貌は大臣の意思に基づくものではない。これが手紙の効果なのである。

「盗まれた手紙」の差出人がだれで、そこになにが書いてあるのかをわたしたちは知らされない。この手紙を使用しないかぎり、手紙はある種の力を持ち主に与える。しかし、手紙を使用したとたんに手紙は効力を失う。つまりこの手紙は、それがなにを意味するのか知られていないときにのみ意味をもち、なにを意味するのかが知られたとたんに意味を失うのである。「わたしを読んではならない」。それがこの「盗まれた手紙」の発信するメッセージである。抑圧されたものは、それと名指されることができないまま、代理物を迂回し、「反復強迫」の症候として回帰する。だとすれば、「それが意味するものの取り消しを意味する」盗まれた手紙こそは抑圧の心的過程そのものを指していることになる。

(3) 分析家が患者を症状から解放するときになにが起きているのかをフロイトはこう説明している。

われわれが使っている方法は、たぶん無意識的なものの代わりに意識的なものを立てること、すなわち無意識的なものを意識的なものに翻訳することであるに違いありません。(……) 無意識的なものを意識へと移すことによって抑圧を解除し、症候形成のための諸条件を除去し、原因となっている葛藤を、なんらかの形で解決されるはずの正常な葛藤に変えるのです。(『精神分析入門』)

ここで「翻訳」と呼ばれているのが、分析家と患者のあいだに成立する「転移」

（Übertragung）と呼ばれるプロセスである（ドイツ語の原義は「譲渡、転用、中継、翻訳、すり替え」）。

分析がある程度進行すると、患者は医師に対して「特別な関心」を抱くようになる。多くの場合、患者は医師に対して深い感謝と信頼と愛情を示し、その関心はしばしば性的な欲望にまで高まる（逆に激しい敵意を医師に向ける「陰性転移」という現象も観察される）。これは偶有的なできごとではなく、分析治療が山場にかかったときにはかならず生じる症状である。転移は治療上の決定的転機とされる。というのは、転移は患者と医師との関係を通じて新たに産み出された「できたての症候」だからである。

> われわれが作業の対象とするものは、もはや患者の以前の病気ではなく、それに代わって新たにつくり出された、つくり変えられた神経症であるといっても間違いではありません。（同書）

この「できたての症候」は「古い症候」よりも治療が容易である。なぜなら「古い疾患がすがたを変えてあらわれてきた、いわばその『新装版』ともいうべき神経症は、治療者がその最初から（……）発生し成長するさまを直接見てきたわけで、それにとりわけよく通じている」からである。

この「できたての神経症」を媒介項として利用することによって、分析家は患者の「精神生活の閉ざされた部分」に通じる回路を確保する。分析家の成功、つまり転移の効果とは、要するにこの「古い症候／病因となった葛藤」（古いシニフィアン）を「新しい症候／正常な葛藤」（新しいシニフィアン）とすり替えることなのである。

デュパンは大臣の部屋で「内容の知れない手紙」を「誰に出し抜かれたのかを大臣が察知できるような手がかりを残したメモ」とすり替える。それは分析家が患者の「古い神経症」を「新しい神経症」と置き換える手つきに似ている。大臣、ついでデュパンが占めた「第三の位置」、それは手紙と手紙、シニフィアンとシニフィアンのすり替えがおこなわれる場所、すなわち無意識の境域である。そこに身を置くことによって、分析者は「転移をとおして、外傷経験の反復と象徴的な置き換えとを果たし、かくして劇の最終的解決をもたらすのである」（フェルマン、『ラカンと洞察の冒険』）。

大臣は女王の身ぶりを強迫的に反復して、結果的に「見抜くもの」の第三の視点から、「見抜かれないと思っているもの」の第二の視線に移動する。それは彼の意思にはよらない。手紙の効果である。この手紙の効果は当然、つぎにその手紙の持ち主となったデュパンにも及ぶはずである。しかし、なぜかデュパンは反復強迫の影響を受けない。ここに分析技法の要諦が隠されている。
　この短い物語のあいだで、手紙をすり替えられるのは、順に王妃、大臣、デュパンである。書かれてはいないが、手紙は警視総監の手から再び王妃のもとへ届けられることが確実であるから。「盗まれた手紙」はわずかの時間のあいだに四人の手をとおって übertragen されたことになる。そのなかで、ひとりデュパンだけが手紙の効果をまぬかれている。なぜか。
　それは、デュパンが取りもどした手紙を、手元にとどめず、警視総監から手わたされた五千フランの礼金とすぐにすり替えるからである。貨幣の本義についてはわたしたちはレヴィ＝ストロースの解説編にこう記した。

「貨幣はそれをなにかと交換してくれる人に『もう一度出会わない』かぎり無価値である。貨幣を受け取った人間は、それを別のなにかと交換する人間と、どうしてももう一度出会わなければならない。退蔵しているかぎり無価値であり、できるだけ早く別のなにかと交換しなければならないという商品性格そのものが、貨幣の商品価値を構成している」。

　ごらんのとおり、貨幣の機能は「盗まれた手紙」と類比的である。それを所有する者はそれをなにかとすり替えてくれる人物の登場をひたすら待望することしかできない。そのかぎりで、貨幣の所有者は（手紙を所有していたときの王妃や大臣と同じように）、貨幣が目の前でなにかとすり替えられるのを「むざむざと見過ごす」機会を待ち続けているのである。

デュパンが「手紙の影響力」から解き放たれたのは、彼が手紙と貨幣は同質のものだということを熟知していたからである。それはただのシニフィアンにすぎず、それを退蔵する人間を宿命的に石化させる。重要なのは交換を起動させ、継続することである。

分析医のところに来る患者はある意味で「石化」している。患者は経済活動ができないか、コミュニケーションができないか、愛を成就できないか、（レヴィ＝ストロースの言う）「交換の三次元」のどこかで停止している。治療とは、患者をその停止状態から動かし、交換の運動に巻きこむことである。極言すれば、それだけのことである。

そのために分析医は、転移を通じて、患者から受け取ったシニフィアン（古い症候）を別のシニフィアン（新しい症候）とすり替え、患者から受け取った「それが意味することの取り消しを求めるシニフィアン」（「抑圧」された心的過程）を貨幣とすり替えてみせるのである。そのとき、手紙＝「抑圧された心的過程」は再び循環プロセスに復帰し、症候は緩解する。

ねじれる鏡像の「私」

「私の機能を形成するものとしての鏡像段階」は一九四七年にチューリッヒの国際精神分析学会で報告された。

鏡像段階とは幼児が、生後六ケ月から十八ケ月において、鏡に映った自分の像を自分であると認識して、強烈な喜悦を経験することを指す。人間以外の動物の場合は、鏡像には実体がないことがわかったところで鏡像に対する関心は終わってしまうが、人間の子どもの場合は鏡のなかの自分と像の映りこんでいる自分の周囲のものとの関係を「遊び」として体験する。この強い喜悦の感情は幼児がこのときにある種の達成を経験したことを示している。幼児は「私」を手に入れたのである。鏡像段階は「ある種の自己同一化として——つまり、主体がある像を引き受けるとき主体の内部に生じる変容として——理解」される。

まだ動き回ることができず、栄養摂取も他人に依存している幼児的＝ことばを語らない段階（stade infans）にいる子供は、おのれの鏡像を喜悦とともに引き受ける。それゆえ、この現象は、私たちの眼には、範例的な仕方で、象徴作用の原型を示しているもののように見えるのである。というのは、「私」はこのとき、その始原的な型の中にいわば身を投じるわけだが、それは他者との同一化の弁証法を通じて「私」が自己を対象化するより前、また言語の習得によって「私」が普遍的なものを介して主体としての「私」の機能を回復するよりも前のことだからである。（「私の機能を形成するものとしての鏡像段階」、『エクリ1』）

人間の幼児は未成熟な状態で生まれてくるため、生後六ケ月程度ではまだ動きまわる能力がなく、栄養補給も他者に依存するという無能力の状態にある。幼児は自分の身体のなかにさまざまな「運動のざわめき」を感知してはいるものの、それらはまだ統一的な身体図式を構成するにはほど遠く、混沌としている。この非統一的な身体感覚は、幼児期の根元的な無能感、環界との「原初的不調和」がもたらす不快感と結びついて、幼児の心の奥底に「寸断された身体」という太古的なイマーゴを形成している（それは成熟を果たした後も、妄想や幻覚や悪夢を通じて、繰り返し再帰する）。この「原初的不調和」は幼児が鏡像を「私」として同定することによって一気に解消される。

しかし、この気ぜわしい統一像の騙取《へんしゅ》は取り返しのつかない裂け目を「私」の内部に呼びこんでしまう。というのは、幼児は「始源的な型」のごときもののうちにその身を投じるという仕方で「私」の統一像を手に入れるわけだが、鏡に映ったイメージは、どう言いつくろおうとも「私そのもの」ではないからである。つまり、人間は「私ならざるもの」を「私」と誤認することによって「私」を形成するのである。「私」の起源は「私ならざるもの」によって担保されており、「私」の原点は「私の内部」にない。これが人間的事況である。

大事なのは、この型が、自我（moi）の社会的決定に先んじて、虚構の系列のうちに自我の審級を定位するということである。この虚構は個人にとっては永遠に既知に還元不可能である。というよりむしろ、この虚構は、主体の生成に永遠に触れることのない漸近線のようにしかかかわってこないというべきだろう。（……）というのは、主体が幻影を通じておのれの能力の成熟を先取りするのは、身体の完全な型を通じてであるわけだが、この型はゲシュタルトとして、つまりある種の外部を経由してしか主体には与えられないからである。（……）このゲシュタルトはその現れ方の二つの様相を通じて、「私」の心的恒常性を象徴すると同時に「私」の疎外的な宿命を予示している。（……）人間は自分を見下ろす幽霊に向かって突進するようにその彫像に身を投じ、人間の作り出した世界は、謎めいた関係を介して、その「からくり人形」において完成するように思われるからである。

（同書）

「私」の外部を「私」の内部にねじりこむようにして果たされたこの自己同一性の確立は、別の言い方をすれば「状況による主体の略取」（captation du sujet par la situation）という「狂気のもっとも一般的な定式」を人間の起源のうちに呼びこんでしまう。人間はそのようにしてほとんど誕生と同時に狂気を病むことになる。このような人間理解はフロイトのつぎのようなことばとも符合する。

われわれは皆病気である、すなわち神経症にかかっている、なぜなら症候形成の諸条件は正常者にあっても指摘できるのだから。（『精神分析入門』）

分析的会話に入りこむ「第三者」

ラカンの治療原則はこの前提から導かれる。つまり、「私」という中枢を根拠にして生き思考する人間はみな程度の差はあれ狂人だということである。それは「自我を知覚―意識システムの中心に位置するものとして構想する」哲学、つまり「私が正気であることを自明の前提とする」知にまずもって懐疑の目を向けるということを意味している。みずからを透明で安定的な学知として定位するものは、おのれの知そのものを起源的に蝕んでいる狂気についての反省にはいたることができない、ラカンはそう考える。

「転移」のプロセスが示すように、分析家は患者（ラカン派では患者と言わずに「分析主体」analysant と呼ぶ）の無意識を仮説的に「物語」として読みこんでゆく。それは透明な治療者の知が患者の狂気を解析してゆくというような非人称的、中立的な作業ではない。患者のうちに読みこまれた「物語」は、じつは読みつつある分析家（の無意識）をそのうちに巻きこんでいるからである。このメカニズムについてはいささか補足的な説明が必要だ。

こんな場面を想像してもらいたい。あなたはいま、分析医に向かってあなたの「トラウマ的体験」を語ろうとしている。だが、「トラウマ」という以上、それを言語化することには強い抑圧がはたらいており、あなたのことばは経験の核にときおり漸近線的に近づくけれども、決して直接「経験そのもの」を名指すにはいたらない。

けれども、そのことは対話の進行を妨げるわけではない。というのは、聴き手はあなたの語ることばに微妙な反応をしてくれるからだ。ことばが核心に近づいたと思うと聴き手は興味深げな表情をして話に聴き入る。ことばが核心から離れ出すと失望がその表情に浮かぶ。あなたはそれらのシグナルを参考にして、語りつつ微妙な「軌道修正」をおこない、聴き手が深く聴き入るようなことばを選択的に語ろうとするようになる。そして、あなたはいつの間にか「はじめに言おうとしていたこと」からずいぶん隔たった地点でセンテンスを語り終えている自分を発見する。

あなたがトラウマ的体験を近似的とはいえ語り終えたとき、この回想を語ったのは、いったいだれなのだろう？　それは厳密に言えば、あなたではない。むろん、聴き手でもない。強いて言えば、それはあなたが「聴き手の欲望」と見なしたものの効果である。あなたは対話において、「聴き手の欲望と見なしたもの」に配慮しつつことばを調整し、聴き手はあなたのことばのうちに彼自身の欲望を発見する。けれども、それは「聴き手の欲望そのもの」ではない。なぜなら、彼はそれが「彼の欲望」であることを、あなたのことばを通じてはじめて知るからである。

分析的対話とはそのようにして「合作」された「物語」である。分析者がこの「仮想現実」の境位にリアルな登場人物として出現してはじめて分析は実効的となる。「患者の物語の中に登場してくる（ヴァーチャルな）分析者」は「患者の物語を今読みつつある（現実の）分析家」にとって一種の「他者」である。そして、この他者である分析者、二人の対話に差し招かれて登場した「第三者」こそが、分析を実質的に前進させるのである。この第三者は患者についてたしかになにかを知っている。けれどもこの知は、患者のものでも、分析医のものでもない。それはだれも所有していない知、だれの意識にも帰属しない言説である。

分析的対話の推力を担う「第三者」（ラカンは「他者」と呼ぶ）の権能を認めてしまえば、治療者がみずからを透明で中立的な知性に擬して、患者を高みから馴致教化するというような治療観は成立しようはずもないのである。

「私」が「私」に嫉妬する

鏡像段階を経由した人間は、おのれの自己同一性を「視覚像的＝想像的」(imaginaire)な仕方で先取りする。この最初の「ボタンのかけちがい」が以後の人間のあり方を宿命的に規定する。鏡像(それは「私の外部にあるもの」だ)を「私」と同定する者は当然ながら同じような仕方で視覚的に出現するものをその後もたやすく「私」と誤認することになるからだ。

たとえば、幼児は仲間が転ぶと、自分が転んだつもりになって泣き出し、仲間を殴っておいて、自分が殴られたと訴え出る。べつに嘘をついているわけではない。「私」の鏡像と自分と相貌の似た他の子どもを識別できず、他者に想像的に同一化してしまうのである。

同じことはラカンが「原初的嫉妬」ということばで呼ぶ現象にも見られる。幼児は他の子が欲しがるものを欲しがる。子供時代にだれでも経験があるだろうが、ひとりの子がある玩具を欲しがると、他の子たちにその欲望が感染する。同じひとつの玩具を奪い合って、壮絶な競争がはじまる。最初の子があきらめて、別のものに関心を移すと、今度はその欲望が全員に感染する……手に入れてみると、そんなものを少しも欲望していなかったことに気づくようなものに、子どもたちは雪崩を打って殺到する。この欲望に「私」は抵抗することができない。なぜなら「私」の欲望は「私」の内部にはなく、「私」が想像的に同一化してしまった他者の欲望を媒介として外部から到来するからである。

鏡像段階理論で確保された想像的な自己同一化についての知見と、反復強迫についての知見とを照合するとき、わたしたちはようやくラカン理論の核心である「想像界と象徴界」のとば口にたどり着いたことになる。

大臣が執務室にデュパンを迎えるとき、それと気づかずに王妃の身ぶりを反復していたことを思い出そう。わたしたちがいま学んだばかりの用語で言えば、大臣はこのとき王妃と「想像的な関係」を結んでいる。「私」ならざるものを「私」と誤認し、他者の身ぶりを鏡に映った「私」自身の身ぶりだと見まちがえるという仕方で、まるで鏡像を眺めているつもりが、いつの間にか鏡像に眺められていたかのように、大臣は被制態に陥り、王妃のしぐさを模倣させられるのである。

「想像界」、すなわち想像的関係が支配する境域には「私」と鏡像しかいない。「私」の前に立つものはすべてが「私」の鏡像として把持される可能性がある。幼児にとってもっとも親密な「他者」である母親は実際には「他者」としては認識されていない。だから母子関係のうちに安らぐ幼児は、きわめて親密で快適な自他未分化の原初的調和を享受しているが、それと同時に、「二人なのにひとり」という根元的な不条理からは暴力的なきしみも派生する。

ラカンが学位論文であつかった「症例エメ」はその一例である。エメは自分の持っていないもの（地位、教養、名声など）を占有していると思われる上流婦人をおのれの鏡像と見なし、それに想像的に同一化することで幻想的な満足感を得ようとする。しかし、その満足は長くは続かない。やがて彼女は鏡像にすぎぬ者が不当にも彼女の権利を簒奪《さんだつ》し、彼女を主人の座から追い落とそうとしているという妄想に取り憑かれ、ついには彼女の鏡像であった女優Zにナイフをふるって収監される。

想像的関係には、いずれが「本体」でいずれがその「写し」であるのかを決定するレフェリーがいない。両者は文字どおり「ゼロサム」の関係に巻きこまれている。「私」と鏡像とのこの抜き差しならぬ関係をラカンは「双数的＝決闘的関係」(relation duelle) と術語化した。ちょうど司直の介入を排した「決闘」がそうであるように、いずれが勝者でいずれが敗者か、いずれが主人でいずれが奴隷か、いずれが本体でいずれが写しかは、相克的な戦いを通じて決するほかないのだ。

「二人でひとり／二人なのにひとり」という想像的な癒合、それによるアイデンティティのゆらぎという想像界のドラマはすべての「相克の悲劇」の説話的元型だが、この暴力的でアナーキーな境位から離脱するためには、「私」と鏡像をともに一望に俯瞰《ふかん》しうる、想像界より一次元高い審級を立ちあげることが必要となる。この上位審級の要請はそのまま「決闘」と「裁判」の関係に類比的である。裁判官は、双数的＝決闘的当事者たちを引き離し、その理非について公共的な基準をもって裁定を下す。「第三者」が禁止と制裁にかかわる法的言語をもって「裁き」を下すのだ。それが「象徴界」(le symbolique) の構造である。

「私はもう死んでいる」

フロイトの「糸巻き遊び」の事例を思い出してみよう。それはこの遊びがすぐれて象徴的な営みだからである。

幼児は「糸巻き」を自分になぞらえ、自分を母親になぞらえる一種の「ロール・プレイング・ゲーム」をしていた。幼児は「私」というあいまいで無力な存在を「糸巻き」という堅牢で明確な輪郭をもち操作可能な「もの」にすり替えた。これは幼児にとって少しもむずかしい仕事ではない。というのは、あるものを別のあるものと見まちがえるという操作は想像界の住人である幼児にとっては手慣れたルーティンにほかならないからだ。

しかし、この遊びを通じて幼児は想像界からのテイク・オフを果たす。その手順を見てみよう。

この遊びの画期的な点は、「糸巻き」の消滅と出現が「オーオー」と「ダー」という分節音声をともなう点に存する。糸巻きを寝台の陰に消して、「オーオー」と叫んだ瞬間に、この子どもは「私の消滅／糸巻きの消滅／『糸巻きの消滅』にともなう分節音声」の三項からなる記号システムを立ちあげたことになる。この三項は言語学の用語で言えば「指示対象／シニフィエ／シニフィアン」の関係をかたちづくっている。

子供は「私は消えた（fort）」と宣言する。「私」は消えた。にもかかわらず、「私は消えた」と発語する「私」がいる。ということは、「消えた私」と『私は消えた』と発語している私」は別の審級に属していることになる。この「私の二重化＝私の分裂」を待ってはじめて「私の存在」は決定的な仕方で世界に「登録」されるのである。背理的なことだが、なにかを象徴的に「存在させる」もっとも確実な方法は「それはもう存在しない」と宣言することなのである。

フロイトは『否定』を論じた短い論文でつぎのような患者の例を挙げている。

患者が「わたしは、夢である人に会いました。だれだとお思いになりますか。でも、母でなかったことははっきりしています」と言った場合、その意味は「わたしが夢で会ったのは、ほかならぬ母なのです」ということである。

「否定」は、あるものを打ち消すことを通じて、そのあるものに迂回的に注意を差し向けさせる。抑圧されている表象や思考内容は、それが否定されるという条件のもとではじめて意識の世界に入りこんでくるのである。

これこそわたしたちの生きているあらゆる場面で起こっていることがらである。モーリス・ブランショはことばの持つこの「存在しないものを存在させる力」について印象的な一文を書いている。

神を見た者は死ぬ。ことばに生命を与えたものはことばのなかで死ぬ。ことばとはこの死せるものの生命なのだ。ことばとは「死をもたらし、死のうちに生きながらえる生命」なのだ。驚嘆すべき権力だ。何かがそこにあった。それがいまはない。何かが消え去ったのだ。(『文学と死の権利』)

おおかたの人が信じているように、ことばは「そこにないもの」を「それがある」と言って幻影的に現前させる魔術ではない。そうではなくて、ことばは「それは消え失せた」と言うことによって、なにかの痕跡を存在させる魔術なのだ。

フロイトは、人間の発するすべてのメッセージは最終的には「私はもう死んでいる」という一言に集約されるという洞見を示した。まさに「私という機能」はそのような魔術的な仕方によってはじめて到成するのである。

これが「象徴界への参入」というプロセスである。想像的境位に固着しているあやふやな「私」は、「私は消えた」という宣言によって、そのような宣言をなしうるものとして堅牢に基礎づけられる。

フロイトの例によれば、「母親の不在」という、幼児にとってはきわめて根元的な喪失経験に動機づけられて、幼児は記号操作の習得のやむなきにいたる。母親と想像的に癒合していた幼児にとって、母親との離別の苦痛は耐え難い。幼児にとって想像的他者の不在が「名づけえぬもの」であるかぎり、それがもたらす喪失感は世界の崩落に等しい。

しかし、「母の不在」を言いあらわす記号を幼児が獲得し、その記号が他者に認知され、理解されるようになると、「母の不在」という経験のもたらす苦痛は緩和される。苦痛は「苦痛そのもの」であることを止めて、「苦痛の記号」になるからだ。「母が存在しない」と幼児が宣言するとき、「母の不在」は「母の不在」というなまなましい事実であることを止めて、『母の不在』という物語」に書き換えられる。そこにいない母は記号的に奪還され、「そこにいない」という仕方で存在しはじめることになる。

「王女が魔王にさらわれる」ところからはじまる民話から、「今日母が死んだ」ではじまる小説まで、じつに多くの物語が「起源における喪失」の経験から語りはじめられるのは決して偶然ではない。記号作用は、ちょうど「糸巻き」遊びの幼児がしたように、「経験それ自体」を「経験の記号」とすり替えることによって、経験に固有の「なまなましさ」を無害化する（ラカンはこの手続きを「去勢」と呼ぶ）。これが人間にとって、鏡像段階に続く第二の転換点となる。鏡像段階で、外部にある「私ならざるもの」との同一化によって想像的に騙取された「私」は、この第二の転換点で「私はいない」と宣言することを通じて象徴的に基礎づけられることになる。

人間は「私」になるために二度の「命がけの跳躍」をしなくてはならない。鏡像段階を通過できなかった幼児は「寸断された身体」という太古的なイマーゴに苦しめられ続けることになるだろう。記号操作の習得に失敗した子どもは、それ以後、言語、法、国家、貨幣……なんであれ、「あるものが別のなにかを代理的に表象している」という記号の機能そのものが理解できなくなるだろう。これを超えなければ「人間」にはなれない。このプロセスが「エディプス」と呼ばれる。

そして「父」が立ちはだかる

「エディプス」とは、図式的に言えば、記号操作を習得することを通じて、「近親相姦的欲望のシニフィアン」が「欲望を代理するシニフィアン」にすり替えられ、「象徴界」が構成されることである。ラカンがエディプスにおける父性的なものによる威嚇的介入を「父の否／父の名」(Non du Pére/Nom du Pére) と名づけたのは、それが父親から下される母親との「想像的癒合の禁止 (Non)」と、「名辞 (Nom) の学習」という二つの命令を同時的に含意するからである。

アナログな世界にデジタルな切れ目を入れる機能、それが精神分析的な意味での「父」である（精神分析的な「父」は生物学的な存在でも、親族名称でもない）。それは子どもからすれば、「私」と「想像的他者」の切断を受け容れ、併せて「世界は記号的に分節される」という事実を受け容れることである。

「父」を受け容れること、「主体を構成しているのは象徴的秩序だ」と学び知ること、それがエディプスということの意味であり、それこそ『盗まれた手紙』をはじめとするほとんどの物語が私たちに語り聞かせている人間についての真理なのである。それについて語ったラカンの印象深いことばを思い出そう。


だからこそ、どんなでたらめな作り話であっても、（……）思いつき的に作られていると信じられている作り話のほうこそむしろ象徴的なものの必然性をそれだけ純粋な仕方で明らかにしているのである。（同書）

実際に「思いつき的に作られていると信じられている作り話」をひとつここで取りあげてラカンのことばを確認してみよう。『こぶとり爺さん』という童話である。

これは、鬼の前で上手に踊ってみせた「よいお爺さん」がこぶを取ってもらい、踊りが受けなかった「悪いお爺さん」がこぶをつけてもらうという（よくよく考えるとかなり不条理な）物語である。

この物語に「教訓」があるとすれば、それはなんだろう。

「芸は身を助ける」だろうか？　それはありえない。「よいお爺さん」が日頃から踊りの稽古に余念がなかったなどという記述はどこにもないからである。二人ともいずれ劣らぬお粗末な素人踊りを鬼の前で披露した。にもかかわらず一方は報償を受け、一方は罰せられた。

この物語ではまず鬼が登場するので、わたしたちはそれが二人の差別化ののち事後的に構成された仮象であるという可能性に思いいたらない。しかし、精神分析がもたらした重要な知見のひとつは「物語の意味は逆に読まないと見えてこない」ということである。

差別しがたいほどに粗末な素人踊りを披露した二人のうち一方は報償を受け、一方は罰せられた。差別化がなされたが、それがどういう基準に基づくものか差別された側には理解できないということ、これがこの物語の核心である。

まちがえないでおこう。爺さんたちは「子ども」である（夢においてと同じように、抑圧された心的過程はかならず似ても似つかぬものに擬装して登場する）。「私」の外部にあって、なにを考えているのかわからない「強大なもの」がいる（それを「鬼」と呼ぼうと「天狗」

と呼ぼうと「神」と呼ぼうとかまわない)。ある強大なものが起源に存在し、世界を分節している。「私」はそれにはるかに遅れてこの世界に到来した。だから、「私」はどういう「ルール」で「ゲーム」がおこなわれているのかわからない。「気がついたら、ルールがわからないゲームにプレイヤーとして参加していた」というのが象徴界における「子ども」の立場である。

しかし、「このゲームにはルールがある」と確信するためには、「ルールを知る」ことを要さない。それは『創世記』で、主がアベルの供物を嘉納《かのう》し、カインの供物を拒否したときと同じである。なぜ自分の供物がしりぞけられたのかカインは理解できない。しかし、そのことは主が全能であることへの確信を少しも傷つけない。むしろ、「どういうルールで世界が統御されているのか、わたしにはわからない」というカインの不条理感が「被造物感」を導き、それが「全知全能の主が存在する」という宗教的確信を基礎づけるのである。

人間の無力さは、その極限において、「おのれが無力である」という事実を、事実のままに受け容れることができないほどに無力であるというかたちをとる。そのとき、無力な人間はおのれの無力を自分の「外部」にあって「自分より強大なもの」の干渉の結果として説明しようとする。「私の外部」にある「私より強大なるもの」が「私」の十全な自己認識や自己実現を妨害している。「私」が無力なのではなく、「強大なる者」が強力すぎるのだ。「全能の父」の存在こそは「私の無力」を合法的に説明できる唯一の文脈なのである。

「私」の外部に神話的につくり出された「私の十全な自己認識と自己実現を抑止する強大なもの」のことを精神分析は「父」と呼ぶ。「父」は「私」の無力さを含めて「私」をまるごと説明し、根拠づけてくれる神話的な機能である。

『こぶとり爺さん』の二人の爺さんは文字どおりの鏡像であり、想像的＝双数的関係のうちに癒合している。その意味で彼らは幼児なのである。想像的境位を離脱して象徴界に参入するために、彼らは二つの条件をクリアーしなければならない。ひとつは、想像的に癒合している二人を「暴力的に切断すること」。ひとつは、二人を「記号的に差異化すること」である。そして、『こぶとり爺さん』では、想像的他者との切り離しは「こぶの切断」（これは去勢のメタファーである）という威嚇的な行為を通じて、世界の記号的分節は「こぶのある爺さん／こぶのない爺さん」への差異化を通じて達成される。

おそらく世界中にこの種の物語は無数に存在するはずであるが、その教化的なメッセージはただひとつのことばに集約されるしかない。それは「成熟せよ」ということである。

豚のパロール

「私」は成熟へ向かうプロセスにおいて二度「命がけの跳躍」をおこなうと先ほど書いた。

一度目は、鏡像段階において、「私の外部にあるもの＝母」を「私」と同定することによって。二度目は、エディプスにおいて、「私の外部にあるもの＝父」の威嚇の下に「母の不在」を『母の不在』の記号」と置き換える術を学ぶことによって。この二度の経験に共通している図式は、あるものを別のあるものとすり替えることによって「私」はそのつど危機を逃れつぎのポジションに進む、ということである。

先に見たように、レヴィ＝ストロースはこの存在論的な宿命を「交換」ということばで表現した。「財貨・サーヴィスの交換」、「メッセージの交換」、「女の交換」は人間に類的に課された責務である。わたしたちは経済活動をおこない、コミュニケーションをおこない、親族を形成する。なにかを受け取ったら、それを別のものにすり替えてつぎに送る。「パスすること」、それが人間の宿命なのだ。どうしてそういうことになったのか、わたしたちはその起源を知らない。人間はそういうふうにできているのだ。あるいはそういうふうにできているものを「人間」と呼ぶということしかわたしたちは知らない。

精神分析の治療とは、要言すれば、「人間ならざるもの」を「人間」にするプロセスだということになる。だれかが「心を病んでいる」。それは要するに、その人が「経済活動に参加できない」か「意思疎通できない」か「愛を交わすことができない」か、そのいずれかに該当する。だから、治療とは、停滞しているコミュニケーションを再起動させること、つまり、受け取ったものをすり替えて、つぎの人に手わたすという流れに再びその人を巻きこむこと以上を意味するわけではない。

統合失調症患者はしばしば「コミュニケーションからの排除」を経験する。人々に聞こえていることがわたしには聞こえない、みんなが理解している暗号コードが自分には知らされていないと患者は訴える。なにかが欠けているのだ。「この『何か』は、それがないために他者の言うことが暗号のごときものになってしまうもの、他者の言語的交流のなかに入ることができないもの、である。」（小出浩之、『ラカンと精神分析の基本問題』）

精神分析では、このようなコミュニケーション失調に対処するために、治療者はまずひたすら患者のことばに耳を傾ける。重要なのは患者の言説を理解しているかどうかではなく、患者の言説の内部にとどまることである。

分析家が患者に与えるのは「理解」ではなく、「返事」である。だから、パロールの意味が受信者に理解できないことは少しもコミュニケーションを妨げない。ことばの贈りものに対してはことばを贈り返す、それだけでよいのだ。

「ことばが聴き取られる」とはどういうことかについて、ラカンは卓抜な比喩を用いて教えている。オデュッセウスの仲間たちがその冒険の途中で豚に姿を変えられてしまったとき、彼らは豚小屋でブーブーと鳴き続けていた。ラカンはこれがパロールとして聴き取られるためにはどういう条件が必要かという問いを立てる。「豚小屋という閉じた空間の中でひしめきあっているこのか細い声から我々に届いてくるブーブーというこの鳴き声が、パロールであることがどうして分かるのでしょう?」その問いにラカンはこう答える。

豚のブーブーという鳴き声がパロールになるのは、その鳴き声が何を信じさせようとしているのだろうかという問いを、誰かが立てる時だけです。パロールは、誰かがそれをパロールとして信じる正にその程度に応じてパロールなのです。(「パロールの創造的機能」、『フロイトの技法論(下)』)

豚に化身したオデュッセウスの仲間たちがブーブーと鳴いて、オデュッセウスに伝えようとするのは、(変わり果てたすがたになってはいるけれど)自分たちが彼の仲間だということである。「仲間としてオデュッセウスによって再認されること」、それが豚たちの願いである。このとき、豚が「なにを」語っているのかということは副次的な問いにすぎない。というのは、「豚はなにを言おうとしているのか」という問いは、豚の鳴き声が「パロールである」ということを認知した場合にしか立たないからである。その意味を聴き取ろうとする人間がいるかぎり、どのような無意味で非分節的な音声も、パロールとして聴かれる可能性があるのである。

精神分析的対話の目的は、患者が「なにを」言おうとしているのか、その意味を確定することにはない。そうではなくて、患者をパロールの往還の運動のうちに引きずりこむことなのである。

このときに分析家と患者のあいだに「転移」が成立し、患者は分析家を経由して「おのれ自身についての知」を獲得する。このとき患者が知るのは、自分の症候の「真の病因」などではない。患者がこのとき知るのは、あなたが欲しいものを手に入れるためには他者からそれを贈られなければならないという人類学的な真理なのである。


知とはすでにそこにあるものであるが、常に他者（Autre）のうちにある。言いかえると、知は実体ではなく、構造的力動性である。知はいかなる個人によっても占有されず、自分が知っていること以上のことを語る二つの部分的に無意識的な発話のあいだの相互的な学び合いの成果として出現するのである。（フェルマン『ラカンと洞察の冒険』）

注意深い読者は、この文章の「知」という語を「女」に置き換えると、そのまま婚姻規則についてのレヴィ＝ストロースの記述と重なることに気づかれただろう。「転移は愛である」

というラカンのことばは、文化人類学の語彙で言い換えれば「婚姻は愛である」と言っているに等しい。

「メッセージの交換」と「エロス的交流」を果たした患者は最後に分析家によって「経済活動」のうちに巻きこまれる。分析家はセッションの終わりに治療費を請求する。決して無料で治療してはならないというのは精神分析の原則である。ラカンの有名な「短時間セッション」は場合によると握手だけで終わることがあったが、そのときでも（おそらくは五千フランと手紙をすり替えたデュパンを範として）ラカンはかならず料金を受領した。料金を支払えなかった患者に対してラカンは「男には平手打ちを食わせることはためらわなかったし、女の場合は髪をひっぱることをためらわなかった」（レザンジェ、前掲書）と伝えられている。このようなふるまいが分析家の個人的強欲から出ていると思う人はいないだろう。

分析医と患者はことばを交換し、愛を交わし、貨幣を取り交わす。こうして精神分析の診察室において、分析主体はレヴィ＝ストロースの示した「三つの水準」においてただしくコミュニケーションを到成したことになる。それが「治癒」あるいは「成熟」という語の人類学的な意味なのである。

【実践編】『異邦人』

世界は理解不能である

アルベール・カミュ（Albert Camus、一九一三―一九六〇）の『異邦人』（*L'Étranger*）は一九四二年にドイツ軍占領下のパリでガリマール書店から刊行された。全編一人称複合過去というハードボイルドな文体で貫かれたこの小説はたちまちベストセラーとなった。連合軍によるパリ解放後、この新進作家が、じつは地下新聞『コンバ』で抵抗の大義を説き続けたレジスタンスの英雄的ジャーナリストと同一人物であることが知れるに及んで、三十歳になったばかりのカミュは戦後フランスにその知的威信をもって君臨することになった。『異邦人』はフランス文学の新しい風として歓呼をもって迎えられ、世界中の言語に訳された。いまだにこの小説は『罪と罰』や『トニオ・クレーゲル』や『グレート・ギャツビー』とともに「青春小説」の古典として読み継がれている。

『異邦人』のあらすじを紹介しておこう。

主人公ムルソーはアルジェの商社ではたらくクールで知的で独立心の強い青年である。格段の野心もなく、労働者街の人々にたちまじってその日その日をすごしている。養老院にいる母が死に、その葬儀に出かけるが、特に悲しみを示すでもなく、ことごとしく服喪するでもない。翌日、海岸でマリーという女性と親しくなり、愛人関係を結ぶ。同じアパートにいるやくざのレイモンに気に入られるが、そのためにレイモンに恨みを持つアラブ人たちとの諍《いさか》いに巻きこまれ、ナイフを抜いてきたひとりのアラブ人を海岸で射殺することになる。

取り調べのときに、予審判事は彼に事件の説明と改悛を求めるが、ムルソーは自分の行動をうまく説明することができない。裁判で友人たちはムルソーの「男らしさ」を証言するが、検事は彼が母親の喪に服さなかったことを取りあげて、彼を人間の心を持たない怪物のように描き出し、ムルソーは斬首の判決を受ける。判決後、神父が彼に最後の改悛を求めに来るが、それを拒絶したムルソーは、自分の短い人生が無意味なまま完結することに深い満足を見いだす……

こうやってプロットだけ書き出すとずいぶんと奇妙な話である。しかし、この「奇妙な話」に戦後フランスの若者たちは熱狂した。それはこの小説にはフランス人は決して口にしてはならない「禁忌」のことばが乱舞していたからである。それは主題的に提示されているわけではなく、おそらくカミュ自身も自分がそのようなメッセージを発信していることに気がついていなかった。

カミュは同時に刊行された『シシュフォスの神話』という哲学エッセイで、この小説の主題を自分で解説した。自注によれば、その哲学的主題は「不条理」なるものである。

「不条理」とは慣れ親しんだ世界に裂け目が生じ、その隙間から見知らぬ無気味なものが出現してくる経験である。どんな人でも自分と周囲の現実のあいだに一枚のガラス板が入りこみ、すべての現実性が奇妙によそよそしくなる瞬間を経験したことがあるはずだ。自分がどこか見知らぬ土地を歩いているようなこの「異郷感」、それが不条理の感覚である。

世界のこの厚みとよそよそしさ、それが不条理ということである。(『シシュフォスの神話』)

ここからカミュはひとつの哲学的態度を導き出す。それはこの世界が向ける敵意や異郷感を、何らかのでき合いの思考を使って合理化しないという知的禁欲である。

この世界はそれ自体が理解を絶している。世界について私たちが言えるのはそれだけだ。

この不条理経験をさらなる上位の知へ進むための教化的契機のようなものと考えてはならない。それは「神の摂理」であれ「絶対精神」であれ「歴史を貫く鉄の法則性」であれ、「人知を超えた」原理にいたるための階梯《かいてい》ではない。そのような上位審級を不当前提することはそれ自体が「人知」の権限を超えるふるまいである。カミュはそれを認めない。

上位審級を切望するこの態度をカミュは「哲学的自殺」と呼ぶ。人間が推論の根拠として採用できるのは、「世界は理解不能である」という事実と、「私はその理解不能性を苦しんでおり、明晰さに達したいと願っている」という事実だけである。

> 私はこの世界に、世界を超越するような意味があるのかどうかを知らない。しかし私は私がそのような意味を知らないということ、そして当面それを知ることはできないということを知っている。私の条件を超えるものが私に何の意味をもつだろう？　私は人間のことばでしか理解することができない。私が触れるもの、私に抵抗するもの、それが私の理解するものである。

「不条理の哲学」なるものはおおよそこのような考え方のことである。当時のジャーナリズムは、不思議なことに、この「不条理の哲学」をサルトルの実存主義と同類のものだと見なした。ムルソーは、世界の秩序が強いる本質規定を逃れ、あらゆる「既知」への回収を拒んで、まだ見ぬ未来へ向けて自己造型してゆく「実存的」ヒーローと誤読されたのである。世俗的な諸制度への不服従を通じて、「この世界には意味がない」ことを告知した罪によって革命的な魂は世界に罰せられるというのが実存主義に引きつけた『異邦人』読解である。

たしかにムルソーの言動は世俗的な道徳や価値観への「理由なき反抗」という解釈を許すものかもしれない（彼はマリーへの愛情を否認し、上司からの栄転の誘いを断り、改悛の情を期待する予審判事を失望させ、魂を救おうとする神父の首を締める）。しかし、「制度対個人」、「抑圧対自由」、「世俗の汚れ対若者の純粋性」というような単純な二元的図式にとどまるかぎり、この小説の分析的な読みには達することができないだろう。たしかに、あらゆる「反逆者」、「異端者」は多かれ少なかれどこかに「未成熟」あるいは「エディプス通過の失敗」の痕跡をとどめている。しかし、『異邦人』はそういう「影のある反逆者」を主人公にした物語ではない。これは「異端者についての物語」ではなく、「それ自体が異端であるような物語」なのである。

ムルソーの父殺し

『異邦人』はエディプスの物語、厳密には反‐エディプスの物語である。すなわち、ひとりの幼児が想像界から象徴界への移行プロセスをたどりきれず（つまり、「人間」になれず）に死ぬ、という物語である。だから、物語は際だってフロイト的なフレーズからはじまることになる。

今日母が死んだ。昨日かもしれない。私にはわからない。養老院から電報が来た。「ご母堂逝去。埋葬明日。敬具。」これでは何のことだかわからない。

この最初の二行に『異邦人』のすべては書き尽くされていると言ってよい。「母が死んだ」。根元的な喪失だ。そして、「失われた対象」を代理表象する象徴操作の失調。「私にはわからない」(je ne sais pas)、「これは何も意味していない」(cela ne veut rien dire)。「母の死」がなにを「意味する」か「わからない」。これがムルソーの世界経験の初期条件をなす。

小説の冒頭で母は消える。「消えた」(fort) という宣言がなされる。しかし、フロイトが観察した糸巻きを投げる幼児とムルソーでは、その宣言をした後に向かう方向が逆向きになっている。子どもは母の不在を記号化し、それを世界の秩序のうちに嵌入《かんにゅう》させることで、母の不在という苦痛を軽減しようとする。ムルソーが目指すのはその正反対のことである。彼は、母の不在の記号化を拒絶し、名づけえぬ喪失を名づけえぬまま保持しようと望むのである。

この母には名前がない。ムルソーは母の死の日も、母の年齢も知らないし、母の遺体を「見る」こともない。母は計量不能であり、表象不能であり、いかなる座標系のうちにも位置づけられない。エディプスとは「存在していないもの」を表象し、記号的に奪還するプロセスのことである。だが、ムルソーの情熱は「存在していないもの」を存在させないこと、失われたものを表象しないことに集中されている。

ムルソーは母の死を悼《いた》む社会的な儀礼を拒否し、「まだ母が死んではいないようにふるまい」、それが「類別された事件となり、公的な様相をとる」ことを先送りしようとする。検事がのちに告発するように、彼は「母の死の翌日に海水浴にゆき、いかがわしい交際を始め、喜劇映画を見て笑っている」。この服喪の拒否はなにも意味しない。このふるまいは母に対する愛情や敬意の欠如の記号ではなく、そもそもなんの記号でもないのである。母の死を象徴の次元に繰りあげることそのものをムルソーは拒絶する。それは物語の終わり近くで彼が語ることばに集約されている。

誰一人、彼女のために涙を流す権利はない。

母の不在は無意味である。その経験に名をつけ、意味を賦与する権利をムルソーはだれにも（彼自身にも）認めない。無意味な母の不在は無意味なまま、いかなる記号によっても代理表象されることなく、純粋な「意味しないもの」として保持されなければならない。

ムルソーは「なにも意味しないものは、なにも意味しない」という危険な真理を語る。しかし人間世界の秩序は「なにも意味しないものは『なにも意味しない』を意味する」という真理形式に支えられている。失われたものを「失われたもの」として表象すること、「母の不在」を「『母の不在』の記号」にすり替えることによって、人間は想像界から象徴界へのテイク・オフを果たす。そのすり替えを拒絶することは、象徴界への参入を拒絶することである。

検事はこの「退行」がどれほど反社会的なものかを直感的に知る。

この男のなかに見いだされる空虚は、やがて巨大な淵と化し、社会はそこに呑みこまれてしまうかもしれません。

それゆえムルソーは、論告のなかで、じつに奇妙なことに（アラブ人殺しではなく）「父殺し」の罪状で告発されることになる。

みなさん、当法廷は明日あらゆる犯罪のうちでもっとも忌まわしい犯罪を審理することになっています。それは父殺しです。（……）ご臨席のみなさんはこの被告席に座っている男が、当法廷が明日審理するはずの殺人事件についても同様に有罪であると私が申し上げても、私の考えがそれほど大胆だとは思われないことでしょう。

検事のトリッキーなロジックによれば「自分の母親を精神的に殺すような人間は、自分をこの世に送り出してくれた人に手をかけて殺す類の人間とまったく同じ資格で、人間たちの社会から切り離されている」。

ムルソーの罪は「喪の作業」を怠ったことなのである。

「存在しないものは『存在しないもの』として存在する。だからそれに『存在しないもの』という名をつけろ」と「父」は命じる。「存在しないものは存在しない」と「息子」は抗う。「だから私はそれには名前をつけない」。

この父と子の決定的な対立は当然予想されたように「精神分析的な」結末をもって終わる。息子の抵抗による「象徴的な去勢＝名づけえぬものの記号化」の失敗を、父は強権的に「去勢の象徴＝斬首刑」の成就とすり替えるのである。

私は私を殺した

ムルソーは想像界の住人である。だから、当然にも彼は他者とは鏡像的な双数関係しかもつことができない。ムルソーが交友関係を結ぶレイモン、セレスト、マッソンはみなムルソーの鏡像自我たちである。これらの男たちを代表して、セレストは小説の冒頭で自分とムルソーの関係をあきらかにする。葬儀にゆく前に立ち寄ったレストランで、店主のセレストはお悔やみのことばにこう続ける。

母親は一人しかいない。(On n'a qu'une mère.)

このフランス語文は三通りの解釈が可能である。常識的にはだれでも「母親はかけがえのないものだ」と読むだろう。しかし、文法的に許すかぎり解釈を押し拡げれば、「わたしたちはひとりの母親を共有する」という「同胞」の宣言とも読めるし、「人間には母親しかいない」という「父親の否認」の宣言とも読める。あとの二つの解釈はエディプスの文脈では同じことを意味している。それは「わたしたちは想像界＝父のいない境位の住人だ」ということである。

彼らの双数性への固着が際立つのは、海岸における抗争の場面である。抗争は三回ある。一度目は、ムルソー、レイモン、マッソンが海岸で二人のアラブ人に出会う場面。このときレイモンはルールをこう決める。

一騒ぎ起こるようなら、マッソン、あんた二番目の奴をやってくれ。ムルソー、もしもう一人出てきたら、そいつはあんたに任せる。

二度目はムルソーとレイモンが泉の近くで二人のアラブ人に出会う。このときはレイモンとムルソーは状況に合わせてルールを少し変更する。

レイモンが言った。「俺があいつに脅しをかける。もしあいつが口答えしたら、殺す」私は答えた。「それでいい。でもナイフを抜くまでは撃つなよ」（……）「やめろよ」と私は言った。「一対一でやれ。銃をよこせ。もう一人の奴が割り込んできたり、あいつがナイフを抜いたら、そのときは俺が撃つ」

三度目はムルソーとアラブ人の二人きりである。ムルソーは直前にレイモンと決めたルールに拘束される。

アラブ人はナイフを抜いて、太陽の光にかざして私にそれを向けた。（……）私は全身がこわばり、手のなかで銃を握りしめた。引き金が指になじみ、掌が銃把《じゅうは》のなめらかな腹に触れた。乾いて耳を聾《ろう》するような音とともに、そのときすべてが始まった。

ここに描かれているのは、典型的な双数＝決闘関係（relation duelle）である。彼らはまるで鏡を覗きこむ幼児のように、人数を合わせ、武器の水準を合わせ、敵意のテンションを合わせる。ムルソーはアラブ人になんの恨みがあるわけでもない。しかし、彼は魅入られたように相手に引き寄せられる。この被制感は『盗まれた手紙』の大臣が「手紙の力能」に屈して王妃のふるまいを反復するさまに酷似している。

裁判でムルソーは殺人の瞬間をこう回想している。

裁判長は何か付け加えることはないかと私に訊ねた。私は立ち上がった。何か言いたくて、思いつくままに、私はアラブ人を殺す気はなかったと言った。（……）私は早口に、少しことばをもつれさせながら、自分の言っていることがおかしいとわかってはいたが、あれは太陽のせいだと言った。

これまで過度に詩的に解釈されてきたこの一節が意味しているのは、ムルソーを殺人に導いたのは、彼の内部にある殺意ではなく、抗うことのできない外部の力だということである。ムルソーはその力を「太陽」と呼ぶ以外に適当な表象を思いつかないが、もし「太陽」が「視覚像を『私』の前に出現させる光の力」を意味するのだとするならば、ムルソーはきわめて正確に語っていたことになる。ムルソーに引き金を引かせたのは、いずれが主人でいずれが奴隷か、いずれが本体でいずれが写しかを相克的暴力によってしか決定することのできない鏡像的自我たちの宿命だったからである。

私の父は存在したことがない

死刑判決を受けたムルソーのもとを神父が訪れる。改悛を求める神父のことばは、みずからの運命の不条理性に耐えているムルソーには届かない。ムルソーは救いも来世も求めず、霊魂の不滅や来世での救いといった「物語」にすがりついて眼をそらすことを拒否する。世界の無意義性をあるがままに見つめ、それを「世界の無意味性についての有意味な言説」のうちに決して回収しないこと、それが想像界を生きるムルソーの決意である。

「(天なる）父の名」を経由すれば、不条理はただちに「条理」にすり替えられる。ムルソーが拒絶しているのはまさにそれなのである。「エウリディケの場合とは逆に、不条理は、それから眼をそらしたときに死ぬ」。だから、ムルソーは神父が執拗に求める「父の名」の承認を拒み、物語は最後の山場を迎える。

彼は話を変えて、どうして私が彼を「ムッシュ」と呼んで「神父様＝私の父」（mon père）と呼ばないのだと訊ねた。それが私の癇《かん》にさわった。彼は私の父ではない、父は別の人たちと一緒にいると私は言った。

そして、さらに「私の子よ」とにじり寄る神父に、ムルソーは「怒りと歓喜のまじったおののきとともに」躍りかかり、その首を締めあげる。

「彼は私の父ではない（il n'était pas mon père.）」は常識的に il を神父と取れば、「彼は私の父ではない」という意味になる。しかし構文的には、il は非人称と解釈することも可能である。その場合この文は「私の父は存在したことがない」を意味することになる。

父は存在しない。「父」は「他者たち」（les autres）の境位にあり、「私」の住むこの世界にはいない。カミュは『シシュフォスの神話』で先行する実存主義哲学をすべて「哲学的自殺」という罪状で切り捨てた。それはこれらの哲学が、人間の知性が世界の無意義性と絶望的に対面している双数的経験から出発しながら、それより上位の審級に跳躍して「世界の本質的な有意義性」の覚知にいたるからである。キェルケゴールの「絶望」は「真理に到達するために通り抜けられねばならぬ否定性」にすぎないし、ヤスパースは「限界状況」を突き抜けて「有限性を止揚する超在」に出会い、ハイデガーは「存在忘却」から「聖なるものが出現する」本質の場所への「帰郷」の旅程を歩む。彼らはみな不条理から出発しながら条理へと逃れ出てしまう。

これらの人々は、自分たちは理性が崩壊した場所にいる、人間だけしかいない閉じられた世界のなかにいるという不条理の経験から出発しながら、奇怪な論法によって、自分たちを押しつぶすものを神とあがめ、自分たちから略奪するもののうちに希望の理由を見いだそうとしている。

そうカミュは書く。この文中の「自分たちを押しつぶすもの」、「自分たちから略奪するもの」、それが「父」である。「ひとは自分より上位にある存在に訴求することなしに生きることが果たして可能か？　それだけが私の関心事である」とカミュは書く。この文中の「自分より上位にある存在」、それが「父」である。

カミュの不条理の哲学とはひとことで言えば「想像界の哲学」と言えるだろう。「私の目の前にあり、私を押しつぶそうとするもの」と「私」が、いかなる通約的な水準も共有できぬままに、互いにとらえ合い、互いを魅了し合う関係、それこそがカミュにとっては明晰性の根源的形式である。この双数関係を三項関係に変換しようとするエディプス構造に死力をふりしぼってあらがい続けることがカミュにとっての哲学的営為だったのである。

『異邦人』では、物語の冒頭と終末部に決定的なことばが書かれている。Maman est morte.／On n'a qu'une mère で物語ははじまり、Il n'était pas mon père. で物語は終わる。これは「母の不在」を象徴秩序において奪還することを拒否し、双数的＝鏡像的な「同胞」との想像的癒合に固着した主人公が、父性的権威によって「去勢＝斬首」されるまでの物語である。ラカンが言うように、オイディプス神話が「第三者の介入による二項的世界の崩壊の神話的縮約」であるとするならば、『異邦人』は第三者の介入を峻拒《しゅんきょ》し、あくまで二項的世界に踏みとどまろうとする幼児が、母と癒合し、父に去勢されて死ぬ反《アンチ》エディプスの英雄譚である。この物語は、成熟をうながす父権的大気圧の下で萎縮していたヨーロッパの若者たちの欲望に点火した。

「私は『大人』になりたくない」。この「禁断のことば」を語ったことによって『異邦人』は歴史的ベストセラーになったのである。

石田浩之『負のラカン』（誠信書房　一九九二）
小出浩之他『ラカンと精神分析の基本問題』（弘文堂　一九九三）
佐々木孝次『ラカンの世界』（弘文堂　一九八四）
新宮一成『ラカンの精神分析』（講談社　一九九五）
鈴木瑞実『悲劇の解読―ラカンの死を超えて』（岩波書店　一九九四）
カトリーヌ・クレマン『ジャック・ラカンの生涯と伝説』市村卓彦他訳（青土社　一九九二）
スラヴォイ・ジジェク『ヒッチコックによるラカン―映画的欲望の経済』露崎俊和他訳（トレヴィル　一九九四）
――『斜めから見る』鈴木晶訳（青土社　一九九五）
ジョエル・ドール『ラカン読解入門』小出浩之訳（岩波書店　一九八九）
ジャン＝ミシェル・パルミエ『ラカン』岸田秀訳（青土社　一九八八）
ショシャナ・フェルマン『ラカンと洞察の冒険』森泉弘次訳（誠信書房　一九九〇）
ジグムント・フロイト『精神分析入門』高橋義孝他訳「フロイト著作集1」（人文書院　一九七一）
――『快感原則の彼岸』小此木啓吾訳「フロイト著作集6」（人文書院　一九七〇）
――『無気味なもの』種村季弘訳（河出書房新社　一九九五）
エドガー・アラン・ポウ『モルグ街の殺人』丸谷才一訳「ポオ小説全集3」（創元社　一九九〇）
――『盗まれた手紙』丸谷才一訳「ポオ小説全集4」（創元社　一九八九）

ジャック・ラカン『エクリ1』佐々木孝次他訳（弘文堂　一九八五）
――『エクリ2』佐々木孝次訳（弘文堂　一九七七）
――『エクリ3』佐々木孝次訳（弘文堂　一九八一）
――『二人であることの病』宮本忠雄他訳（朝日出版社　一九八四）
――『家族複合』宮本忠雄他訳（哲学書房　一九八六）
――『精神病』小出浩之他訳（岩波書店　一九八七）
――『フロイトの技法論』小出浩之他訳（岩波書店　一九九一）
マルク・レザンジェ『ラカン現象』中山道規他訳（青土社　一九九四）
Maurice Blanchot, La littérature et le droit à la mort, in *La Part du feu*, Gallimard, 1949
Albert Camus, L'Étranger, in *Théâtre, Récits,Nouvelles*, Bibliothéque de la Pléiade,Gallimard, 1962
— Le Mythe de Sisyphe, in *Essais*, Bibliotheque de la Pléiade, Gallimard, 1965
S.Felman, *Jacques Lacan and the adventure of insight*, Harvard University Press, 1987
Elizabeth Roudinesco, *Jacques Lacan*, Fayard, 1993

Ⅵ　エドワード・サイード

【案内編】

サイードの問題提起

サイードは一九三五年に生まれて、本国とエジプトのカイロで教育を受けた後、十五歳でアメリカへわたった。パレスチナ人として生まれ育ったものの、高等教育はすべてアメリカである。プリンストン大学で学士号（一九五七年）、ハーバード大学で修士号（一九六〇年）と博士号（一九六四年）を取得している。その後、二〇〇三年に惜しまれて亡くなるまで、コロンビア大学の英文学と比較文学の教授として教鞭をとった。

ただしサイードは、大学の教育者・研究者にとどまらず、社会問題に敏感に反応する評論家であると同時に、パレスチナ民族会議のメンバーとしてスポークスマンも務めていた。この彼の複数の顔を多彩なままに一冊の本として写し出したのが、一九七八年に出版された『オリエンタリズム』である。この本によって一躍有名になったサイードは、ここで駆使した方法を援用しながら、その後も相ついで何冊もの本を世に問うた。

たとえば、『パレスチナ問題』（一九七九）と『イスラム報道』（一九八一）は、『オリエンタリズム』の延長線に位置づけられて、三冊そろって「西洋とオリエントとの関係を主題とした〈三部作〉」（『パレスチナ問題』「訳者解説」）と呼ばれている。この著作群を一貫して流れているのは、西洋によってつくられた文化的・歴史的・政治的・戦略的フィクションとしての「オリエント」という発想である。それゆえ、『オリエンタリズム』における「オリエント」と同様、パレスチナやイスラムにも括弧をつけて、「パレスチナ」や「イスラム」と表記すれば、サイードの意図も透けて見えてくる。

ここから察せられるとおり、これらの本は、いわゆる「問題提起の書」としての色彩を強く帯びている。たとえば、サイードは『パレスチナ問題』のなかで、世界で広く受け入れられている「パレスチナ問題」が、ユダヤ人の側から語られた（特にアメリカ主導型の）物語であることを指摘しつつ、それをパレスチナ人の側から語りなおして、これまでの「問題」の成立と経緯にゆさぶりをかける。さらに彼は『イスラム報道』でも、西洋のメディアを介してオリエント化された「オリエント」の代表として「イスラム」を取りあげることで、「イスラム報道」の「問題」の形成そのものに非西洋の観点から光をあてて、それを「（再）報道」しなおそうとする。

しかしサイードの批評家としての最初の仕事は、こうしたオリエント関連の「問題提起の書」ではなく、博士論文をもとにした『ジョゼフ・コンラッドと自伝のフィクション』（一九六六）だった。これは、ポーランド生まれで、のちにイギリスに帰化した作家コンラッドの作品を「虚構化された自伝」としてとらえて、コンラッドの自己形成のプロセスと文学活動（特に短編）の関係を見なおそうとした本である。その結果、この本は、コンラッドの研究書として完結しながら、それ以降のサイードの批評家としての特徴をはっきり刻印することにもなった。たとえば、コンラッドの自己形成のプロセスと文学活動の関係は、『始まりの現象』（一九七五）では、「生きる行為と書く行為の相互関係」として、そして『オリエンタリズム』では、帝国主義における民族間の支配と服従の関係として変奏され普遍化されている。

またサイードが注目したコンラッドの作家としての意図は、古いテーマのように見えて、『始まりの現象』や『オリエンタリズム』では斬新なテーマとして再生する。サイードが考えていた「作家の意図」とは、ある作家が個人で身につけたものではなく、その作家が生きる世界のさまざまな力の結節点として形成されたものである。それゆえ彼は、歴史的・文化的に形成された書き手の表現のノウハウを「作家の意図」として、あるいは創作の「はじまり」として認める立場を取っている。

サイードは『オリエンタリズム』の序説でも、「ミッシェル・フーコーの仕事には恩恵を受けているが、わたしは彼とちがって、オリエンタリズムのように言説として編成される、本来は匿名のテクストの集合体の上にも、個々の作家たちの特徴となる刻印があると考えている」と主張している。この点でサイードは、フーコーやバルトも含めて、現代のテクスト理論家たちと一線を画している。なぜなら、テクスト理論の基本では、新しく生まれた作品のモードを規定しているのは、作家の意図ではなく、たとえばテクストの運動性（エクリチュール）や先行する文学作品との関係性（間テクスト性）と考えられているからである。

作家の意図についてのサイードの考え方は、『オリエンタリズム』の本論でさらに先鋭化する。たとえば、彼が「オリエンタリズム」を表象する書きものと見なしているのは、オリエントについて書く西洋人たちが、知らないうちに（しかしかならずしも匿名とは言えない）「意図」として織りあげた帝国主義と植民地主義の色彩の強いテクストである。そしてサイードは、フーコーの方法にならって、そのテクストの織り目（つまりテクストの深層ではなく表層）にこそ、西洋のオリエントに対する権力が行使されていると考える。

サイード自身の表現を借りれば、「オリエンタリズムにあらわれるオリエントは、オリエントを西洋の学問のなかに、西洋の意識のなかに、そしてのちには西洋の帝国のなかに取りこむ多数の力が集合してつくりあげた表象の体系である」。

この発想は、『世界・テキスト・批評家』（一九八三）のなかでも表現を変えて受け継がれている。たとえばサイードは、「テクストはもっとも純化されたかたちであれ、いつも情況、時間、空間、そして社会にからめ取られて存在している」と指摘している。彼の考え方では、西洋の文化が、それより劣っていると考えたオリエントの文化を表現するときにも、その書きものは、両者の立場の優劣を言説として織りこんだ政治的なテクストとして生成される。だからこそ彼は、「テクストは言説を組みこむ、ときとして暴力的に」と主張したのである。

これまでの説明でわかるとおり、そして本人も認めているとおり、サイードの方法論は、フーコーの思想、なかでも言説と権力の発想に多くを負っている。特に『オリエンタリズム』では、この方法論がテーマと理想的に合致して、西洋によるフィクションとしての「オリエント」をたくみに浮かびあがらせることに成功した。

これは裏を返せば、「東洋」と「西洋」の対立そのものをフィクションとして存続させてきた境界が、オリエンタリズムの形成に介在してきた言説と権力のはたらきをあばくことによって消滅しうる可能性を示していた。しかしサイードの『オリエンタリズム』における筆先は、まだかなり「西洋」から「東洋」への抑圧や暴力にもとづいた主従関係に対する批判に向けられていて、この試みに成功しているとは言いにくい。

それが一変したのは、『オリエンタリズム』の続編と見なされている『文化と帝国主義』(一九九四)においてである。この変化は、英米文学・文化学の専門用語を借りれば、コロニアル批評からポストコロニアル批評への転位とでも言えるだろう。コロニアル批評が、帝国主義による植民地支配から引き起こされた権力の主従関係にまつわる問題群を対象とするのに対して、ポストコロニアル批評は、(特に二十世紀半ば以降における) 帝国の崩壊を時代背景として、その問題群を被支配者の脱欧米中心主義の立場から再考したり、植民地支配「以降」(ポスト) に見る新しい文化の動向 (たとえば帝国主義／植民地主義を批判している作家たち・思想家たちの抵抗や作品) を分析の対象にしたりする。

サイードの『文化と帝国主義』の場合、ポストコロニアル批評の特徴がはっきりあらわれるのは、第三章「抵抗と対立」から後の部分である。この第三章のタイトルからもうかがえるとおり、『文化と帝国主義』の後半にあたる部分は、コロニアル批評によく見られた「西洋と非西洋の力の不均衡への言及」より、むしろ「この不均衡に依存する構造物」(抵抗・対立、協力・独立・解放) への (再) 検討から構成されている。

たとえば、西洋の列強は、帝国の崩壊とともに、植民地支配していた「当の民族から異議を申し立てられる可能性」ばかりでなく、みずからの覇権がそれらの民族との「協力関係」や「依存関係」によって支えられてきた可能性をも意識せざるを得なくなった。他方、非西洋の弱小国もまた、西洋の列強にただ植民地支配されていたのではなく、支配者側との「協力関係」や「依存関係」を介して、たとえば「ナショナリズム」という独立への強いバネをつくり出していたと言えるだろう。

つまり、ポストコロニアル批評は、植民地主義の発生、形成、拡大、終焉のプロセスを単に権力の主従関係に還元しないで、それを内側から歴史的・文化的な視点で解体・再生するという試みである。その特徴を持つ作家たちのなかには、たとえば、ホミ・バーバ、ガヤトリ・スピヴァック、ジョージ・ラミング、サルマン・ラッシュディ、J・M・クッツエーなどがいる。

【解説編】『オリエンタリズム』

『オリエンタリズム』の問題提起

サイードの『オリエンタリズム』は三章から構成されていて、第一章は「オリエンタリズムの射程」、第二章は「オリエンタリズムの構成と再構成」、第三章は「今日のオリエンタリズム」と題されている。この構成を見ただけでも、この本が「オリエンタリズム」の形成と効果を広く歴史的な視野からとらえた野心作だとわかるだろう。

ただしこの本は、かならずしも難解な読みものではない。基本となるサイードの発想を理解すれば、あとはそれが資料によって裏づけられていく筋道をたどればよい。その大半は、新しい知見を提示するためというより、中核となる論点を例証・展開するための手続きについやされているからである。

そのため『オリエンタリズム』のサイードへの批判は、フーコーの場合に似て、論証の不備に向けられることが多い。たとえば、使われている資料が、西洋の規範的な文学テクストにかたよっているのではないかという指摘がある。あるいはまた、事実の誤認や引用の誤りが目について、専門家から見れば、議論の信憑性に影を落とす結果になっている。

さらに、サイードが前提した「西洋―東洋」の対立そのものが、古代ギリシャから続いている西洋の言説ではないかという根本的な批判もある。それに加えて、サイードの関心が植民地主義の権力の行使にかたむきすぎていて、その権力に対抗する植民地側からの自己表現が無視されているとの批判もある。たしかにこれは、ポストコロニアル批評が受け継ぐことになった重要な課題である。

こういった批判にもかかわらず、『オリエンタリズム』が「問題提起の書」として高く評価されてきたこともまた事実である。むしろ一般の読者としては、学問の正確性に敬意をはらいながらも、その問題提起から刺激を受けて、サイードの発想を人間として生きるための思考のツールとして利用したほうが得策だろう。

あえて『オリエンタリズム』の序説を「解説編」の中心に据えたのは、そこでサイードが本論の基本方針をあきらかにしているからである。この序説をていねいに読めば、サイードが『オリエンタリズム』で展開した議論の枠組みを短時間で理解することができる。そこで序説の要点をまとめてから、第一章四節の「危機」と題されたセクションの重要な箇所を本論の実例として取りあげて、サイードの思考の方法をその実践に即して説明することにしたい。

ただしその前に、『オリエンタリズム』の全編に関する重要な問題として、サイードが規定した「オリエント」の範囲をまず明確にしておこう。それを理解しておかなければ、「解説編」の内容も漠然としたものになるからである。

サイードは「プロジェクト」と題された第一章三節で、「イスラムを除けば、ヨーロッパにとってのオリエントとは、十九世紀にいたるまで、西洋がゆるぎのない支配を続けてきた歴史をもつ領土であった」と述べて、イギリスに対するインドはもとより、ポルトガルに対する東インド諸島、そして中国や日本もその例として含めている。しかしサイードが本書で対象にしているオリエントは、彼自身も認めているとおり、西洋に対する東洋を広く想定しているとはいえ、アラブとイスラムを中心にした世界である。サイードによれば、それは「アラブとイスラムのオリエントだけが、政治、学識、そしてしばらくは経済のレベルでも、ヨーロッパに対してあくまで挑戦し続けた」からである。

つまりヨーロッパは、イスラムとアラブの反抗に苦しめられたからこそ、その世界に対してヨーロッパならではの支配の刻印をそれだけ強く残したのであり、それに比例してオリエンタリズムの色彩も強めたのである。だからこそサイードは、特にイスラムとアラブを「オリエント」として強調しながら、「オリエンタリズムのこのきわどい局面」を問題にしたのである。

「美しいベイルート」というフィクション

サイードは『オリエンタリズム』の序説の冒頭で、「一九七五年から七六年にかけての悲惨な内戦のさなか、あるフランスのジャーナリストがベイルートを訪れ、焼きつくされた市街地区について、『ここもかつては、シャトーブリアンやネルヴァルのオリエントさながらだったのに』と哀惜の念をこめて書いた」と問題を立ちあげる。

ここでサイードが問題にしているのは、内戦によって破壊される前の美しいベイルートのことである。ただしフランスのジャーナリストが「なつかしんでいる」のは、かつて彼が見たベイルートではなく、シャトーブリアンやネルヴァルといった自国の作家たちが、一世紀以上も前に思い描いた「オリエント」をなぞったベイルートのイメージにすぎない。

シャトーブリアンは十九世紀のはじめにギリシャやパレスチナを訪れて、一八〇九年に『殉教者』、そして一八一一年に『パリからエルサレムへの旅』を出版して、アカデミー・フランセーズの会員に推薦されている。他方、ネルヴァルは、一八四一年に最初の発作を起こして数ケ月の入院生活を送ったあと、長年の夢だった東方への旅をくわだて、一八四二年からカイロ、ベイルート、コンスタンチノープルなどを約一年かけて放浪し、一八五一年には『東方紀行』を出版している。

内戦後のベイルートを訪れたフランスのジャーナリストが思い浮かべていたのも、これらの作家たちの書きものを含めて、「ヨーロッパの発明」としてのオリエントだった。それは簡単に言えば、「古来より、ロマンス、エキゾチックな生物、忘れられない記憶や風景、それに驚くべき体験の場所」としてのオリエントである。

その実例として、ネルヴァルが『東方紀行』のなかで、ベイルートの肥沃な岬を越えたあたりの風景を表現している箇所を引用しておきたい。それは旅行記の詩学にふさわしく、単なる異国の風景描写というより、むしろ東方の風景に対する作者の深い親和力を伝える表現になっている。

二つの山脈を隔てる巨大な谷が、両側にその段丘を見渡す限り広げていて、菫色に染まった山肌のそこここに白っぽい点が散らばっているのは、幾多の村や僧院、城館を示すものだ。これこそは世界でもっとも雄大な眺望の一つ、その眺めに呼応して魂も伸び広がるかと思われるような場所の一つだ。谷底を流れるナール＝ベイルート川は夏は小川だが、冬は奔流となって湾に注ぐ川で、ぼくらは古代ローマの橋のアーチをくぐってそこを渡った。

ここでネルヴァルの視線は、山脈、谷、段丘、山肌、村、僧院、城館、川、古代ローマの橋のアーチへと移り、彼の魂は、すみれや白といった豊かな色彩や、まわりの雄大なながめに感応している。フランスのジャーナリストが呼び起こしたベイルートを想像するには、この引用だけで充分だろう。

ここでの論点は、そのジャーナリストが、いま見たようなむかしのベイルートのイメージを現在のベイルートと重ね合わせながら、いまはなき「美しいベイルート」をなつかしんでいることである。たとえシャトーブリアンやネルヴァルが伝えているベイルートのイメージが、どれほどベイルート人たちの実感とちがっていても、フランス人であるジャーナリストにとって、これほど「正しい」ベイルートの理解の仕方はない。なぜなら彼には、それ以外に昔のベイルートはありえないからであり、そのベイルートを享受できるのは、彼を含めたヨーロッパ人にかぎられた「特権」だからである。

サイードも指摘しているとおり、「このヨーロッパの訪問者にとって、もっとも重要なことは、ヨーロッパが表現したオリエントとその現代の運命だったのであり、そのどちらもが、このジャーナリストと彼のフランスの読者たちにとって、ともに特権として分かちあえる意義をもっていたのである」。

要するに、このジャーナリストが回想した「美しいベイルート」は、ベイルート人たちのものではなく、それをつくりあげたヨーロッパ人たちの頭に刷りこまれたイメージの反復にすぎなかった。皮肉なことに、ヨーロッパ人たちは、彼らならではの方法で「美しいベイルート」をつくりあげておいて、いまになって、それが失われたといって嘆いているわけである。

見方によれば、これはヨーロッパ人のオリエントに対する自己愛や自己中心主義の反映とも言えるだろう。サイードは第一章四節でも、このヨーロッパ人の姿勢に言及して、それをヨーロッパ人の「ひとりごと」にたとえている。

この事情は、たとえば、一般の日本人がアメリカ（人）やフランス（人）について抱いているイメージを考えれば、もっとわかりやすくなるだろう。いまでも多くの日本人は、「アメリカ人＝フレンドリー」、「フランス人＝おしゃれ」と考えている。これらのイメージは、日本人が率先してつくりあげたものなので、そのイメージに合わないアメリカ（人）やフランス（人）を見たといっては、喜んだり悲しんだりする日本人があらわれる。これは、日本人の欧米に対する「オクシデンタリズム」とでも呼ぶべき文化現象と言える。

このように、イメージでつくられた世界は、ほとんど空想の産物である。しかしそれが事実だとしても、たとえば日本人が欧米に対してつくりあげた空想の産物は、実際に日本人の言動をコントロールする力をそなえている。その点を考慮すれば、こうしたイメージによる世界は、欧米を表現しているように見えて、じつは日本人が欧米と関係している方法そのものを表現していたことになる。

これと同様に、ヨーロッパがつくりあげたオリエントのイメージの世界もまた、オリエントそのものではなく、ヨーロッパのオリエントに対する関係性、つまり「ヨーロッパ人たちの体験に占めるオリエントの特異な位置にもとづくオリエントとの関係の仕方」を表現している。それにそもそも、「オリエントそのもの」という発想が幻想だろう。なぜなら、サイードも指摘しているとおり、「オリエントは『そこ』にあると簡単に言えない」からである。

しかし、こうした事情の背景には、西洋全体によるオリエントのイメージづくりにまつわる長い伝統がある。その伝統とは、西洋がオリエントを「他者」としてイメージすることによって、みずからの「自己」のイメージを確立してきた伝統でもある。西洋は西洋のものとは考えたくない（考えられない）要素（たとえば「粗野」や「神秘」）をオリエントに託し、他方、西洋のものと考えたい（考えられる）要素（たとえば「洗練」や「合理」）をわがものとして形成してきたと言える。

サイードは、この論理にとらわれていた西洋人として、たとえばアーサー・バルフォアやエヴリン・クローマーといったイギリス政府の要人たちを挙げている。彼らのロジックでは、「オリエント人は非合理で、退廃（堕落）していて、幼稚で、『異常』であり、したがってヨーロッパ人は、合理的で、有徳で、成熟していて、『正常』であることになる」。

もしこの論理から構築された「オリエント」が空想に終わるのであれば、すべてはヨーロッパの「ひとりごと」で済むだろう。しかし実際には、「このオリエントで想像だけに終わるものはなにもない」。なぜなら、ヨーロッパがつくりあげたオリエントの負のイメージは、ヨーロッパがみずからの正のイメージをつくるための反価値として機能したからである。言い換えれば、オリエントは「ヨーロッパの『実体』としての文明と文化を構成する要素」、つまりヨーロッパが「自己」を形成するための「他者」としてはたらいたのである。

「オリエンタリズム」の三つの意味

サイードがこのヨーロッパの自己形成にまつわるロジックを問題にするのは、それがヨーロッパのオリエントに対する覇権を保障する表現を支えていたからである。そうした表現のシステムこそ、サイードが「オリエンタリズム」と呼ぶものの基本的な意味である。しかし彼はそれと同時に、「オリエンタリズム」には、これを含めて相互に関連した三つの意味が含まれていると指摘している。そこで、その三つの意味をまず押さえておくことにする。

(1)　オリエントに関する学問を「オリエンタリズム」と呼ぶ。つまり、「オリエントのことを教えたり、それについて書いたり、あるいは研究したりする者は、その人が文化人類学者であれ、社会学者であれ、歴史家であれ、文献学者であれ、だれもがオリエンタリストであり、その人のする仕事がオリエンタリズムである」。このケースでは、西洋と東洋はかならずしも対立する概念ではなく、オリエントを研究する者は、専門分野とは関係なく「オリエンタリスト」(オリエント学者)と呼ばれる。この意味での「オリエンタリズム」のはじまりは、一三一二年のヴィエンヌ会議で、パリ、オックスフォード、ボローニャ、アヴィニョン、サラマンカの各大学に、アラビア語、ギリシャ語、ヘブライ語、シリア語の講座を設置することが決定されてからであると言われている。

(2)　オリエントについての表現を総称して、広く「オリエンタリズム」と呼ぶ。ただしこのケースでは、西洋と東洋を対立する概念として設定し、その区分をふまえて東洋について表現することを原則とする。つまり「オリエンタリズムとは、『東洋』と(たいていの場合)『西洋』のあいだに設けられた存在論的・認識論的な区分にもとづいた思考の様式である」。だから、東洋を西洋と異なるものとして受け入れて、その立場からオリエントについて書く「詩人、小説家、哲学者、政治理論家、経済学者、帝国の官僚たちを含む膨大な数の書き手」は、たとえば「アイスキュロス、ヴィクトル・ユゴー、ダンテ、カール・マルクス」を含めて、時代を問わずオリエンタリストであり、彼らの仕事は、「精密な理論、叙事詩、小説、社会風俗誌、政治記事」を含めて、ジャンルを問わず「オリエンタリズム」の産物である。

(3) 西洋がオリエントを植民地として支配し統治するために、オリエントについて構築してきた知識の体系を「オリエンタリズム」と呼ぶ。この意味でのオリエンタリズムとは、「オリエントについて意見を述べ、それに関する見解を公認し、それを記述し、それについて教え、そこに植民し、そこを統治することでオリエントを問題にすること」である。ここで問題になっている知識とは、「オリエントを支配し、再構成し、それに対して権威をもつための西洋の様式」から生まれた戦略としての知識である（サイードも「純粋な知識と政治的な知識の区分」で指摘しているとおり、客観的な知識とは幻想にすぎない）。この意味での「オリエンタリズム」は、(1)や(2)と同じく、多くの分野の書き手によるオリエントについての書きものから構成され、そして(2)と同じく、西洋に対立する概念として東洋を前提し、さらに西洋と東洋のあいだに優劣をつけて、支配と服従の関係をつくり出すしくみになっている。サイードによれば、このオリエンタリズムが西洋と東洋の政治力学としてはたらきはじめたのは、十八世紀末のことである。

「言説」とオリエント支配の構造

サイードが『オリエンタリズム』で強調しているのは(3)の「オリエンタリズム」の意味用法なので、これをさらにくわしく見ておくことにする。

まず注目すべきは、オリエントに関する西洋の知識の体系が権威を帯びていることである。それもそのはずで、その体系をつくりあげたのは、一般人ではなく、なんらかの専門家である。だからオリエントを表現しようとすれば、だれもがその体系の枠組みに取りこまれて、その内側でしかオリエントを表現できなくなる。サイードに言わせれば、「オリエントについて書いたり、考えたり、行動したりするときには、だれであれ、オリエンタリズムが思考と行動に課している限界を考慮せざるをえなくなった」のである。

しかもオリエントに関する西洋の知識の体系は、すでに見たとおり、それが西洋のアイデンティティを形成する手段になっていた。サイードが、オリエントを西洋の「身代わり」や「隠された自己」と呼ぶのは、そのためである。こうしたことを考え合わせると、西洋にとって、オリエントに関する知識の体系は、「西洋―東洋」の対立を「自己―他者」、「優―劣」、そして「主―従」の三つの対立に重ね合わせるための戦略的な媒体だったと言える。

それに加えて、(3)の「オリエンタリズム」の意味用法でもうひとつ重要なのは、サイードがそれを言説の産物と見なしている点である。この「言説」という用語は、サイード自身も認めているとおり、フーコーから借りたものである。このケースで言えば、言説とは、まだ具体的なかたちを与えられていない対象（たとえばオリエント）をさまざまな角度から語ったり書いたりするプロセスに介在して、それを実体として構成し、現実の「もの」として表現するシステムのことである。

西洋が依拠しているオリエンタリズムの言説で問題となるのは、それがオリエントを表現する方法とともに、オリエントを支配する方法を西洋に与えたことである。たとえば、ある西洋人がオリエントについて書こうとすれば、かならずオリエンタリズムの言説がはたらいて、その人間がオリエントについてなにを書くか（書けるか）ばかりでなく、なにを書かないか（書けないか）まで規定する。

だから、西洋人が個人としてオリエントについて書いていると信じていても、その人間はただ、これまで西洋人によって蓄積されてきたオリエンタリズムの言説を語り口としてなぞっているだけかもしれない。その意味で、オリエンタリズムは「オリエントを取りあつかう法人組織」であり、それに組みこまれた者はだれでも、その組織の目に見えないマニュアルに従って、オリエントを支配の対象として表現し続ける可能性がある。

ひるがえって言えば、オリエンタリズムを言説の面から解明しないかぎり、西洋がオリエントを支配するときの権力のネットワークは見えてこないだろう。だからこそサイードは、「オリエンタリズムを言説として検討しないかぎり、ヨーロッパの文化が啓蒙主義の時代以降、オリエントを政治的に、社会学的に、軍事的に、イデオロギー的に、科学的に、そして想像力によって管理したり、生産したりさえしたときの、その途方もなく組織的な規律訓練をおそらく理解できないだろう」と主張する。

この表現からもあきらかなとおり、サイードは『オリエンタリズム』のなかで、フーコーの思想の道具立て（たとえば言説や権力論）を駆使しながら、まさにその課題にチャレンジしたのである。

『オリエンタリズム』の方法論

サイードは『オリエンタリズム』の「序説」で、これまで説明してきた方法論に三つの限定条件をつけている。それは、彼があくまで、西洋と同じく、「東洋もそこにあると言えるような単なる場所ではない」と考えているからである。簡単に言えば、東洋も西洋も自然に「そこに」存在しているのではなく、歴史的・地理的・文化的につくられたものだというわけである。

サイードが、イタリアの哲学者ヴィーコのことばを借りて、「人間が知ることのできるものは、人間がつくったものである」と言ったのも、そのことを伝えるためである。つまり、東洋も西洋も「人間がつくったもの」であるからこそ、人間によって「それ」として認識される。彼が自分の方法論に三つの限定条件をつけたのも、この基本方針を徹底するためにほかならない。そこで、その限定条件の内容をまとめておきたい。

(1) オリエンタリズムには独自の自律した整合性がある。

オリエンタリズムは空想の産物ではない。つまりオリエントは、「それに対応する現実をまったくもたない観念や創造物」ではない。ただし大切なことは、「オリエンタリズムとオリエントの対応」ではなく、「オリエンタリズムの内在的な一貫性と実際のオリエントに関する諸観念である」。サイードの目標は、オリエンタリズムがどれほど実際のオリエントを反映しているかを測ることではなく、オリエントが実際のオリエントと「対応」しながらも、それを越えたところで、どれほど独自の自律した整合性を獲得しているかを探ることである。

(2) オリエントは実在している「もの」ではなく編成された「もの」である。

サイードは、文化や歴史を理解するには、「それらの力の編成形態」を併せて理解しなければならないと主張している。彼が言っているのは、文化や歴史を最初から「あるもの」として想定するのではなく、さまざまな相互関係や対立関係にはたらく権力（フーコーの意味での、特定の主体性をもたない、しかし実際に影響力をもつ効果の総体としての権力）によって編成されたものと考えなければならないということである。これは、オリエントについても言えることだろう。なぜなら、オリエントもまた、そこに「あるもの」ではなく、東洋と西洋の「権力関係、支配関係、さまざまな程度の複雑なヘゲモニー関係」にはたらく権力によって「かたちを取る」ものだからである。その意味で、オリエントとは、権力のネットワークによってオリエントらしく仕立てられたオリエント、つまり「オリエント化された」オリエントと言えるだろう。

(3)

オリエンタリズムは西洋の東洋に対する権力の表現である。

サイードの「オリエンタリズム」は、「虚偽や神話から構成されたもの」でも「オリエントについて真実を語る表象」でもなく、「オリエントに対するヨーロッパ＝大西洋の権力のしるし」である。あえて言えば、オリエントの「真実」とは、西洋の東洋に対する権力がつくりだしたオリエントの「ほんとうのすがた」にすぎない。その意味で、オリエンタリズムは「オリエントを西洋人の意識のなかをとおして濾過するための既成の格子」であり、その「既成の格子」の網の目によって濾過されたものが、西洋人にとって、オリエントの「ほんとうのすがた」になる。この濾過のはたらきを可能にしているのは、「統治者たる西洋の至上の意識」であり、その意識の「ゆるぎない中心性」である。その結果、オリエンタリズムは「オリエントの後進性に対するヨーロッパの優越性」を繰り返し表現するので、それ以外にオリエントを表現する方法があったとしても、「その可能性を踏みにじる」ことになる。オリエンタリズムの「オリエント」とは、結局、「オリエントを西洋の学問のなかに、西洋の意識のなかに、そして後には西洋の帝国のなかに取りこむ多数の力が集合してつくりあげた表象の体系」にほかならない。

さらにサイードは、この三つの限定条件について、新たに三項目を設けて補足説明を加えている。彼が本論の内容と同じほど本論の準備にこだわったのには、それなりの理由がある。ひとつには、自分の学究的・政治的なスタンスをできるだけ明確にしたかったということがあるだろう。しかしそれと同時に、「オリエンタリズム」ということばの新しい意味用法、それをキーコンセプトとして展開する議論の新しさを含めて、この本の斬新さを読者に誤解なく伝えたいという願いが強くはたらいていたことは否定できない。

それでは、ここであらためて、サイードの方法論の基本を補足説明の三項目に従って整理しておこう。

(1)　純粋な知識と政治的な知識の区分

あらゆる知識は政治的である。学問の知識のように、どれほど客観的に見える知識であっても、そこにはかならず、その知識をつくりだした人間たちの思惑（たとえば目的や方法）が反映している。特にオリエントに関する知識は、それがオリエントの「ほんとうのすがた」を反映した「純粋な知識」であるように装われているため、それだけ逆に強い政治色を帯びることになる。その意味で、オリエンタリズムは、西洋が政治的に構築した、オリエントに関する（西洋にとっての）「真の知識」と言えるだろう。

サイードは『オリエンタリズム』で、この「真の知識」の形成に隠された政治のメカニズムをあばこうとする。彼はその理由について、「一般のリベラルな世論では、『真の知識』は非政治的であるとされ、それとは逆に、あからさまに政治的な知識は『真の知識』ではないとされるが、そのせいで、知識の形成に介在している目に見えにくい、しかし高度に組織化された政治的な諸条件が、どれほど覆い隠されていることか」と説明している。

その「政治的な諸条件」のなかで、もっとも巧妙に隠蔽されているもののひとつが、オリエントを表現しようとする西洋人たちの主体性である。サイードが言うとおり、「人文科学における知識の形成において、その著者が人間の主体としてその人なりの環境に関与していることを無視したり否定したりできないことが事実であるとすれば、オリエントを研究しているヨーロッパ人やアメリカ人が『その人たちなりの現実』を形成している主要な環境条件を否定できないこともまた事実であるにちがいない」。

書き手の主体性を抜きにした客観的な表現などありえない。書き手の主体性とその表現が密接にリンクして、「純粋な知識」を形成するところにこそ、政治の権力がはたらいている。それがサイードの思想家・運動家としての声である。

(2) 方法論の問題

ある対象にアプローチするための方法論を決定するには、まずなにより、その対象の範囲を明確にしておく必要があるだろう。サイードは『オリエンタリズム』の考察の対象として、アラブとイスラムをめぐる英・米・仏の経験に照準を合わせている。それはひとえに、アラブとイスラムが「これまで約千年にわたってオリエントを代表してきた」からである。

その結果、サイードは、オリエンタリズムの歴史を百科事典のように広くカバーすることを避けて、議論の焦点をしぼりながら、「オリエントの言説のなかで、オリエントを目に見える、はっきりした、『そこ』なる存在に変えてしまう西洋の表現技術のあれこれ」によって形成されたオリエンタリズムの歴史を解明することになる。そのとき彼が特に注意を向けたのは、オリエンタリズムが権威を持つにいたったプロセスである。そこで彼は、それをあきらかにするために、「戦略的位置」と「戦略的編成」という二つの概念を分析のツールとして導入する。

戦略的位置とは、ある著者が使ったオリエント的な題材に対して、その著者自身がテクストのなかでどのような位置を占めているかを記述する方法であり、戦略的編成とは、テクストのグループ、テクストの種類、さらにテクストのジャンルが、テクスト群のなかで、その後には文化全体のなかで、量と密度と参照能力を増していくプロセスと、テクスト自体との関係を分析する手法である。

簡単に言えば、「戦略的位置」とは、ある著者がオリエントについて書こうとして、オリエントに関する題材をあつかうときのスタンスを分析する方法、そして「戦略的編成」とは、オリエントに関する複数のテクストが集合して、文献としての信頼度を高めていくプロセスを追いながら、ある特定のテクストとそのプロセス全体の関係を分析する方法である。

それと同時に、オリエンタリズムの権威について考えるときに大切なのは、「オリエンタリズムのテクストのなかに隠されたものの分析ではなく、むしろテクストの表層、つまりテクストが記述している内容の外側にあるものの分析」である。ここでサイードが言わんとしているのは、オリエンタリズムの権威は、西洋人がオリエントについて書いたテクストのなかに隠されているのではなく、そのテクストの織り目、あるいはテクストの編み目の織り方にあらわれているということである。その意味で、オリエンタリズムの「オリエント」は、オリエントから遠く離れたところでテクストとして織りあげられた虚構でありながら、「ほんものとしての『オリエント』をすべて排除し、駆逐し、余分なものとすることで、読者にとって現前となる」。つまり、この「オリエント」は、「ほんものとしてのオリエント」の外側で書かれたテクストの表面にあらわれながら、その「外在性」に独自のリアリティをもつからこそ、「戦略」としての意味や効果を発揮するのである。

(3) 個人的な次元

サイードは『オリエンタリズム』の執筆の動機として、個人的な経験が背景にあることを力説している。それがここで「個人的な次元」と呼ばれているものの意味である。

わたしがこの研究に個人的に打ちこむことになったのは、二つのイギリス植民地で少年時代をすごしたわたしの「オリエンタル」としての意識のせいである。これらの植民地（パレスチナとエジプト）と合衆国で受けた教育は、すべて西洋的なものだったにもかかわらず、あの幼いころの意識は深く残った。

ここからもわかるとおり、サイードの『オリエンタリズム』は、「オリエント人たちの生活を強く支配してきた文化が、オリエントの臣民としてのわたしに残した痕跡の目録をつくる試み」だった。サイードが「イスラム的なオリエント」に特に注目したのも、そのためだったと思われる。その観点から考えれば、彼が『オリエンタリズム』を書いたのは、西洋の東洋に対する「文化的な支配がはたらいてきた方法についての知識を深めること」に献身しながら、自分自身の存在のルーツを問いなおすためだった。サイードの著作のなかで、この姿勢が特に強く認められるものに『パレスチナとは何か』（一九八六）がある。

さらにサイードは『オリエンタリズム』の序説の最後で、「もしこの刺激によってオリエントに対する新しい姿勢が生まれ、『東洋』と『西洋』をともに消滅させることにでもなれば、そのときこそわたしたちは、レイモンド・ウィリアムズが『固有の支配様式』の『拘束から脱すること』と呼んだプロセスを少しでも推し進めたことになるだろう」と主張している。サイードの思想家・運動家としての、そして人間としての願いは、『オリエンタリズム』の衝撃が西洋の東洋に関する理解を更新することによって、「東洋―西洋」の境界を消滅させ、「オリエンタリズム」と呼ばれた西洋の東洋に対する支配様式を破綻させることに尽きる。

テクスチュアルな経験

サイードは、『オリエンタリズム』の「危機」と題されたセクションで、オリエンタリズムを形成してきた西洋人のオリエントに対する身ぶりを「テクスチュアルな姿勢」と呼んでいる。これは簡単に言えば、本に書いてある内容をそのまま現実にあてはめる態度のことである。サイードは、その例として、フランスの作家ヴォルテールの『カンディード』（一七五九）とスペインの作家セルバンテスの『ドン・キホーテ』（第一部＝一六〇四・第二部＝一六一五）を挙げている。

前者は、十八世紀の支配階級に受け容れられていたドイツの哲学者ライプニッツの楽天主義が、現実の世界ではまったく馬鹿げた思想にしかならないことを批判した小説であり、後者は、騎士道物語を読みすぎて気がふれた田舎紳士が、みずから中世の騎士になって、世の不正をただすために旅に出るすがたを揶揄したパロディ文学の古典である。

これらの二つのケースに共通しているのは、それぞれの主人公が、本に書かれている理想や夢をもとにして現実に立ち向かおうとした点である。サイードに言わせれば、ヴォルテールやセルバンテスにとって、「これこそ良識と思えるのは、人間とは、群がりあふれて、予測もつかない、不確実な混乱状態のなかで生きているものなのに、それを本＝テクストに書いてあることをもとにして理解できると考えるのは、たいへんな誤りだということである」。

しかしわたしたちは、こうした「テクスチュアルな姿勢」を笑えないほど、自分たちの日常生活でもそれにとらわれている。特にマニュアル本の類は、その好例だろう。たとえばメークやファッションの雑誌、グルメのガイドブック、それにスポーツの入門書などは、かなりの人が読むばかりでなく、その内容を現実の行動に移し替えている。これは、あることを体験する前から、本の権威を頼りにして、その体験をシミュレーションしてみる態度である。サイードは、この態度について、「生身の人間と直面して狼狽するより、テクストの組織的な権威を好むのは、人間に共通する弱点と思われる」と主張している。

たしかに、あることを体験する前から、そのことをすでに知っているような錯覚に陥ったのでは、体験のインパクトは弱まるし、厳密に言えば、それでは体験から事件性（体を張って事にぶつかるという意味での生々しい出来事）を奪ってしまうことになるだろう。しかし同時に、人間は弱い生き物であって、あることをはじめて体験するときには、だれでも多かれ少なかれ不安を持つものである。サイードが「テクスチュアルな姿勢」と呼んだものが役に立つのは、まさにそうした「危機的」状況においてである。サイードの説明では、「テクスチュアルな姿勢」が有効にはたらく状況は二種類ある。第一は、すでに少しふれたとおり、「これまであまり知られていなかったからこそ脅威を感じさせるもので、しかも以前は疎遠だったものと直面するときである」。たとえば、海外旅行に行くときに、ガイドブックを読んで、そこはどういう国で、何語が話されていて、貨幣の単位はなにで、食事や宿泊にはどれくらいかかり、見どころはどこか、といった事柄を調べておくのは、その好例だろう。

こうしてガイドブックのおかげで旅行前の不安は減るものの、それにつれて「テクスチュアルな姿勢」の弊害も浮かびあがってくる。それは、本に書かれている内容を抜きにして、なにも体験できなくなることである。たとえば、ガイドブックをもとにして旅先の自然や人間や建物を事前に知ってしまうと、わたしたちは無意識のうちに、その知識と照らし合わせて現地を「体験」することになる。つまり、「見る→知る」の順序が「知る→見る」に逆転してしまうわけである。

サイードは、その逆転現象の弊害について、こう指摘している。「多くの旅行者は、はじめて訪れた国での経験について、期待していたのとはちがったという感想をもらすが、それはあらかじめ本が教えてくれた経験とはちがったという意味である。そしてもちろん、旅行記やガイドブックの著者が本を書くのは、たいてい、あの国は『このようである』とか、さらには、あの国は『色彩に富んでいるが、高くつく、しかし面白い』とか語るためである。つまり、いずれの場合にしても、人間や場所や経験は、いつでも本で描写できると考えられていて、ついには、その本（あるいはテクスト）のほうが、それが描写している現実以上の権威と効果を獲得することになる」。

イメージが「現実」となるとき

「テクスチュアルな姿勢」が有効にはたらく第二の状況は、第一の状況と関連して、「それで成功がもたらされたとき」、つまりそのおかげで、到底できないと思われていたことがうまく処理できたときである。サイードはその例として、ある人がライオンと遭遇したにもかかわらず、ライオンに関する本を読んでいたおかげで危険を避けられたケースを挙げている。日本なら、さしずめ「クマに会ったら、死んだふりをしろ！」といったところである。

たしかに読者というのは、「もしライオンは獰猛であると書かれた本を読んで、それから実際に獰猛なライオンに出くわしたとすれば、おそらく、その著者の本をもっと読みたくなり、しかもその内容を信用する気になる」だろう。そこで、ライオンに関する本に実用性があるとわかった読者は、その著者にこう頼みこむことになる。「こんどはひとつライオンの獰猛性について書いてもらえませんか？」そこで著者は、この期待に応えて、新しいテーマで本を書きはじめる。サイードも言うとおり、「ライオンに関する本が獰猛なライオンのあつかい方を教えてくれて、その指示でなるほど万事うまくいったとなれば、その著者は、とても信用されるばかりでなく、やむなく他の種類の書きものにも手を染めざるをえなくなるだろう」。

こうして、ある著者の本は、読者がこれから体験することに影響を与えるが、読者がその体験をし終えると、今度は読者の体験が、著者のつぎの本の内容に影響を与える。たとえて言えば、読者が見ることになるライオンのすがたは、著者が書いたライオンのすがたをなぞり、著者がこれからライオンについて書くことは、読者が見たライオンのすがたをなぞることになる。要するに、読者は著者によってライオンの見方を規定され、著者は読者によってライオンの書き方を規定される。しかしその著者の書き方は、また読者の見方を規定し、この読者の見方は、また著者の書き方を規定して……と、このプロセスは半永久的に循環していく。その結果、たとえば「獰猛なライオンのあつかい方」から「ライオンの獰猛性」へ、そしてさらには「ライオンの獰猛性の起原」へテーマを移して、何冊もの本が出版されることになる。

このように読者と著者が影響し合っていくなかで、ライオンの「獰猛性」は空想や想像ではなくなり、読者には、ライオンが最初から「獰猛性」を実体として持っていたように思われてくる。この状況がもっと進むと、読者にとって、著者が教えてくれたライオン以外にライオンは存在しなくなり、ライオンに関する本の知識が、実物のライオンそのものにすがたを変えてしまう。

テクストの焦点が、もはやライオン全般ではなく、その獰猛性という主題にしぼられてくるにつれて、ライオンの獰猛性に対処するために推奨された方法が、実際にライオンの獰猛性を「強める」ことになり、その動物を獰猛なものに仕立てあげざるをえなくなる。というのも、それがライオンの実態であり、それこそ、わたしたちが実質としてライオンについて知っていることであり、また「それだけしか知りえない」ことだからである。

（同書）

このしくみは、オリエントに関する西洋人の知識についてもあてはまる。たとえば、オリエント関係の著者とその読者は、一種の共犯関係を結びながら、オリエントに関する知識をつくりあげ、それにつれて、その知識の外側には、どんなオリエントの実態も存在しなくなり、ついにはオリエントに関する本の内容に合わせるかたちで「ほんとうのオリエント」が出現することになる。

このプロセスを止めるのは、おそらく不可能だろう。一般の西洋人たちは、オリエントについて、それに関する知識が教えてくれることとしか知りえないからであり、オリエントに関する知識こそが、彼らにとってのオリエントの現実を「創造」するからである（日本人の「イラク」や「北朝鮮」のイメージを考えてみよう）。しかも、この「創造」されたオリエントは、西洋人のなかに根強く残る。なぜなら、「それは専門知識を含んでいるし、さらには、学者や研究機関や政府の権威を与えられて、その実際の成果にふさわしくないほどの威信をおびることもありうる」からである。

サイードは、こうして「創造」されたオリエントの現実が、ミッシェル・フーコーの「言説」を生むと書いている。そのポイントを要約すれば、西洋人が自分たちの知識から「オリエント」をつくりあげて、それを現実の「もの」として存在させるにつれて、オリエントを表現したり理解したりする方法もシステムとして整ってくるということである。それゆえ西洋人がオリエントについて書こうとしても、結局、そのシステムの枠内でしかオリエントを表現できなくなる。その結果、ある西洋人のオリエントに関する書きものは、それを書いた「特定の作者の独創性」の産物のように見えて、じつは「言説の実体としての存在と重み」の産物にすぎないということになる。

「紋切り型」批判

サイードは、言説から生まれたテクストが、どれほど画一化された思考の産物であるかということについて、十九世紀のフランスの作家フロベールの「紋切り型の観念」を借りて説明している。フロベールは『紋切型辞典』(未完)という作品のなかで、人々が無自覚に信じている「紋切り型の観念」を取りあげて、一般大衆のパターン化した思考のあり方をあばこうとした。彼が構想していたのは、「ひとたびこれを読んでしまうや、ここにある文句を自分もうっかり洩らしてしまいはせぬかと恐ろしくなり、だれも口がきけなくなる」といった辞典である。

その目的は、だれとも前もって打ち合わせをしたわけでもないのに、そしてまた、いつだれからどこで教わったかも思い出せないのに、大多数の人たちが疑いもなく、日常生活のなかで繰り返し口にしている紋切り型のことばを並べて、それらのことばの組み合わせからつくられる世界を「現実」として生きている人間の内実を本人に突きつけることだった(たとえばフロベールは、「悦楽」を「猥褻な言葉」、「愚か者」を「あなたと同じ考えをもたない人のこと」と定義している)。

サイードは、このフロベールの知恵を頼りにして、西洋人が「紋切り型の観念」を使って自分たちの「オリエント」をつくる方法を批判する。ただしサイードも認めているように、西洋人のオリエンタリズムの影響は、一般大衆よりむしろ、強い政治力をもつ人間たちに浸透していった。たとえば、フランス皇帝としてオリエントに遠征したナポレオン、フランスの外交官としてスエズ運河の完成に尽力したレセップス、イギリスの政治家として広く対外政策にかかわったバルフォア、そしてイギリスの行政家としてエジプトを実質的に統治したクローマーたちである。

ある意味では、この「権力者」たちにとってこそ、オリエントに関する西洋の知識はオリエントそのものだった。たとえばナポレオンやレセップスにとって、「オリエントがあの獰猛なライオンに似て、いずれ直面して、なんらかの対抗を迫られるものだったとすれば、それはひとえに、テクストがそのオリエントを存在させたからだった」。つまり西洋の権力者たちは、オリエンタリズムの言説によって、『エジプト誌』などの作品に記述できるオリエント人たちと、レセップスがスエズ運河を切り開いたように切り開くことのできるオリエント」を与えられたのである。

これらの権力者たちが旅先や赴任先で体験することになったオリエントは、他の西洋人たちが（主に書きものをとおして）彼らのためにあらかじめ用意しておいてくれたオリエントであり、彼らは同胞たちによって「創造」されたオリエントを「発見」したり「開発」したりしたにすぎない。

　他方、オリエントは「沈黙したまま、ヨーロッパによるいくつものプロジェクト——原住民を巻きこみながら、彼らに対しては絶対に直接の責任を取らないプロジェクト——の実現に利用されながら、みずからのために考案されたプロジェクトやイメージや描写にさえ抵抗できなかった」。サイードは、ニーチェの用語を借りて、この西洋のプロジェクトとオリエントの沈黙との関係を「西洋の東洋に対する権力への意志の結果であり、その徴候である」と主張している。

二重のひとりごと

　サイードは、イギリスの劇作家ギルバートと作曲家サリバンの作品『アイオランシ』（一八八二）にある「我は我に言った、と我は言った」という文章を引用して、オリエンタリズムの言説が西洋人の「ひとりごと」としての構造を隠しもっていることを批判する。しかも、「西洋は西洋に向かってオリエントについて語った」というのがひとりごとなら、『西洋は西洋に向かってオリエントについて語った』と西洋は語った」というのは、二重のひとりごとである。

　サイードが繰り返し強調しているのは、オリエンタリズムが、こうしたひとり芝居を権力装置として、十九世紀から二十世紀にかけて、学問の分野から政治の戦略へ、そしてさらには帝国主義の制度へと変貌を遂げたことである。

オリエントを単にテクスチュアルに理解し、定式化し、あるいは規定するレベルから、これらすべてをオリエントで実践するレベルへの移行が実際に起こったということであり、(この言葉を文字どおりの意味で使わせてもらえば)その「本末転倒」の移行には、オリエンタリズムが深くかかわっていたということである。(同書)

さらにサイードは、「十九世紀はオリエンタリズムの偉大な時代であり、多くの学者が輩出され、西洋で教えられる言語の数も増え、写本も以前にまして編集され、翻訳され、注釈をほどこされた。しかもオリエントは往々にして、サンスクリット文法、フェニキアの古銭学、アラビア語の詩といった事柄に純粋に関心をもつ好意的なヨーロッパ人の研究者をオリエントに提供した」と認めた上で、「それでもなお、ここで絶対にはっきりさせておくべきだが、オリエンタリズムは、オリエントを蹂躙したのである」と断言している。

境界の消滅に向けて

それでは、「オリエントを蹂躙した」というオリエンタリズムは、どのようなものだったのだろう。サイードが引用したアンワール・アブデルマレクの文章には、その要点が含まれているので、それを整理して、サイード自身のオリエンタリズム観を総括しておきたい。

（1）問題設定のレベル

オリエンタリズムでは、オリエントとオリエント人が研究の対象となる。ただし、この対象は「西洋」ではないものとして、あるいは「西洋」とは異なる本質をもつものとして、あるいはまた西洋が「自己」を確立するために必要な「他者」としてしか認められない。

だからオリエントとオリエント人たちは、西洋にとって、いつも受動的で従属的な存在として取りあつかわれる。つまり、「極論すれば、承認される唯一のオリエント、オリエント人たち、あるいは『主体』とは、哲学的に言えば、疎外された存在、すなわち、それ自体との関係においてそれ自体ではないものであり、他者により配置され、理解され、規定され、そして行動させられるものである」。

（2）主題のレベル

オリエンタリストとは、オリエントとオリエント人を研究する者のことである。ただしこの研究者は、オリエントとオリエント人の本質を「民族主義を特徴とする類型学」によって表現し、やがて「人種差別主義者」に向かう。つまり、ここで「オリエンタリスト」と呼ばれているのは、オリエント人と呼ばれる「民族」には、オリエント人としての「本質」が最初からそなわっているものだと考えて、それゆえにオリエント人を「差別」するようになるタイプの研究者のことである（この「民族」も「本質」も、オリエント人に実体として内在しているものではなく、「西洋−東洋」の権力関係からつくられたものであることを考えると、ここにも、実体論から関係論への発想の転換が見られることに注意しよう）。

オリエンタリストは、オリエント人を「本質的」に差別されるべき存在であると考えることによって、その対極に「正常な人間」として類型化される存在をつくり出すことができた。その存在とはもちろん、「歴史的な時代、つまり古代ギリシャ以来のヨーロッパ人」にほかならない。

ここから推測できるのは、「マルクスとエンゲルスが暴露した富裕な少数派の覇権主義や、フロイトが解体した人間中心主義が、十八世紀から二十世紀にかけて人文・社会科学の分野で、もっと特定化すれば、非ヨーロッパ人と直接関係する分野で、どれほどヨーロッパ中心主義につきまとわれていたかということである」。

マルクスとエンゲルスは、「覇権主義」（たとえば「階級」）という発想を「ヨーロッパ中心主義」の産物として糾弾し、フロイトは「人間中心主義」（たとえば「意識」）という発想を「ヨーロッパ中心主義」の産物として解体した。それと同様にサイードは、「オリエンタリズム」が「ヨーロッパ中心主義」（たとえば「本質主義」や「人種主義」）の産物であることをあきらかにして、西洋と東洋の境界を消滅させようとしたのである。

【実践編】『エム・バタフライ』を読む

『エム・バタフライ』のあやしい魅力

サイードの『オリエンタリズム』を知の道具として、なにを読んだらいいだろう。二十世紀の英語の小説にかぎれば、ラッドヤード・キップリングの『キム』（一九〇一）、ジョゼフ・コンラッドの『闇の奥』（一九〇二）、E・M・フォスターの『インドへの道』（一九二四）、もっと新しいところではV・S・ナイポールの『ゲリラ』（一九七五）や『暗い河』（一九七九）、サルマン・ラッシュディの『真夜中の子供たち』（一九八〇）や『イースト／ウェスト』（一九九四）、J・M・クッツエーの『フォー　あるいは敵』（一九八六）やマイケル・オンダーチェの『イギリス人の患者』（一九九二）も頭に浮かぶ。しかしここでは、中国系アメリカ人のデイヴィッド・ヘンリー・ウォンが一九八六年に出版した劇『エム・バタフライ』を題材にしよう。

その理由は、大別して二つある。第一は、この作品が一九八八年に舞台にかかって、同年のトニー賞を受賞し、さらに一九九三年にクローネンバーグ監督、ジョン・ロン主演で映画化されて注目を浴びたにもかかわらず、その後（特に日本では）あまり取りあげられることがなかったからである。第二は、この作品が、東洋と西洋の関係ばかりでなく、それに女性と男性の関係を組み合わせて、オリエンタリズムとフェミニズムの二つの視点からの批評に耐える内容をそなえていたからである。本書では、フェミニズムの章を独立して設けなかったので、その意味でも、この作品をここで題材にする価値はあるだろう。

物語は一九八〇年代後半のパリの刑務所からはじまる。しかし主人公の回想のシーンでは、六〇年から七〇年までの期間は北京を舞台として、そして（部分的に交錯するかたちで）六六年から八〇年代までの期間はパリを舞台として展開する。

主人公の名前はルネ・ガリマール、職業はフランスの外交官。この物語の見どころは、なぜ政府の役人がパリの刑務所に入ることになったのか、その原因を明らかにしていくプロセスにある。そこで重要になってくるのが、この物語のタイトルになっている「エム・バタフライ」の意味である。

このタイトルはもちろん、プッチーニのオペラ『マダム・バタフライ』（初演一九〇四年）をなぞっている。プッチーニのオペラでは、アメリカの海軍兵ピンカートンが長崎にやって来て、芸者をしていた蝶々さん（バタフライ）を身請けして結婚しながら、彼女を残してアメリカへ帰り、アメリカ人の女と結婚して再び日本を訪れるのだが、さらに蝶々さんを苦しめることになり、結局、彼女を自殺に追いやってしまう。

他方、『エム・バタフライ』では、男女の役割が逆転している。それゆえ「エム・バタフライ」の「エム」（M）は、「マダム」のMと同時に「ムッシュー」のMをも暗示している。作者のウォンも、最初はこの作品を「ムッシュー・バタフライ」と呼んでいたらしいが、それではあまりにも意図があからさまになるので、最後には「エム・バタフライ」に変えたという。たしかに現在のタイトルのほうが、この作品のもつ「あやしさ」をより巧妙に伝えている。

この物語では、フランス人の男ガリマールが、中国人の女ソンを愛しながら、まったく思いもよらない方法で彼女に裏切られ、裁判にかけられて有罪になり、刑務所に収容されて自殺する。ガリマールに対するソンの「思いもよらない方法」による裏切りとはなにか、それをあきらかにして、この物語の見どころを堪能するツールとして、オリエンタリズムとフェミニズムは欠かせない。これらのツールを実践に生かすプロセスで、この作品が、オリエンタリズムの言説とセクシュアリティの言説をたくみに組み合わせたテクストであることがわかるだろう。

否定される『マダム・バタフライ』

芝居がはじまると、ガリマールは独房から観客に向かって語りかける。彼の様子には、別に奇妙なところはないが、彼のセリフには、どことなく謎めいたところがある。たとえば彼は、「わたしは一般の囚人と待遇がちがう。なぜかって、それはわたしが有名人だからだ。わたしは人々の笑い者なのさ」と語り、また別のシーンでは、「わたしは社会の愚か者たちの守護聖人なのだ」と語る。なぜガリマールは「有名人」で「笑い者」でありながら、「愚か者たちの守護聖人」なのか。舞台は、この疑問に答えるかたちで進行していく。

ガリマールは、一九六〇年、ソンが北京でプッチーニの『マダム・バタフライ』の蝶々さんを演じるのを観て感激し、彼女と話す機会を持つ。そのときガリマールは、このオペラの物語について「好き」だと賞賛し、ソンは逆に「ばかげている」と酷評する。この何気ない対立に、ガリマールのオペラの見方ばかりでなく、彼の世界の見方そのものをくつがえすソンの力がすでにはたらいている。

ガリマールが『マダム・バタフライ』の物語を「美しい」と感じたのは、彼の言葉を使えば、蝶々さんの「純粋な自己犠牲」に胸を打たれたからである。しかし問題は、まさにそのガリマールの「感動」の仕方にあった。だからこそ、彼女は彼に向かって、「それはあなた方の幻想のひとつね。従順な東洋の女と残酷な白人の男というのは」と指摘できたのである。

ソンはさらに続けて、もし金髪の白人の女が背の低い日本の男を愛して、彼に裏切られて自殺をしたとしても、まさかガリマールがその物語を「美しい」と思うはずはないと訴える。つまりソンに言わせれば、ガリマールが『マダム・バタフライ』の物語を「美しい」と感じたのは、「東洋人が西洋人のために自殺するから」にほかならない。こうしてソンは、西洋人としてのガリマールのなかに刷りこまれている「東洋の女」に対するイメージを意識化して、サイードが「オリエンタリズム」をキーワードとしてあきらかにした西洋と東洋の主従関係を問題にしていく。

ソンは、こうした問題提起をガリマールに対する「教育」と考えていた。それゆえ、ソンがガリマールに向かって、「西洋では、教育はいつも過小評価されてきましたものね?」と問いかけたときにも、その背後には、西洋人が西洋の視点からしかオリエントを見てこなかったことへの皮肉がこめられていた。もちろんガリマールには、その皮肉がわかるはずもない。

サイードの「解説編」で使った表現をなぞって言えば、ここで問題になっている西洋の

「教育」もまた「ヨーロッパ中心主義」の産物であり、ガリマールもその産物の恩恵を受けて、『マダム・バタフライ』の物語を「美しい」と感じたことになる。もっと正確に言えば、西洋の「教育」を受けたガリマールにとって、それ以外に蝶々さんを受けとめる方法はなかったのであり、それこそがそのオペラの唯一の「正しい」見方だったのである（『オリエンタリズム』の序説の冒頭で、フランス人のジャーナリストが、ヨーロッパ人の特権として「正しい」ベイルートの理解に身をゆだねたシーンを思い起こそう）。

ただし、これは別にガリマールにかぎったことではない。わたしたちもまた、自分の生まれ育った環境によって「教育」されているので、そのプログラムに従ってしかものを見ていないかもしれない。その意味で、わたしたちは多かれ少なかれ、自分のなかにインプットされた文化のプログラムを演じる役者にすぎない。ソンがガリマールに対する「教育」をとおして主張し続けていたのも、そのことである。

演じられる「東洋的な女」

それでは、ガリマールを「教育」しているソンは、はたしてどれほど文化のプログラムから逃れていたのだろうか。結論から言えば、ソンもまた、なんらかのパターンに従って言動していたと考えざるをえない。たとえば、ソンがガリマールに煙草の火をつけてもらいたいと頼むシーンである。ガリマールは煙草をすわないので、火の用意がないと答えると、ソンは即座に、「もし火をつけてくださったら、額のあたりにでも煙をふきかけてさしあげたのに」とガリマールを挑発するような発言をする。

あるいはまた、ソンがやはりガリマールに向かって、「わたしたちはずっと、あなたたち白人の男性に魅力を感じてきたでしょう?」と発言するシーンである。そのときガリマールは、ソンの反応を見越して先手を打ち、その「魅力」は「帝国主義」の色合いがついているのではないかと応じる。ここでガリマールが言っているのは、西洋が東洋を「帝国主義」で支配したからこそ、東洋の女は、西洋の男に「魅力」を感じざるを得ないのではないか、ということである。それに対してソンは、「でもときには、その魅力が相互にはたらくこともありますわ」と意味深長な発言で切り返す。

いずれのケースでも、ソンは本音を話しているというより、そうした語り口に対するガリマールの西洋人の男としての反応を見すかして、あえて「思わせぶりな東洋の女」を演じているように見える。しかしガリマールは、それにもかかわらずソンの言葉を鵜呑みにして、彼女の「東洋の女」としてのイメージを膨らませる。その結果、彼の目には、「彼女は強気で押してくるように見えても、実は内気で、こわがっている」と映り、「彼女の東洋的なものと西洋的な教育が闘っている」と見える。

ここでもガリマールは、「東洋―西洋」の対立を基準にしてソンという人間をとらえている。これがのちのち、彼の思考の致命的ともいえる弱点となる。なぜなら、ガリマールは西洋人（特に男）が身につけている「オリエンタリズム」の言説を忠実になぞって、ソンのなかに「東洋的なもの」が実在していると信じこんで、それを探し求めるからである。サイードの表現を使って説明すれば、ガリマールはソンに対して、東洋（人）にまつわる教科書風の知識に基づいて「テクスチュアルな姿勢」を取り続け、そのたびごとに「人間に共通した弱点」をさらけ出している。

他方ソンは、「西洋的な教育」を受けたガリマールがどのように「東洋的なもの」を見ているかを見抜くメタ・レベル（二重）の思考力を持っている。それゆえ彼女は、ガリマールが信じている「東洋的なもの」のイメージに合わせて「東洋の女」を演じさえすれば、ただそれだけで彼を自由にコントロールできるわけである。

実際ソンは、そのとおりにガリマールとの関係を続けていく。たとえば、彼女の発言は、ガリマールが「東洋的なもの」と感じる表現の組み合わせから構成される。それは、ソンがガリマールを自宅に招き入れてしまって、不安を感じるシーンによくあらわれている。彼女はそのとき、「いまのわたしは自分でないみたい」ともらし、さらに「どんなに現代人らしくなって、男のような話し方をして、西洋の女のように相手に強く出ようと思っても、結局うまくいきません」と告白する。しかしソンはここでも、彼女自身が認めているような「つつしみのある女」ではなく、ガリマールをコントロールするために、「東洋的なもの」の典型として「つつしみのある女」を演じているように見える。

しかしガリマールは、ソンの話しぶりを「謙虚さ」と受けとめて、彼女が西洋の「美しい女たち」のことにふれたときにも、「ソンは西洋の女たちに、そしてわたしに劣等感を持っている」と信じこんで、ますます彼女のワナにはまっていく。

ソンの「ワナ」とは、ガリマールに、西洋人としての「優越感」を与えることによって、彼が東洋人である彼女を支配できると思わせることである。しかしソンはまた、ガリマールに男としての「優越感」を与えることによって、彼が女である彼女を支配できると思わせる工夫も忘れなかった。つまりソンは、東洋人の「謙虚さ」を演じて、ガリマールに西洋人としての、そしてまた男としての「優越感」を二重に与えることで、彼の「オリエンタリズム」と「セクシュアリティ」を逆に支配する。

ガリマールはそれに気づかなかったどころか、ソンを「じらす」ことにサディスティックな支配のよろこびを覚えて、産まれてはじめて「男の絶大な力」を感じるまでになる。この「男の絶大な力」とは、男に産まれながらにしてそなわっているものではなく、あくまで男が女との関係のなかでつくりあげていくものである。言い換えれば、ガリマールが感じた

「男の絶大な力」は、先天的で本質的な「自然の産物」ではなく、後天的で関係的な「文化の産物」にすぎない。

しかしガリマールは、「男の絶大な力」がジェンダー（文化的な性差）の神話であることに思いいたらなかった。ソンの立場から言えば、彼がその力を「文化の産物」としてではなく、あたかも「自然の産物」として感じ取ってくれたからこそ、彼女はあれほどまでに見事に「従順な中国の女」になりきれたのである。

「従順」というワナにはまる

ガリマールはそうとは知らずに、どこまでソンを支配できるか、そしてどこまで彼女を『マダム・バタフライ』の蝶々さんに近づけられるかを確かめるために「実験」をはじめる。たとえば、ソンがいくらガリマールに手紙を書いても、彼はわざとそれに応えず、彼女が苦しむのを観察する。ソンは最初のころこそガリマールに対して、「オペラを見に来てほしい」とか「会えなくてさみしい」と訴えているが、彼からの返事がないことを知ってからは、「もう人としての品位を保てません」とか「すでにわたしは充分に辱めを受けたはず」と苛立ちを隠さなくなっていく。このソンの反応は、まさにガリマールが期待したとおりのものだったが、後でわかるとおり、これはすべて彼女の計算されつくした策略だった。

ここで特に注目したいのは、ソンが「品位」(dignity) や「辱め」(shame) といったコトバを使って、「従順な中国の女」のイメージをつくっていたことである。ガリマールは、そのイメージをソンの実体と取りちがえ、彼の「実験」が成功したと考えて、「やっと美しい女を支配する力を得た」と思いこむ。この「力」とは、先ほど見た「男の絶大な力」のことだが、それはソンがガリマールに信じこませた「もの」にすぎないので、彼女を支配する効果を持つはずもなかった。

しかしガリマールは、その効果を信じて、ソンに「君はぼくのバタフライか?」と繰り返し問いかけ、ついに彼女にそれを認めさせる。その結果、ガリマールはそれがソンの「ワナ」だと知らずに、彼女を「蝶々さん」に見立て、プッチーニの『マダム・バタフライ』の物語を「現実」としてなぞりはじめる。

それでは、なぜソンはそこまでして、ガリマールに服従したふりを続けるのだろうか。その答えのヒントは、ソン自身が与えてくれる。彼女はガリマールとの関係について、「いったん女が服従すれば、男はいつもよろこんで『寛大』になるものです」と語っている。これは簡単に言えば、女が男にすなおに「従っている」かぎり、たとえその服従が「ふり」であっても、男は女に「やさしくなる」ものだということである。

たしかに、女が男に「従う」のも、男が女に「やさしくなる」のも、本能的なものではなく、ジェンダーのなせるワザだろう。しかし重要なのは、たとえガリマールの「男の絶大な力」がソンに対して無力であったとしても、その「力」を獲得したと信じた彼が、その結果ソンに示した「寛大」には現実の効果がある。実際、ガリマールはソンに「やさしく」なり、ベトナム戦争の現状を含めて、彼女の知りたいことをなにかと教えてくれるからである。スパイにとって、これほど楽な相手はいない。フランスの外交官から情報を盗む中国のスパイ——それがソンだったのである。

ソンはガリマールが「寛大」になってからも、スパイ活動のために「従順な中国の女」を演じ続ける。たとえば、ソンがガリマールに向かって、「あなたの寛大さにはおそれいります」と語るシーンである。このセリフは、何気なく聞けば、「こんなにやさしくしてもらってすみません」という意味である。これを聞けば、ガリマールがそうだったように、いわゆる西洋人なら、やさしくしてもらって詫びるのは奇妙だと思うので、彼女の表現から「東洋的なもの」を感じ取るかもしれない。

しかしソンがスパイであることを知る観客から見れば、このセリフは同時に、「こんなに簡単に情報をもらしてくれて、ありがとう」という意味にもなる。それはガリマールに対する強烈な皮肉になっているが、彼にはそれがわかるはずもなかった。それどころか彼は、当時のことを回想して、「このころにはすでに、彼女がなにを言っても、なにをしても、わたしは彼女を崇拝していただろう」と告白している。ガリマールはそれほどまでに、ソンの仕かけた「女の服従＝男の寛大」という交換のワナにはまったのである。

内側からの脱構築

サイードの説明では、西洋人は彼らが身につけた「オリエンタリズム」を手段としてオリエントを支配したのだが、ソンはここで、ガリマールが身につけた「オリエンタリズム」のしくみを見すかして、それを逆手に利用することで彼を支配した。しかもソンは、ガリマールの「セクシュアリティ」についてもそのしくみを見抜いて、「オリエンタリズム」のときと同じく、あえて相手を優位に立たせておいて、その「スキ」を突いている。

これは、相手の力に対して外側から別の力を加えて攻撃する方法ではなく、相手の力のしくみを内側からあばいて、そのはたらきを無効にする方法である。その意味で、この方法は、フランスの思想家ジャック・デリダが命名した「ディコンストラクション」（脱構築）の応用になっている。ソンの「ワナ」が有効に機能したのも、彼女がガリマールの「オリエンタリズム」の言説と「セクシュアリティ」の言説を内側からなぞるかたちで利用して、彼の「優越感」を彼の弱点にすり替えたからである。

たとえばソンは、「西洋は東洋に対して、ある種の国際的なレイプ・メンタリティを持っている」と語って、「オリエンタリズム」と「セクシュアリティ」を結びつける。彼女の説明では、西洋はみずからを「男」に、そして東洋を「女」にたとえて、東洋が西洋に支配されたいと望んでいると信じている。これこそ、ソンが「レイプ・メンタリティ」と呼ぶものである。彼女はガリマールにもこの精神を認めて、「西洋＝男」に犯されたいと望んでいる「東洋＝女」を演じることによって、彼のなかに「支配」への欲望をかき立てた。

ガリマールが、この「支配」を自業自得のフィクションだと知るのは、彼がソンの演技の真相に気づくときである。その真相とは、ソンがじつは男だったことである。男でありながら、スパイ活動のために女装して女になりきっていた中国人——そう、それが実はソンの正体だったのである。

あえてこれまで、ソンを女と信じたガリマールの視点からテクストを分析してきた。ソンのほんとうの性別をあきらかにしたいま、ソンを男と認めた視点から、これまでの分析を再検討してみる必要がある。この演劇がもつダブル・ミーニングの効果は、そのとき文字どおり倍増するだろう。

「ほんもの」さえも幻想だった

ソンのガリマールに対する「演技」は、演じる本人が女であるか男であるかによって、まったくちがった意味をもつ。もしソンが女だったとすれば、ひとりの中国人の女が、スパイであることを隠して、ガリマールの頭にある「東洋的なもの」を演じていただけのことになる。しかしソンは男だから、彼の演技は二重の意味をおびてくる。なぜなら、彼はスパイであることを隠して、ガリマールが信じる「東洋的なもの」を演じていたばかりでなく、男であることを隠して「女」をも演じていたからである。

ここで、「女」を演じるとはなにかについて、少し考えておく必要がある。この「女」とは、生まれながらの性別ではなく、社会生活によって身につく性差としての「女」である。つまり、ソンが演じているのは、生物学的な性（セックス）としての「女」ではなく、文化的な性（ジェンダー）としての「女」である。わかりやすく言えば、ソンがガリマールに演じて見せたのは、東洋人の「女らしさ」、それも西洋人から見た東洋人の「女らしさ」にほかならない。

たとえば、ソンがガリマールを自宅に招き入れてしまって、不安を感じるシーンを思い起こしてもらいたい。あのときソンは、「いまのわたしは自分でないみたい」と語り、ガリマールが「東洋的なもの」と考える「つつしみのある女」を演じて、そのすがたを彼に「現実」として受け容れさせた。しかし、ガリマールが見るソンのすがたも、ソンがガリマールに見せるすがたも、東洋の女に対するガリマールの先入観をなぞったものにすぎなかった。

ここには、サイードが「テクスチュアルな姿勢」で説明した、著者と読者の共犯関係が認められる。つまり、ガリマールが見るソンの姿は、ガリマールが西洋の知識として知っている東洋の女の姿をなぞり、ソンがガリマールのために演じる姿は、ガリマールが西洋人として見たいと望む東洋の女の姿をなぞり、ソンがガリマールがつぎに見るソンの姿は、ソンがガリマールのために演じた東洋の女の姿をなぞり……と、このプロセスは半永久的に循環し続ける。

こうして、サイードが説明した著者と読者の共犯関係は、役者（ソン）と観客（ガリマール）の共犯関係に置き換えられ、それにつれて、東洋人の「女らしさ」は、ガリマールのなかで空想や想像としてではなく、現実そのものとして定着していく。

ただしソンは、単に東洋の女の「女らしさ」だけを演じていたわけではない。たとえば、ソンがガリマールに対して、「もし火をつけてくださったら、額のあたりにでも煙をふきかけてさしあげたのに」と語ったシーンである。これは、ソンが演じてきた「東洋の女」のイメージをこわしかねない発言だろう。しかしこれも、ガリマールには、「彼女の東洋的なものと西洋的な教育が闘っている」としか見えなかった可能性が高い。

もしソンが東洋の女の「女らしさ」だけを演じ続けていたとすれば、たとえガリマールでも、その演技のメリハリのなさに気づいていたかもしれない。しかし、ソンは東洋の女の「つつしみ」をていねいに演じながら、そのなかに東洋の女の「強がり」を折りこんで、その人物のイメージを平板にならないように注意していたと考えられる。そのため、ソンが演じる「東洋の女」は、それだけ「ほんもの」らしくなり、その「女らしさ」はますます東洋の女の実体に見えてきたのである。

この実体としての「女らしさ」は、たとえ中国人の女によって演じられていたとしても、なんらかの衝撃をガリマールに与えたと思われる。しかしソンの演技が、それにもまして彼に強い衝撃を与えたのは、ソンが中国人の男であるために、彼の演じる「女らしさ」が二重の意味で根拠を持たなくなったからである。ひとつは、そもそも「女らしさ」が実体でないという意味で、そしてもうひとつは、その実体でない「女らしさ」を男が演じていたという意味で。

だから、ソンの「女らしさ」がまったくの虚像だとわかったときの衝撃は、ガリマールにこの二重の意味合いで苦しみを与えた。しかし思い返してみれば、ソンはガリマールを自宅に招き入れたときに念を押していたはずだ、「いまのわたしは自分でないみたい」だと。

ソンが男であると知って、彼（！）の発言を思い起こしてみれば、その意味がひっくり返る例は、いくらでも見つかる。たとえば、ソンがガリマールに、「どんなに現代人らしくなって、男のような話し方をして、西洋の女のように相手に強く出ようと思っても、結局うまくいきません」と語ったシーンである。それもそのはずだろう。ソンはあまりにも見事に女装して「東洋の女」になりきっていたのだから、「男」のように話そうとしても、あるいはまた「西洋の女」のように強くなろうとしても、「結局うまくいきません」という結果にならざるを得なかったのである。

真理は犠牲を要求する

このソンの徹底した演技によって、ガリマールの「東洋の女」へのあこがれは、底の抜けた「ナンセンス」に転じて、観客たちの笑いの渦に巻きこまれながら消えていく。ガリマールが「有名人」で「笑い者」であると同時に「社会の愚か者たちの守護聖人」になれたのは、彼が西洋人としても、そして男としても、その骨格を解体されて、人間としての存在の根幹(人格)を奪われたせいだったのである。

ソンはガリマールの裁判の席で、「男はいつも、自分が聞きたいと思うことを信じている」と語る。これはまた、「西洋人(=男)はいつも、自分が聞きたいと思うことを信じている」とも読み替えられる。ガリマールはこれまで、これを組み合わせた人間類型として、男として、そして西洋人として、自分が見聞きするものからしか「現実」を形成してこなかった。だからこそ、彼の「現実」は、まるで足払いをかけられたように、ソンの演技でそっくり「ナンセンス」にひっくり返されたのである。

ソシュールの用語を借りれば、「センス」（意味）とは、「シニフィアン」（意味するもの）と「シニフィエ」（意味されるもの）がふれ合って生じる接合面である。しかし、ガリマールが信じた「従順な東洋の女」も「男の絶大な力」も、結局のところ、「シニフィエ」を欠いて浮遊する「シニフィアン」にすぎなかった。こうして、ガリマールの「現実」は、ソンが男とわかった瞬間を境にして、無意味の連鎖から形成された「ナンセンス」のブラックホールへ吸いこまれていく。

しかしそれと同時に、ガリマールが聞いてきたソンの言葉は、これまで彼には決して読み取れなかった「意味」を帯びはじめる。たとえば、ソンが「レイプ・メンタリティ」を問題にして、「わたしは東洋人だから、決して完全に男にはなれない」と語ったときにも、ソンの発言は二重の意味で正しかったのだ。ひとつは、「西洋人は『東洋＝女』と考えているから、東洋人の女性であるわたしは『西洋＝男』にはなれない」という意味で、そしてもうひとつは、「わたしは決して完全に男にはなれない、なぜなら『西洋人＝男』であり、わたしは女装した東洋人の男にすぎないから」という意味で。

ガリマールは、国家機密を中国のスパイにもらした容疑で逮捕されて、ようやくソンが男だと気づき、「やっと幻想と現実のちがいを学んだ」と語る。そのとき、ガリマールが自然なものとして受け容れてきた「男―女」の境界も、「西洋―東洋」の境界も、彼のなかで自壊していく。しかしそれでもなお、彼はあえて「幻想を選ぶ」ことを決意する。

ガリマールが自殺の直前に「わたしはついに彼女を見つけた」と語ったとき、彼は「東洋の女」としての「蝶々さん＝ソン」と一体化し、「マダム・バタフライ」でも「ムッシュー・バタフライ」でもなく、それらを融合させた「エム・バタフライ」（蝶々さん＝ソン＝ガリマール）となって、その「幻想」に殉死する道を歩みはじめていた。彼の自殺は、「現実」が「幻想」であることを自覚してなお、「幻想」を「現実」として生きようとする西洋人の男にとっての究極の選択である。

ものが見えた人間には、死に等しい苦しみがあり、ガリマールが認識したとおり、「真理は犠牲を要求する」のである。見方を変えれば、彼の自殺は、「男性中心主義」を享受してきた男に対する「フェミニズム」の逆襲であり、「ヨーロッパ中心主義」を享受してきた西洋人に対する「オリエンタリズム」の逆襲である。

わたしたちは物語の囚人である

こうして『エム・バタフライ』は、ガリマールの自殺で幕をおろす。プッチーニの『マダム・バタフライ』では、蝶々さんがピンカートンにだまされて死を選び、この物語では、ガリマールがソンにだまされて死を選ぶ。その点で、蝶々さんの死とガリマールの死には、たしかに構造的に重複したところがある。そこであらためて、二人の共通性（間テクスト性）を考えながら、『エム・バタフライ』が提示した問題のポイントを整理しておきたい。

蝶々さんは、日本人の女の「あるべき姿」を信じていた。それは、たとえば「おしん」を見るまでもなく、「忍耐」や「献身」といった概念で構成されており、蝶々さんを含めて、日本人が長らく共有してきた（そしていまもなお完全に忘れ去られていない）精神性の幻想によって支えられている。それゆえ日本人の女の「あるべき姿」とは、サイードの用語を借りれば、日本人が自分たちのなかに組みこんできた「オリエンタリズム」の自己表現と言えるだろう。しかし蝶々さんは、それに気づかなかった。それどころか、彼女は自分の「あるべき姿」を「現実」として受け入れた結果、（ガリマールによれば）「辱めを受けて生きるより、名誉ある死を選ぶ」ことになる。

この生と死に関する表現にもまた、ガリマールが信じた「東洋」を思わせる紋切り型の観念が埋めこまれている。その観点から考えれば、蝶々さんは、ピンカートンに裏切られたからというより、日本人の女の「美学」に忠実であろうとして自殺したことになる。つまり蝶々さんは、ガリマールの理解とちがって、西洋人の男のためにではなく、彼女自身が信じた「幻想」のために身を捧げたと言える。彼女の死が「純粋な自己犠牲」と呼ばれるとすれば、まさにそれゆえである。

他方ガリマールは、あくまで蝶々さんが日本人の女だったように、あくまで西洋人の男だった。つまり彼は、「オリエンタリズム」のパターンに従って「東洋人の女」のイメージをつくりながら、それを自覚できないほど西洋人の男だった。その意味で、ガリマールが信じた「東洋人の女」は、彼にとって、最初から最後まで、「西洋人の男」としての彼自身の分身にほかならなかった。その結果、ガリマールも蝶々さんに似て、東洋人の女のためにではなく、彼自身の「幻想」のために身を捧げたのである。

しかしまた、人間はだれでも、なんらかの「幻想」（物語）なくして「現実」を形成できないことも事実だろう。蝶々さんもしかり、ガリマールもしかりである。そしてソンもまた例外ではない。ソンがガリマールを支配した印象が強いからといって、彼がどんな支配からもまぬがれていたと考えてはならない。彼の背後には、チンという中国人がいて、情報の伝達役をしている。このチンの背後には、毛沢東が率いる中国共産党が存在し、そのイデオロギーが、チンを介してソンの言動にも波及効果を及ぼしている。

他方、舞台の背景となっているベトナムでは、アメリカが民主主義の大義のもとに戦争を開始して、中国にとっても脅威となっている。そんな状況のなかで、ソンは「東洋人の女」になりすまし、ガリマールからアメリカ側の情報を得て、チンに伝えていた。しかしソンの言動を決定していたのは、彼自身ではなく、中国の共産主義とアメリカの民主主義の対立に根ざした国家主義間の政治的ネットワークである。それゆえ、彼の人間としての存在の根幹もまた、ガリマールと同じく、目に見えない権力によって形成されると同時に侵食されている。

考えてみれば、ソンとガリマールの関係も、どれほどソンの策略の産物に見えたところで、結局、中国とアメリカのイデオロギー闘争から生まれた「現実」のかたちにすぎない。その意味で、ガリマールばかりでなく、ソンもまた「オリエンタリズム」の犠牲者だったと言えるだろう。まさにガリマールが観客たちに訴えたとおり、「わたしたちはすべて、わたしたちの時代と場所の囚人」なのである。

参考文献

エドワード・サイード『オリエンタリズム』今沢紀子訳（平凡社　一九八六）
――『始まりの現象』山形和美他訳（法政大学出版局　一九九二）
――『世界・テキスト・批評家』山形和美訳（法政大学出版局　一九九五）
――『パレスチナとは何か』島弘之訳（岩波書店　一九九五）
――『文化と帝国主義①』大橋洋一訳（みすず書房　一九九八）
――『文化と帝国主義②』大橋洋一訳（みすず書房　二〇〇一）
――『イスラム報道』浅井信雄他訳（みすず書房　二〇〇三）

―― 『パレスチナ問題』杉田英明訳（みすず書房　二〇〇四）
ジェラール・ネルヴァル『ネルヴァル全集Ⅲ』（筑摩書房　一九九八）
Ania Loomba, *Colonialism/Postcolonialism*, London: Routledge, 1998
David H. Hwang, *M. Butterfly*, New York: Plume, 1989
Edward W. Said, *Joseph Conrad and the Fiction of Autobiography*, Cambridge: Harvard UP, 1966
―― *The World, the Text, and the Critic*, Cambridge: Harvard UP, 1983
―― *Orientalism*, New York: Penguin, 1985
Louis Althusser, *Critical Theory Since 1965*, Ed. Hazard Adams and Leroy Searle. Tallahassee: Florida State UP, 1986

あとがき

私が大学生のころ、構造主義の思潮が日本に雪崩れ込んできた。高校・大学と苦労をかさねてマルクスやサルトルを読み、「世界のなりたち」についてようやく整合的な説明ができるようになったところで、また「一からやり直し」と聞かされて、ずいぶんがっくりきた覚えがある。

さいわい、若い私は暇だけは充分にあったので、バルトやフーコーやデリダの翻訳が出るたびに、赤鉛筆片手に、こりこりと勉強した。だが、それらはいずれも悲劇的なまでに難解であった。

外来の思想書が難解であるのにはいろいろな理由がある。「読者の知恵が足りない場合」、「翻訳者が書物の内容を充分に理解していない場合」のいずれかである場合が多いが、構造主義の場合は、「思想そのものが難解である」という悪条件も重なっていた。

もちろん日本人による構造主義の解説書は次々と書かれていたのだが、そのほとんどはなぜかオリジナルよりもさらに難解なのであった。

私はため息をつきながら、「寝ながら学べるジャック・ラカン」とか「いきなり始める記号学」というような本があったらどんなにすばらしいだろうと思った。そして、もっと大人になって、もう少し知恵がついたらそういう本を書いて、続く世代のための「捨て石」になろうと心に誓ったのである。

それから幾星霜。「おさわがせパネラーズ」という学術ユニットを結成して、いっしょにいろいろと学内をおさわがせしている同僚の難波江和英さんから「大学生がツールとして使いこなせるような現代思想の本を共著で出しませんか」というご提案を頂いたのは三年ほど前のことである。それは「サルにも分かる現代思想」ということですね、という私の質問に難波江さんは少し眉をひそめたけれど、まあ、おおすじではそのようなものとご理解頂いて構わないでしょうと同意してくれた。江戸の仇を長崎で。ついに学生時代の夢を実現する日が到来したのである。

本書を書くにあたって私たちが特に留意したことが二つある。

一つは、先に記したとおり、「学知そのもの」の解説ではなく、「ツールとしての使い道」に重点を置くということである。自動車にたとえて言えば「内燃機関」の作動原理や、細部のスペックはほうっておいて、その車は「どうやって動かすのか」、それを使うと「何ができるのか」を書く、ということである。

学生たちの読書会をときどき覗くと、自動車を分解して、その部品を一つ一つじっとみつめているような印象を受ける。けれど、部品の名前と機能について勉強して、その発明者や来歴をいくら調べても、車は運転できない。

「部品の勉強はいいから、まず運転してごらん」と私は学生たちによく言う。

現に私は内燃機関がなぜ車を走らせるのかも、コンピュータがなぜ動くのかも、テレビがなぜ映るのかも知らない。知らないけれども、これらの道具を使って、日々快適に暮らしている。車は走らせているうちに、コンピュータはキーを叩いているうちに、テレビは眺めているうちに、それが「何をする」ための道具なのか、それがどのような「夢」に育まれた道具なのか、おのずから分かってくる。

それと同じことが学術についてもできるはずだ、というのが私たちの基本的な考え方である。すぐれた学術的方法はそれぞれが創始者の「夢」の刻印をとどめている。だから、私たちは素直にこう問えばいいのである。

「ねえ、これ何する道具なの?」

それが、学知に対する、いちばん礼儀正しい向き合い方だと私は思う。

本書執筆にあたって心した二つめの点は、「世界の成り立ち方、人間の在り方について、賢い人はだいたい誰も同じようなことを言っている」という揺るがぬ確信を貫いたことである。

バルトとレヴィ＝ストロースとラカンが「だいたい同じこと」を言っているというと驚く方がおられるかもしれないが、これは本当である。『アンナ・カレーニナ』の有名な一節を借りて言えば、「愚かしさの様態には限りがないが、賢さはどれも似ている」のである。

本書に取り上げた思想家たちはいずれも希代の賢者たちである。彼らが「人間とは何か」と問うとき、その答えが似てくるのは当たり前であると私は思う（ひとりずつ違っていては私たち凡人の立つ瀬がない）。

「まえがき」で難波江さんも書かれていたけれど、私たちが選んだ六人の思想家によって現代思想のパースペクティブが網羅されるわけではむろんない（私自身は紙数の関係でデリダとレヴィナスのために頁を割けなかったことをちょっと残念に思っている）。選択がフランス思想に偏っていて、それ以外の文化圏に対する目配りが欠けている、という批判も当然ありうるだろう。「最新流行の思想のモードにキャッチアップしていないぞ」という不満もあるだろう。これらのご批判に対しては、反論のしようもないので、ただ「すまない」と言うしかない。ただ、私は先に書いたとおり、「賢者の言うことはだいたい同じ」という経験則を信じているので、「それ以外の文化圏」出身であろうと、ブランニューな思想家であろうと、賢者の言葉にはそれほどの違いはないと思っている。だからこの「すまない」にはあまり反省の気持がこもっていない。

ともあれ、三年近くかかった仕事もぶじに終わった。あとは本書が「悲劇的にまで難解な思想」と格闘している向学心旺盛な読者諸氏の苦しみを軽減する一助となることを願うばかりである。

内田　樹

二〇〇〇年三月一日

新書版のためのあとがき

欧米の人の書き物では、「ここぞ」というところでまるであつらえたようにぴったりの引用がなされていることが多い。

「どうしてあっちの人はこんなに引用がうまいんだろう……」と感心していたら、彼の地では「これだけ読んでおけば、『読んでいるような顔』ができます」という「アンソロジー」の類が大量に流布していることを教えてもらった。ソクラテスなら「無知の知」、ホッブズなら「万人と万人に対する戦争」、マルクスなら「人類の歴史は階級闘争の歴史である」、チャンドラーなら「男はタフでなければ……」というふうに、あらゆる名著には、読み手にぐっと来て広く人口に膾炙《かいしや》する「決めのフレーズ」というものが含まれている。そういう「ストックフレーズ」を一人について一個ずつ覚えておくと、なんとなく思想史を一望俯瞰《ふかん》できたような気になる。

「そんなに安易に『気になって』よいものであろうか」と、一瞬は憤慨したのであるが、よくよく顧みてみたら、私自身の文献的な知識も、そのほとんどが「決めのフレーズ」の集積でしかないことに気がついた。

「月日は百代の過客にして」とか「いとやむごとなききはにはあらぬが」とか「人生意気に感ず」というような文学的フレーズを私は子どもの頃から愛唱してきたけれど、それらは教科書に掲載されていた「抜粋」から学んだものにすぎない。それが「抜粋」であって「全文」でなかったことが、私の「教養」にとって致命的な限界になったかどうか。改めて考えると、よく分らない。

たとえば、「秋来ぬと目にはさやかに見えねども風の音にぞおどろかれぬる」(藤原敏行)という古歌がある。三浦雅士は、古文の教科書で暗記させられたこの歌が、青年期のある日に、ふと口を衝いて出たときの経験について書いている。子どものときにはただの音の連なりに過ぎなかったその和歌が、歳月を経ていつのまにか彼自身の感受性の「骨肉」に化していたことを、そのとき三浦は実感する。

それは人間的に成長を遂げたせいで、「ある日、和歌の滋味がわかるようになった」ということではない。そうではなくて、意味の判然としない歌が、記憶の奥に貯蔵されているあいだに、ゆっくり身体にしみ込み、その意味を実感しうるような感受性の形成に関与したということである。

人間のリテラシーというのは、そういうふうに一見すると順逆が狂ったかたちで形成される。あちらに「ことば」があり、こちらにそれを読む「主体」がある、というふうに二項的に対峙しているわけではない。「ことば」を理解したり実感したり解釈したりする主体の出現は、その「ことば」そのものが懇請するのである。

そう考えると、文脈がわからぬままに「ごろり」と投げ出された「決めのフレーズ」をシステマティックに暗記するというのは、それなりに有効な知的訓練だということになる。というわけで、とりあえず欧米の引用辞典や古文の教科書の先例にならって、学生・院生諸君らに「決めのフレーズ」をいくつか覚えていただいてみたらどうかと私たちは考えたのである。

若い方々がここで論じた賢者たちのテクストを読んでただちにその意味するところを理解するということは、おそらくないだろうし、期待すべきことでもない。しかし、意味がわからないフレーズをそのまま暗記するという芸当が人間にはできる。そして、その「意味がわからないままに暗記させられた」という原初の違和感を解消するために、私たちは必ずや、知らぬあいだに「そのフレーズの意味がわかるような知性の構築」の方向に向けて歩むようになる。

知的な自己形成というのは、つねにそういうかたちをとるものなのである。

『パフォーマンス』という題名から知れるとおり、本書は読者に何らかの学術情報を「伝える」というよりは、読者に何かを「していただく」ことをめざして書かれている。

私たちは、この本の中で取り上げた思想家たちについては、できる限りわかりやすい解説をしているし、学術ツールの「使い方」についても、ほとんど手取り足取り的なマニュアルを付した。けれども、それは必ずしも、ここで紹介した思想家たちの考想をみなさんに「わかっていただきたい」からではない。

現に、読者のみなさんに「この本を読んで、これまでわからなかったことが、よくわかりました」と言われると、何となく疚《やま》しさを私は感じてしまう。たしかに、書いた人間としては「わかった」と言われて、うれしくないはずはないのだけれど、それでも、「ちょっと、待ってね」と言いたくなるのである。それは、「わかった」というのが、知的活動の成就のしるしというよりは、知的活動が停止したしるしだからである。

「キミの言いたいことは、よくわかった」というのは、ふつうはコミュニケーションを打ち切るためのことばである。私たちがコミュニケーションの現場でほんとうに聴きたがっていることばは「はい、よくわかりました」ではない。そうではなくて、「すみません。もうちょっとくわしく話してもらえますか?」である。それは恋人同士の会話を想像してみれば、よくわかる。私たちが愛する人から聴きたいことばは、「あなたのすべてを理解した」ではなく、「もっとあなたを理解したい」である。コミュニケーションを継続する促しのことば、さらに語り続けることを励起するような問いかけのことば、私たちはそのようなことばをもっとも強く欲望している。

本についても同じことだと思う。

私たちはこの本の中に、私たちがまだ少年だったときに私たちの知的渇望をかきたてた「謎のフレーズ」をいくつか並べて見せた。中には、かなり単純化した解釈を施しても見せたものもある。でも、それはその解釈で「解釈を終わらせる」ためではむろんない。そうではなくて、読者の中に「そんなわかりやすく書いていいんですか、ほんとに?」という懐疑を挑発するためなのである。

その懐疑から、みなさんのパフォーマンスは開始されるはずである。

内田　樹

二〇〇四年十月二十日

難波江和英（なばえかずひで）
1953年生まれ。クイーンズランド大学聴講生を経て関西学院大学文学部英文学科卒。同大学院博士後期課程満期退学。アイオワ大学大学院修士課程修了。桃山学院大学文学部助教授を経て、現在、神戸女学院大学名誉教授。専門は英米文学・文化学。著書は『共同講座 20世紀のパラダイム・シフト』（共著、国書刊行会）、『恋するＪポップ』（冬弓舎）など。

内田樹（うちだたつる）
1950年生まれ。東京大学文学部仏文科卒。東京都立大学大学院博士課程中退。東京都立大学人文学部助手を経て、現在、神戸女学院大学名誉教授、凱風館館長。専門はフランス現代思想。著書は『ためらいの倫理学』（角川文庫）、『寝ながら学べる構造主義』（文春新書）、『街場の現代思想』（NTT出版）、『死と身体』（医学書院）など。

現代思想《げんだいしそう》のパフォーマンス

2004年11月20日初版1刷発行
2021年10月20日　8刷発行

著　者 —— 難波江和英　内田樹
発行者 —— 田邉浩司
装　幀 —— アラン・チャン
印刷所 —— 堀内印刷
製本所 —— ナショナル製本
発行所 —— 株式会社光文社
東京都文京区音羽1-16-6（〒112-8011）
https://www.kobunsha.com/
電　話 —— 編集部03(5395)8289 書籍販売部03(5395)8116
業務部03(5395)8125
メール —— sinsyo@kobunsha.com

ISBN 978-4-334-03277-7

光文社新書

161 組織変革のビジョン　金井壽宏

162 早期教育と脳　小西行郎

163 スナップ・ジャッジメント 瞬間読心術　内藤誼人

164 となりのカフカ　池内紀

165 ブッダとそのダンマ　B・R・アンベードカル 山際素男 訳

166 オニババ化する女たち 女性の身体性を取り戻す　三砂ちづる

167 経済物理学《エコノフィジックス》の発見　高安秀樹

168 京都料亭の味わい方　村田吉弘

169 フランク・ロイド・ライトの日本 浮世絵に魅せられた「もう一つの顔」　谷川正己

170 「極み」のひとり旅　柏井壽

171 江戸三〇〇藩 バカ殿と名君 うちの殿さまは偉かった?　八幡和郎

172 スティグリッツ早稲田大学講義録 グローバリゼーション再考　藪下史郎 荒木一法 編著

173 「人間嫌い」の言い分　長山靖生

174 京都名庭を歩く　宮元健次

175 ホンモノの温泉は、ここにある　松田忠徳

176 座右の諭吉 才能より決断　齋藤孝

177 現代思想のパフォーマンス　難波江和英・内田樹

178 ドコモとａｕ　塚本潔

179 謎解き アクセサリーが消えた日本史　浜本隆志

180 東京居酒屋はしご酒 今夜の一軒が見つかる・厳選166軒　伊丹由宇